EMMA SLADE

Befreit

EMMA SLADE

Befreit

Von der Bankerin
zur buddhistischen
Nonne

Aus dem Englischen
von Elisabeth Liebl

Kösel

FSC
www.fsc.org
MIX
Papier aus verantwortungsvollen Quellen
FSC® C083411

Verlagsgruppe Random House FSC® N001967

Deutsche Erstausgabe
Die Originalausgabe erschien unter dem Titel
»Set free. A Life – Changing Journey from Banking
to Buddhism in Bhutan« bei Sommersdale Publishers Ltd.

Neumarkter Str. 28, 81673 München
Umschlaggestaltung: Weiss Werkstatt München
Fotos auf dem Umschlag: © Emma Slade

Satz: Leingärtner, Nabburg
Druck und Bindung: CPI books GmbH, Leck
Printed in Germany
ISBN 978-3-466-37207-2
www.koesel.de

Dieses Buch ist auch als E-Book erhältlich.

Der Freundschaft zu Ehren

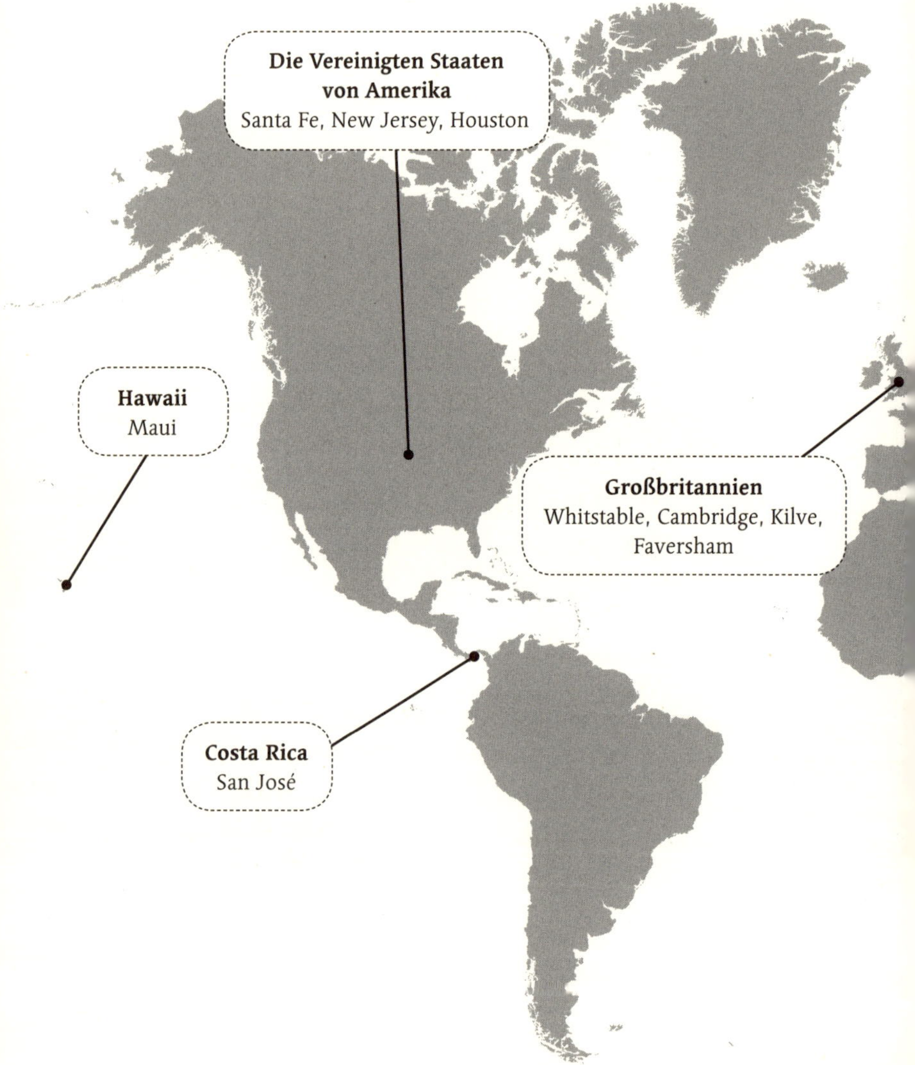

Die Vereinigten Staaten von Amerika
Santa Fe, New Jersey, Houston
Hawaii
Maui
Großbritannien
Whitstable, Cambridge, Kilve, Faversham
Costa Rica
San José

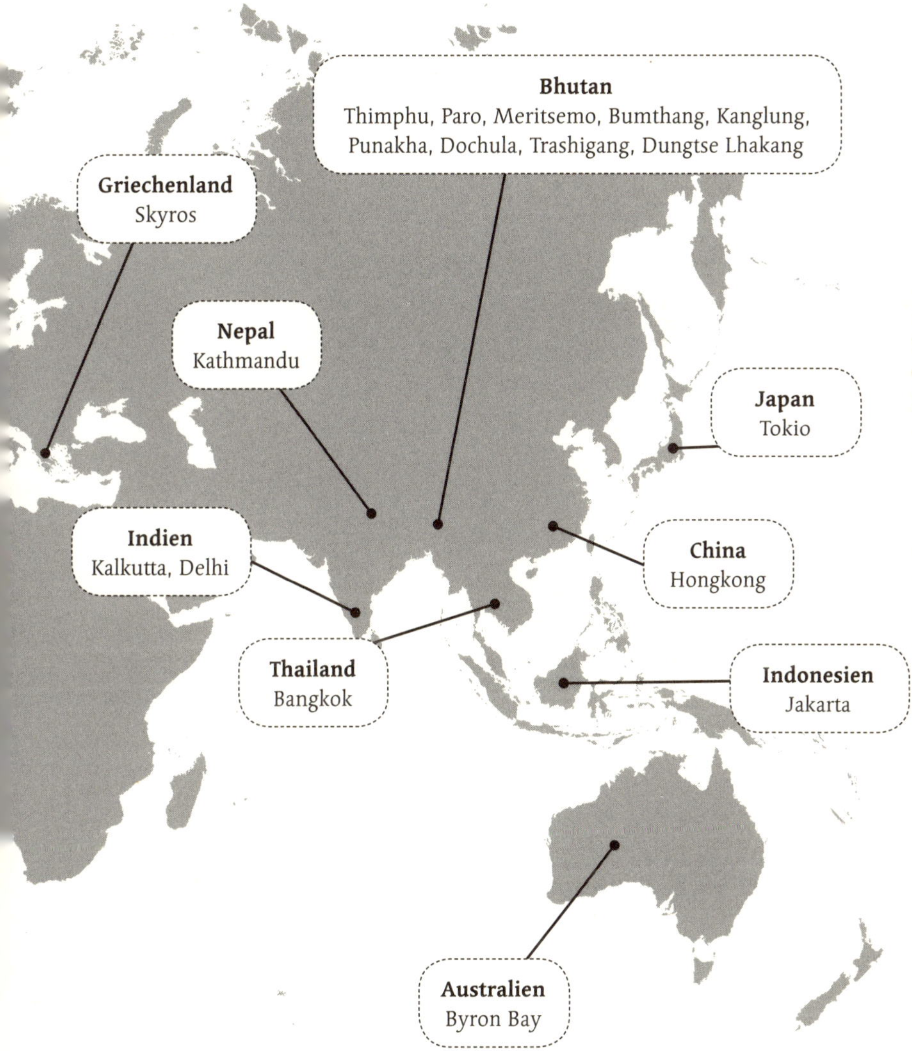
Bhutan
Thimphu, Paro, Meritsemo, Bumthang, Kanglung,
Punakha, Dochula, Trashigang, Dungtse Lhakang
Griechenland
Skyros
Nepal
Kathmandu
Japan
Tokio
China
Hongkong
Indien
Kalkutta, Delhi
Thailand
Bangkok
Indonesien
Jakarta
Australien
Byron Bay

Inhalt

Teil 3 – Sangha

Einladung

Wenn du jetzt mit mir kommst, werde ich dir den Himmel zeigen.
Wir werden an einem Berghang ruhen und den weißen Wolken zusehen, wie sie kommen und gehen.
Wir werden unseren Geist füllen mit dem Gesang der Vögel und dem sanften Rauschen des Flusses im Tal.
Wenn du jetzt mit mir kommst, werde ich dir zeigen, wie wir dort hingelangt sind.

Teil 1
Buddha

Der Hüftschwung

Ich fühlte mich ein kleines bisschen sexy. Beim Gehen fühlte ich einen leichten Hüftschwung – das lag an den Schuhen. Ich trug die schwarzen Riemchenpumps, die ich mit viel Geld und einer Dosis schlechtem Gewissen bezahlt hatte. Ich hatte mich vor der makellos sauberen Schaufensterscheibe dieses Ladens in der Londoner Sloane Street herumgedrückt, hinter der einige wenige ausgesuchte Schuhe auf hohen weißen Sockeln präsentiert wurden. Die Versuchung war einfach zu groß. Ich ging hinein und schlug zu: Meins!

Es war schön, dieses Klick, Klack meiner eleganten Absätze zu hören, während ich die polierten Steinstufen des Grand Hyatt Hotels in Jakarta, Indonesien, hinaufstieg. Ich residierte in einem Fünfsternehotel und kam mir selbst auch ziemlich fünfsternemäßig vor. Kein Supermodel, aber hochgewachsen in einem teuren, perfekt sitzenden Kostüm mit stoffbezogenen Knöpfen. Die Besprechung, von der ich zurückkam, war super gelaufen. Ich war eine Frau in einer Männerwelt und machte meine Sache gut, ziemlich gut sogar. Nicht übel für ein Mädchen, das in einem ruhigen Küstenstädtchen groß geworden war, wo man das Salz im Leitungswasser schmecken konnte und der Geruch von Muscheln in der Luft hing.

In der feuchtwarmen Luft Asiens gab es nichts davon. Die Blätter der Pflanzen waren groß genug, dass sich der nachmittägliche Regen in reglos-stillen Tropfen darauf sammeln konnte. Jetzt, an diesem warmen Nachmittag im September 1997, machte ich

Pläne für den Rest dieses Tages. Ich würde auf mein Zimmer gehen, in meinen Badeanzug schlüpfen und dem von unten beleuchteten, wunderschönen Swimmingpool des Hotels einen Besuch abstatten. Ich hatte ihn von oben bereits flüchtig gesehen: die tiefblauen Reflexe des Wassers, umrundet von sich diskret bewegenden Bediensteten, die Tabletts mit nur einem Drink darauf herumtrugen. Danach würde ich etwas sehr Leichtes und sehr Gesundes essen, wie es sich für eine Geschäftsfrau in leitender Position gehörte, und mich anschließend mit Greg und wen er sonst noch mitbrachte treffen. Gut – somit war alles klar. Nun musste der Plan nur noch ausgeführt werden.

Hotelzimmer zu erkunden hat mir immer Spaß gemacht – die weichen Bettdecken und die Batterie von Mini-Kosmetika im Bad. In diesem Hotel hatte ich ein Zimmer im vierten Stock, ein kurzes Stück den vergleichsweise kahlen Korridor hinunter auf der rechten Seite. Zweifellos sahen die Flure auf den anderen Etagen exakt aus wie dieser.

Das Zimmer war groß, größer als meine komplette ehemalige Wohnung in Hongkong. Wohnraum hatte in Hongkong seinen Preis und meine Wohnung im Lan-Kwai-Fong-Viertel war klein, aber in allen Räumen mit Spiegeln ausstaffiert, um sie geräumiger wirken zu lassen. Mit ein paar Gläsern intus konnte das schon mal zum Problem werden. Dieses Hotelzimmer hingegen war komplett anders. Es gab reichlich Platz, dazu sorgfältig im Raum verteilte Objekte, die einem das Gefühl gaben, als wären sie wie die Figuren auf einem Schachbrett mit Bedacht gesetzt worden. Bewegungsfreiheit nach allen Seiten.

Wenn man hineinkam, lag linker Hand die Tür zum Bad. Gleich daneben folgte ein cremefarbener Schrank, dann ein Sitzbereich mit einem antik aussehenden Frisiertischchen samt zugehörigem Standspiegel. Der Eingangstür gegenüber lag ein großes Fenster, dessen Scheibe von dicken grauen Sprossen in Quadrate unterteilt wurde. Vor dem Fenster stand ein großer Schreibtisch mit

Ledereinlage, davor ein verschnörkelter Holzstuhl europäischen Stils. Man hätte meinen können, das Zimmer stünde für so hohen Besuch wie Napoleon persönlich bereit. Weiter zur Rechten fand sich das Bett, links und rechts davon blieb nur ein schmaler Durchgang übrig. Das Bett war groß, ja riesig, und gehörte mir allein. Ich konnte mich rückwärts darauf fallen lassen wie ein Lotteriegewinner, der seinen neuen Reichtum genießt.

Ich legte meinen Laptop in seiner schwarzen Reißverschlusstasche neben das Telefon auf den Schreibtisch und nahm meine silberne Halskette und die Uhr mit dem quadratischen Zifferblatt ab. Erst in den frühen Morgenstunden war ich von Hongkong herübergeflogen und hatte einen langen Tag hinter mir. Ich streifte meine Schuhe ab und war gleich ein paar Zentimeter kleiner. Ich spürte, wie meine Füße erleichtert aufseufzten und meine Waden sich entspannten.

Herrlich.

In Strumpfhosen, ohne Blazer und mit gelockerter Bluse ging ich ins Bad. Bedächtig wusch ich mir die Hände mit dem kleinen Stück Seife, das ich eben ausgepackt und an dem ich zuerst geschnuppert hatte. Als ich mich umsah, fand ich nur zwei Handtücher. Ein kleines direkt neben mir und ein zweites, das zusammengefaltet über dem verchromten Handtuchwärmer hing. *Nur zwei?* Ich sah noch mal unter dem Waschtisch nach, aber ja, es gab tatsächlich nur zwei Handtücher.

Hmm. Etwas schäbig für ein Fünfsternehotel. Würde es am Pool Extra-Handtücher geben, oder erwarteten die hier von mir, dass ich mit dem größeren Handtuch zum Schwimmen ging und mir dann mit dem kleineren im Bad behalf? *Hmpf. Schwierig.*

Sollte ich vielleicht den Zimmerservice anrufen? Würde ich mich dann nicht wie eine verzogene Göre aufführen, die sich in einem Raum, der so groß ist, dass man darin locker ein Tischtennisturnier veranstalten könnte, über einen »Mangel« an Handtüchern beschwert?

Prüfend betrachtete ich mein Gesicht im Spiegel. Die Augenbrauen waren sauber gezupft, das Haar im Nacken zur Welle gerollt, und das immer noch strahlende Himbeerrot des Lippenstiftes betonte die Konturen meiner Lippen. Das Badezimmerlicht hatte eine schmeichelhafte Wirkung – ein guter Hintergrund für das Erscheinungsbild der erfolgreichen Geschäftsfrau. Ich verspürte ein leichtes Triumphgefühl. Mein Vater wäre zweifellos stolz auf mich gewesen. Das hier war, was er sich immer für sein ältestes Kind gewünscht hatte. Er wäre stolz auf das Kostüm, die Schuhe und die vielen Geschäftsreisen gewesen. Er hätte seinen Kumpels davon erzählt, sonntagmittags im Pub. Ich sah vor mir, wie er sich an den Tresen lehnte, freundlich und umgänglich in seinen Gummistiefeln, und sich eine Pause vom Kartoffelgraben in seinem Schrebergarten gönnte, wo er gewöhnlich seine Wochenenden verbrachte.

Vor langer Zeit hatte er einmal zu mir gesagt: »Em, weißt du, ich kann mir dich gut als Investmentbankerin vorstellen.« Er goss gerade seinen Garten mit der großen grünen Gießkanne mit dem Kupferkopf, während ich im Gras herumlief und auf meine neuerdings recht großen Füße guckte. In die warme Luft des Nachmittags mischten sich schon herbstliche Düfte und der Boden war trocken und krümelig. Ich muss so um die zehn, elf Jahre alt gewesen sein und hatte nicht die leiseste Ahnung, was ein Investmentbanker war, abgesehen davon, dass es sich nach etwas anhörte, das nur Männer machten. Doch es freute mich, dass es etwas gab, das mein Vater mich »tun« sah. Es fühlte sich gut an, etwas zu haben, das er und ich teilten und worauf wir hofften. Es war nett, dass er sich über meine Zukunft Gedanken machte, während er seine Pflanzen goss.

Schon seltsam, wie einem solche Momente gegenwärtig bleiben und nie ganz als Vergangenheit abgelegt werden.

»Das ist meine Tochter«, hörte ich ihn stolz sagen.

Während meine Gedanken so umherwanderten, schlüpfte ich

in meinen einteiligen, türkisfarbigen Badeanzug. Die Farbe passte perfekt zu meiner englisch-blassen Haut und dem dunkelblonden Haar.

Innerlich immer noch beschäftigt mit Handtuchfragen und meinen Vater-Tochter-Geschichten, hörte ich, wie es an der Tür klopfte. Ich zog mir den weißen Hotelbademantel über und ging, ohne groß nachzudenken, um aufzumachen. Irgendwie erwartete ich wohl das Zimmermädchen mit ein paar Handtüchern, den Reinigungsdienst oder ein Begrüßungsgeschenk.

Stattdessen sah ich geradewegs in den Lauf einer Pistole.

Hartes Metall rammte sich in die weiche Mitte meiner Brust. Ich stolperte rückwärts ins Zimmer, meine Beine knickten unter mir ein wie bei einem Pferd, das eingeschläfert wird.

Was ist hier los?

Der Mann mit der Pistole packte mich von hinten, hielt mir den Mund zu und drückte mich auf den Teppich. Ich versuchte, mich zusammenzukauern, meinen Körper ganz klein zu machen, wobei ich instinktiv meinen Kopf mit meinen Händen schützte. Ich schrumpfte förmlich in mich zusammen. Der Mann mit der Pistole stand über mir.

In einem Zimmer auf der vierten Etage eines Fünfsternehotels begann ich, um mein Leben zu betteln. Die Worte kamen ganz automatisch, verzweifelt.

»Oh Gott, bitte bringen Sie mich nicht um!« Die Worte klebten mir zwischen den Zähnen, mein ganzer Körper war kalt. Alles ging so rasend schnell. Ich wusste, dass er mir jederzeit etwas antun konnte. Von oben, von der Seite, gegen den Kopf, in den Bauch – er konnte mir jederzeit einen Schlag oder Tritt versetzen, ohne dass ich mich hätte wehren können. Alles, was mir blieb, waren Worte.

»Bitte, bringen Sie mich nicht um.« *Bitte, bitte.* »Jesus. Gott. Bitte.« Ich erwartete einen Knall, ein Loch, einen dumpfen Aufschlag.

Ich hatte niemals »Jesus« und nur selten »Gott« gesagt. Warum also jetzt? Ich wusste einfach keinen anderen Namen, den ich um Hilfe flehend hätte anrufen können. Hätte ich den Namen meines Angreifers gekannt, hätte ich vielleicht diesen gesagt.

Werde ich sterben?

Ich trug einen Bademantel und drunter einen Badeanzug. Ich war Engländerin. Eine Frau. Ich hatte einen guten Job. Ich hatte Erfolg. Ich hatte all das. Ich konnte es einfach nicht fassen.

Für einen Augenblick verließ ich meinen Körper. Mein Geist sprang irgendwie heraus. Ich flehte um mein Leben und schaute gleichzeitig zu, wie es zu Ende ging. Ich kam mir so vergänglich vor.

Aber das wollte ich nicht sein. Ich wollte leben, das wusste ich mit absoluter Gewissheit.

Ich will nicht sterben.

Die Wahrheit war, dass ich Angst vor dem Sterben hatte. Das war mir zuvor nicht bewusst gewesen – ich hatte eine Heidenangst davor, was vielleicht danach geschehen würde.

Der Mann drängte mich in den schmalen Raum zwischen Bett und Schreibtisch. Zusammengekauert hörte ich den rauen Atem in meinem Hals. Ich war zurück in meinem Körper. Ich war noch am Leben. Dieses Geräusch meines Atems zu hören war, als hätte ich zum ersten Mal verstanden, dass die Zeit, die ich hatte, unaufhaltsam verstrich. Einatmen, und eine Sekunde war vorüber. Ausatmen, und wieder kam und verstrich eine Sekunde.

Als ich verstohlen zu dem großen Fenster hinaufschaute, wurde mir klar, dass ich in der Falle saß. Die Sprossen waren rein dekorativ – das Fenster hatte keine Flügel, die sich hätten öffnen lassen. Es war klar, dass ich durch dieses Fenster nicht entkommen konnte. Selbst wenn ich mir meinen Laptop geschnappt und ihn durch die Scheibe geworfen hätte: Das hier war der vierte Stock. Ich würde mir neben dem strahlend blauen Pool den Hals brechen.

Der Raum war eine viereckige, ausbruchsichere Kiste und ich saß drin fest.

Ich war eine Gefangene, gefangen von diesem Hotelzimmer, von dem schmalen Raum zwischen Bett und Tisch, von diesem Mann mit der Pistole. Mir war bewusst, dass er bei der kleinsten Bewegung meinerseits sofort auf mich schießen würde. Auf dem Bett links neben mir lag eine glänzende Tagesdecke aus Satin. Ein Muster war in die lachsrosa Oberfläche gestickt, die Saumkante der Decke hing neben mir herunter. Mein Gesicht schwebte Millimeter über den Fasern des Teppichs. Mit gesenktem Kopf konnte ich die Schuhe des Mannes sehen, der auf mich zu- und wieder von mir wegging. Kam er näher, wurde mir eiskalt, ging er weg, schwitzte ich. In Gedanken ging ich die Handlung sämtlicher Krimis und Thriller durch, die ich je gesehen hatte. *Wie komme ich hier lebend wieder raus?*

Mir schien es sicherer, ihm nicht ins Gesicht zu sehen. Vielleicht konnte ich ihn irgendwie davon überzeugen, dass ich für ihn keine Gefahr bedeutete und er mich laufen lassen konnte. Also horchte ich mit eingezogenem Kopf.

Die scharfen Spitzen seiner Schuhe waren einmal weit weg, dann wieder ganz nah, als würde jemand mit einer Kamera darauf zufahren und dann wieder rauszoomen. Da war es – das leise Knarzen, wenn seine Füße sich bewegten.

Ich bemerkte einen eigenartigen Geruch. War das der Geruch der Angst? Vielleicht roch sein Körper an diesem Nachmittag einfach so. Sein Gestank in meiner Nase.

Dann war er rechts von mir, am Schreibtisch, und ich konnte hören, wie er sich dort zu schaffen machte, hörte das leise Klirren, als er den Schmuck durchwühlte. Sicher drehte er jetzt meine Uhr zwischen den Fingern herum.

Bill hatte mir diese Uhr geschenkt. Sie war sein erstes Geschenk an mich gewesen, zur Feier, dass wir nun »offiziell« ein Paar waren. Wir hatten sie bei Harvey Nichols in London gekauft, kurz vor meinem Geburtstag im Juli. Das teuerste Geschenk, das ich je bekommen hatte. Sie hatte ein quadratisches Zifferblatt, in dessen silberne Einfassung ein runder, blauer Stein eingelassen war.

Über meinem Kopf hörte ich ihn fragen: »Sind Sie Emma A. Slade?«

Der Mann las mit lauter Stimme langsam meinen Namen. Meinen Namen so zu hören war, als würde man aufgerufen, sich vor einem Erschießungskommando aufzustellen. Die Angst zog sich in mir zu einem harten Knoten zusammen. Er musste meine Handtasche durchsucht haben, die auf dem Stuhl lag, und dabei meine Kreditkarte entdeckt haben.

Was sollte ich darauf antworten? Es schnürte mir die Kehle zu. In meinem Magen war ein Gefühl von Leere, von Übelkeit.

Warum wollte er meinen Namen wissen? Kannte er mich denn? Hatte ihn jemand geschickt, um nach mir zu suchen? Hatte ich mit meinen Fragen beim Finanz-Meeting heute solch eine Aufregung verursacht? Wenn das hier geplant war, wenn man speziell mich im Fokus hatte, dann war das definitiv ein schlechtes Zeichen.

»Sie sind Emma A. Slade?«, fragte er mich noch einmal. Er wollte eine Antwort. Er sprach mit Akzent, aber ich hätte nicht sagen können, woher er stammte.

»Ja, ja«, erwiderte ich. Schließlich stimmte es ja auch.

Plötzlich fing das Telefon auf dem Schreibtisch an zu läuten. Ich hob den Blick, um zu sehen, ob er mir irgendwelche Anweisungen geben würde. Der Mann, den ich vor mir sah, hatte ein schmales Gesicht und trug einen grauen, leicht glänzenden Anzug. Wäre ich aufgestanden, hätte ich ihn um Haupteslänge überragt. Er war Asiate, aber ebenso wenig wie seinen Akzent konnte ich sein Äußeres einem bestimmten Land zuordnen. Trotz seiner blitzblanken Schuhe und der Pistole schien er nervös zu sein. Das war nicht eben beruhigend. Einen nervösen Mann mit Pistole so dicht neben mir zu haben war äußerst beängstigend.

Das Telefon läutete weiter und hallte laut durch den Raum.

Ich wartete.

Hebst du ab?

Es läutete weiter.

Soll ich abheben?

Der Mann bedeutete mir mit der Pistole, mich zu bewegen. Ich sollte das Läuten beenden. Auf Knien rutschte ich seitwärts zum Schreibtisch, der rechts von mir stand. Er kam näher und blieb links neben mir stehen. Ich duckte mich leicht, als ich den Arm ausstreckte, um nach dem Hörer zu greifen.

Ich führte ihn ans rechte Ohr.

»Hallo?« Die zittrige Stimme gehörte mir. Das war ich.

Ein Mann meldete sich: »Hallo. Bitte entschuldigen Sie die Störung, doch aus Ihrem Nachbarzimmer hat uns jemand Schreie gemeldet. Stimmt etwas nicht?« Seine Stimme klang eindeutig besorgt.

Ich hatte alles klar gehört, doch ich wusste nicht, ob nicht auch der Mann neben mir zugehört hatte. Mit angehaltenem Atem wartete ich schweigend, wie und ob mein Angreifer reagieren würde.

Eine bedeutungsschwangere Pause entstand.

Er griff nicht nach dem Hörer. Er tat schlicht gar nichts. Wartete er auf irgendetwas?

In dieser kurzen Stille begriff ich, dass ich dem Mann am anderen Ende signalisieren konnte, was hier ablief.

Das ist deine Chance. Sag' etwas.

Doch meine Kehle war wie zugeschnürt. Würde ich jetzt Ja sagen und der Mann hätte alles mitgehört, würde er mir den harten Metalllauf seiner Waffe über den Kopf ziehen und mein Körper würde zusammensinken … Dieses Bild stand mir deutlich vor Augen.

Der Mann am Telefon hakte eindringlich nach: »Ist jemand bei Ihnen?«

Ich formte die Buchstaben laut zu einem einfachen Wort: »Ja.«

»Brauchen Sie Hilfe?«, kam die Reaktion schnell übers Telefon.

Der Mann in meinem Zimmer sah bewusst an mir vorbei.

Ich nahm all meinen Mut zusammen und wiederholte, nun schon etwas gelassener: »Ja.«

»Gut, wir kommen.« Die Stimme klang entschlossen.

Ich sagte »Danke«, als hätte man mir ein heißes Handtuch oder eine Porzellanschale voll Tee angeboten.

»In Ordnung. Machen Sie's gut.« Mehr gab es wohl kaum zu sagen.

»Auf Wiederhören«, antwortete ich, wie man es eben macht, um ein Telefonat zu beenden. Ein Abschiedsgruß, ehe man sich wieder anderen Dingen zuwendet.

Ich legte den Hörer zurück auf die Gabel – langsam, als ließe sich dieser Augenblick auf diese Weise endlos ausdehnen.

Ich wartete ab, was der Mann mit der Pistole nun tun würde, aber er tat nichts. Er wich nur, nachdenklich geworden, ein Stück zurück.

Er wollte gar nicht wissen, was am Telefon gesprochen worden war. Ich fragte mich, ob sein Englisch vielleicht nicht so gut war. Er hatte nicht auf meine Bitten reagiert, überhaupt war alles, was er bisher gesagt hatte: »Sind Sie Emma A. Slade?«

Vielleicht würde ich nochmal mit heiler Haut davonkommen. Rettung war unterwegs. Ich hielt an diesem Geheimnis fest, wie man beim Öffnen einer Champagnerflasche den Korken festhält, damit er nicht zu früh herausplatzt.

Hatte ich geschrien, als ich die Tür öffnete? Ich konnte mich nicht erinnern, geschrien zu haben, doch wen kümmerte das noch, jetzt, da Hilfe unterwegs war?

In meinem Kopf tauchte John Wayne in Cowboyhosen auf einem Pferd auf, der ersehnte Retter. Die Situation hatte sich mittlerweile ein wenig verändert, und das alles hinter dem Rücken dieses Mannes in seinem schimmernden Anzug.

Ich rutschte, immer noch auf Knien, zurück zum Bett, und lehnte mich gegen die Seitenwand. Zurück in den Spalt zwischen Bett und Tisch wollte ich nicht mehr.

Der Mann wurde noch nervöser und fing an zu schwitzen. Der Gedanke schoss mir durch den Kopf, dass er vielleicht auf Drogen sein könnte. Unruhig lief er im Raum auf und ab, als erkenne er langsam seine Grenzen.

Ein wenig entschlossener hob ich den Blick.

Er fing wieder damit an, vor mir auf und ab zu gehen. Dabei zupfte er ständig an seinem Gürtel herum. Sein Jackett war offen und man konnte den hellen, schmalen Gürtel mit der Metallschnalle sehen, den er durch die Schlaufen seiner Hose gezogen hatte. Er wirkte billig an seinen schmalen Hüften. Das war ein Räuber auf Beutezug mit einem Strick um den Leib. Ich rutschte zurück an die Wand, in mein Versteck, und schrumpfte zusammen. Da waren keine Cowboys, die den Schauplatz des Überfalls einkreisten. Mein Körper fühlte sich verwundbar an. Selbst mein knochiges Rückgrat schien mir weich und biegsam, als ich mich einrollte, um meine Vorderseite zu schützen.

Außer dem Knarzen seiner Schuhe und dem Geräusch meines Atems war es ganz still im Zimmer. Ich wusste, dass die Zeit verging, ohne das Ticken einer Uhr zu hören. Ich kam mir so unendlich gealtert vor.

Niemand war gekommen.

Eine neue Angst ergriff von mir Besitz.

Wie hatte der Mann am Telefon das gemeint, als er sagte »Machen Sie's gut«?

Ich versuchte, meine Angst nicht zu spüren, geschweige denn sie zu zeigen, während mich der Gedanke beschlich, dass mir vielleicht niemand zu Hilfe kommen würde. Ein unbeschreibliches Gefühl der Panik breitete sich in meinem Verstand aus, raste, tobte, wurde schlimmer und schlimmer. Jede Angst gebar eine neue, und immer weiter, bis ich meinte, ersticken zu müssen.

War dieser Anruf vielleicht nur inszeniert gewesen? Ein abgekartetes Spiel, Teil eines irrwitzigen Komplotts? Hatte mein Angreifer mit diesem Anruf gerechnet? Hatte er vielleicht bewusst nicht darauf reagiert?

England war in diesem Augenblick unendlich weit weg. Meine Mutter, der Strand und der sonnige Garten – all das war so ganz und gar woanders. Da wurde mir bewusst, dass niemand von meinen Lieben wusste, wo ich mich im Moment aufhielt. Das hieß, keiner würde es erfahren. Wenn es mit mir zu Ende ging. Hier. Heute Abend.

Es gab nur mich, ihn und die Pistole. Diese Pistole, die mit ihrem runden Lauf auf mich zeigte. Mich, die gerade erst einunddreißig geworden war. Mich, die Single war. Mich, die unbedingt glücklich sein und Erfolg im Leben haben wollte.

Doch was hatte ich bis dato zustande gebracht? Ich hatte keine Kinder. Ich war noch immer nicht wirklich glücklich und zufrieden mit meinem Leben. Ich hatte es vergeigt, verdammte Scheiße. Und jetzt war es zu spät – zu spät, um die Dinge noch zu ändern. *Verdammt noch mal, Emma, du hast es gründlich versaut.* Nur Handtücher und exklusive Hotels im Kopf zu haben und dir einzubilden, alles wäre paletti, wenn du nur einen guten Job kriegst. Was für eine Verschwendung das wäre, wenn es jetzt hier, auf diese Weise, mit dir aus sein sollte. *Verflucht.*

Mein Blick wanderte wieder zu dem nutzlosen Fenster, und ich überließ mich meiner Erschöpfung.

Plötzlich klopfte es laut gegen die Tür. Wir fuhren beide auf, synchron. Ich hob den Blick und wir schauten uns in die Augen. Zum ersten Mal sahen wir uns richtig an.

Was soll ich tun? Ich sagte die Worte nicht mit meinen Lippen, sondern mit meinen Augenbrauen, mit meinem Gesicht. *Was soll ich tun? Sag's mir. Du bist der mit der Pistole.*

Der Mann gab mir ein Zeichen, wieder mit einem Schwenk mit der Pistole. Ich sollte aufstehen und zur Tür gehen. Als ich tat wie befohlen, umklammerte er mich von hinten und drückte die rechte Seite seines Körpers an meine linke. Ich spürte seine Waffe in meinem Rücken, konnte ihren runden Lauf fühlen, der mich vorwärtsdirigierte. Mit den Fingern umklammerte ich meinen Bademantel, um meine Vorderseite zu schützen, alles, was sich an meinem Körper weiblich anfühlte.

Während wir wie Kinder beim Dreibeinlauf auf die Tür zugingen, bemerkte ich, dass die Zimmertür aufgesetzte Leisten hatte, die wie ein aufwendig gearbeiteter Bilderrahmen aussahen. Und dann fiel mir der Türspion mit der silbernen Abdeckung auf, die man auf- und zuklappen konnte.

Warum in aller Welt hatte ich den nicht vorher bemerkt? Warum hatte ich ihn nicht benutzt? *Dumm von dir, Emma, ausgesprochen dumm.*

Langsam drückte ich die Klinke. Die Tür öffnete sich nach links in den Raum hinein und kam mit entgegen. Sie war solide und schwer – es tat so gut, sich einfach nur an etwas festhalten zu können.

Er stand hinter mir, zu meiner Linken. Ich wusste nicht, wo seine andere Hand war, ob er mich berührte oder nicht. Die Waffe zu spüren genügte, um mich in Schach zu halten.

Ich linste hinter der Türkante hervor, schob Kopf und Hals zentimeterweise hinaus, während das Türblatt noch meinen Körper verbarg. Unmöglich, den Mann hinter mir zu sehen. Keinerlei Gefahr für ihn.

Draußen auf dem Gang stand ein Hotelangestellter im Anzug, gravitätisch wie ein Butler. Er sah mich an und fragte: »Ist alles in Ordnung, gnädige Frau?«

Ich sah ihn nur an und sagte »Ja«.

Ich nickte.

Was sollte ich denn sonst sagen? Ich hoffte, dass der Ausdruck in meinem Gesicht, das marionettenhafte Nicken, mein starrer Unterkiefer ihm förmlich entgegenschreien würden: NATÜRLICH

IST NICHTS IN ORDNUNG! EIN MANN HÄLT MIR SEINE PISTOLE IN DEN RÜCKEN UND ICH KOMME NICHT AUS DIESEM ZIMMER HERAUS!

Doch ich wusste nicht, wie das funktionieren sollte. Ich hatte keinerlei Idee, wie ich ein Gespräch anknüpfen, auf Zeit spielen hätte können.

So sagte ich einfach nur »Danke« und versuchte, dabei unsicher zu klingen.

Er erwiderte mit unbewegtem Gesicht: »Vielen Dank, gnädige Frau. Und auf Wiedersehen.«

Dieser neuerliche Abschied traf mich wie ein Schlag – wie eine endgültige Verurteilung. In mir zog sich wieder alles zusammen, ich konnte diesen Gruß einfach nicht erwidern. Stattdessen nickte ich nur langsam mit dem Kopf – wie eine Marionette, die sich am Ende ihres Spiels verbeugt.

Ich schloss die Tür wieder. Etwas anderes konnte ich nicht tun.

Ich ließ mich schwer auf die Bettkante fallen. Meine Schultern hingen so tief wie möglich.

Der Mann fing wieder an, wie zuvor im Zimmer auf und ab zu gehen. Das Gefühl der Verzweiflung schien sich um uns beide zu legen wie eine Schlinge. Es verfolgte uns durch den Raum, schlimmer als sein Schweißgeruch.

Dann sah er meine Schachtel Zigaretten auf dem Schreibtisch und fragte mit einer Bewegung des Kinns: »Kann ich mir eine nehmen?«

Seine Bitte überraschte mich. Er war derjenige mit der Pistole – wir spielten nach seinen Regeln. Diese seltsam höfliche Geste hatte etwas Entwaffnendes.

Langsam, als könnte meine Stimme ein aufgeregtes Kind beruhigen, sagte ich: »Klar.«

Er nahm sich eine Zigarette und streckte mir dann die Schachtel entgegen, damit ich mir ebenfalls eine nehmen konnte.

Da saßen wir nun. Zwei Menschen, die rauchten. Camels. Die Zigaretten, in Reih und Glied wie Bleistifte, schauten mit dem Filter aus dem charakteristischen gelben Päckchen mit dem lachenden Kamel vor den Pyramiden. Es war eine Softpackung. Er musste sie gegen seine Finger schnippen, damit eine Zigarette herauskam. Dann ging er zum Schreibtisch hinüber, wo die Streichhölzer lagen – eine Aufmerksamkeit des Hotels. Er zündete seine Zigarette an und reichte mir die Streichhölzer. Ich gab mir selbst Feuer und versuchte, meine Zigarette nicht zwischen den Fingern zu zerdrücken.

Das Anzünden einer Zigarette mit einer leicht tänzelnden Flamme. Etwas, das ich schon so oft getan hatte. In unserem Büro in Hongkong hatten wir immer im schmuddeligen Treppenhaus gestanden und uns plaudernd und rauchend eine Auszeit vom Erwachsensein genommen. Eine Entspannungspause, eine willkommene Unterbrechung des langen Arbeitstages. Alles, was ich jetzt fühlte, war die Bewegung meines Arms, der wie ein Automat die Zigarette zu meinem Mund und wieder weg führte.

Aah.

Da war der vertraute Geschmack. Ich wusste, dass ich atmete, spürte, wie der Rauch über meine Lippen strich. Ich fühlte mich fast euphorisch. Er dagegen rauchte ganz anders, mehr wie ein Bauarbeiter, hielt seine Zigarette innen in der leicht geschlossenen Faust, als wollte er sie gegen starken Wind schützen.

Wir wurden zu zwei Rauchern, die etwas Zeit miteinander verbrachten. Unter anderen Umständen hätte ich vielleicht ein Gespräch begonnen, ihn etwas gefragt, versucht, etwas über ihn zu erfahren. Das geschah hier nicht. Hier geschah überhaupt nichts. Er stand, ich saß, wir schwiegen.

Kurz nachdem er fertiggeraucht und seine Zigarette im Aschenbecher ausgedrückt hatte, hatte auch ich zu Ende geraucht. Ich stand auf und ging vorsichtig hinter ihm vorbei zum Schreibtisch, wo der Aschenbecher stand. Es war jetzt dunkel draußen und so konnte ich mein Spiegelbild sehen, wie es sich, weiß wie ein Gespenst, aufs Fenster zubewegte. Ich drückte die Kippe in dem gläsernen Aschenbecher aus, der Filter knickte, zerriss und die Fasern quollen heraus.

Dann hörten wir ein Geräusch draußen auf dem Flur.

Ich sagte nichts. Er sagte nichts.

Ich wünschte mir, dass er mich vergessen und sich nur noch auf sich selbst konzentrieren würde. Vielleicht würde ihn das irgendwie ablenken, sodass er darüber vergäße, mir dauernd seine Pistole unter die Nase zu halten. Vielleicht ergab sich ja doch eine Gelegenheit zu entkommen.

Wir warteten. Es klopfte nicht.

Es passierte immer noch nichts.

Ich kam mir so unendlich alt vor und hatte schreckliches Heimweh. Ich fühlte mich, als müsste ich mich vor Elend gleich übergeben.

Dann machte er plötzlich den Mund auf. Er hatte einen Plan gefasst.

»Du machst die Tür auf«, sagte er und gestikulierte dabei vage in Richtung der Tür. »Wenn jemand fragt, dann sagen wir, dass wir hinunter zum Swimmingpool gehen. Wir gehören zusammen. Wir gehen zum Lift und verschwinden. Wir gehen zusammen.«

Sein Englisch war also gar nicht so schlecht, besser jedenfalls als sein Fluchtplan.

Ich trug ja passenderweise noch meinen Badeanzug unter dem Hotelbademantel, aber selbst so würden wir – er im Anzug, ich im Frotteebademantel – immer noch ein reichlich schräges Paar abgeben, das, eng aneinanderklebend wie zwei Scheiben gebutterter Toast, auf die golden verspiegelten Lifte zustakste.

Doch das war mir egal. Sein Plan bedeutete, dass wir die Tür öffnen mussten.

»Ja, ja, in Ordnung«, sagte ich eifrig. Die Vorstellung, bloß auf die andere Seite dieser Tür zu kommen, war schon mehr, als ich zu hoffen wagte.

Ich stand mit klopfendem Herzen auf, während er sich wieder schräg hinter meinen Rücken schob. Ich zog den weißen Frotteestoff eng um meinen Körper und sah die Tür an. Nun hieß es aufmachen und versuchen, hinauszukommen.

Ich drückte die glänzende Klinke nach unten und die weiße Tür ging auf. Ich konnte seinen Körper, seinen Atem, die Pistole spüren, als wären sie ein Teil von mir. Als die Tür sich öffnete, hing sein Geruch stockend in der Luft. Ich wusste, dass rechts dieser lange Gang war. Ohne auch nur den Kopf zu bewegen, konnte ich sehen, dass sich Männer in khakifarbenen Uniformen an der Wand entlang aufgereiht hatten. Sie waren bewaffnet, standen geduckt da und ihre Waffen zeigten alle in eine Richtung – auf diese Tür. Auf uns. Wie eine Staffel von Sprintern in den Startlöchern, die auf den erlösenden Knall warteten.

Ich konnte sie sehen, wusste aber auch, dass er sie nicht sehen konnte. Noch nicht.

Das war der Moment. Es musste jetzt passieren. Schweiß und Energie überströmten meinen Körper gleichzeitig.

Ich rief die Bilder meiner Kindheit zu Hilfe: Kommt herbei und hüllt mich ein. Die Stille meines Elternhauses, der Ort, von dem ich kam. Der Geruch der See, der mächtige Himmel, der sich darüberspannte, Dad und ich, wie kleine Pünktchen im Wasser treibend. Dad in seiner großen roten Badehose, ich, die sich einrollte und streckte, während das Salzwasser über meine Glieder strich.

Ich konnte Mum sehen mit Lucy, Toby und unserem Labrador Sam. Sie spazierten am Strand entlang, bückten sich nach Kieseln, streiften vor der abgeblätterten Kulisse des Strandbades von Whitstable umher.

Es war alles da, immer noch, und dann, dann ließ ich alles los.

Der Sprint

Alle Energie, die ich noch hatte, kanalisierte sich in meinen Beinen. Meine Füße übernahmen für mich. Ich holte tief Luft. *Lauf, lauf einfach. LAUF JETZT LOS …*

Jeder Muskel zog sich zusammen und wartete, dass gleich ein Schuss knallen würde. Ich wusste, die Kugel würde direkt durch mich hindurchgehen und ein rundes Loch hinterlassen. Ich wartete förmlich darauf. Die Mitte meines Rückens, ein wenig unterhalb der Schulterblätter, machte sich dafür bereit. Ein Loch, durch das man hindurchsehen konnte.

Ich rannte den ewig langen Flur hinab. Das war meine winzige Chance auf Leben. Ich musste sie beim Schopf packen. Mein Körper wusste das, noch bevor mein Geist es überhaupt begriff.

Ich lief den Flur linker Hand hinab. Wie ein Schrei, der von den Lippen springt und von den Wänden zurückhallt. Hände fassten nach mir, wollten mich aufhalten, aber ich konnte einfach nicht aufhören zu rennen. Und wartete immer noch auf den Schuss.

Die haben alle eine Pistole. Pistolen können dich erschießen. Jeder, der eine Pistole hat, kann dich erschießen.

Hinter mir trampelten Füße schwer den Korridor hinunter und in mein Zimmer hinein. Ich hörte Schüsse, so viele Schüsse, immer und immer wieder. Mein Körper zuckte bei jedem Geräusch zusammen, das im Flur zu hören war und in meinem Kopf widerhallte. *Wie kann man inmitten von so viel Chaos in Sicherheit sein?*

Eine kleine Frau in dunkelblauer Kleidung hielt mich auf und versuchte, mich links in einen Raum zu ziehen. Sie war stark, aber ich schlug verzweifelt nach ihr wie nach einem riesigen Moskito.

Sie stand vor mir und redete auf mich ein. Ich zitterte wie Espenlaub, schnappte gurgelnd nach Luft, als hätte man mich eine Ewigkeit unter Wasser gedrückt. Sie versuchte, mich in die Arme zu schließen, mich zu halten und zu beruhigen, aber ich wollte von niemandem gehalten werden. Ich wollte mir nicht sagen lassen, was ich zu tun hatte. Ich wollte mich bewegen können. Ich wollte etwas sehen, das ich kannte, dem ich vertraute.

»Wer sind Sie?«, fragte ich sie, bekam aber ihre Antwort nicht mit.

Ich hatte Kratzer und Schnitte im Gesicht, an den Armen und am Rücken, wusste aber nicht, wie es dazu gekommen war.

Irgendwie war mir dunkel bewusst, dass das alles sehr merkwürdig war.

Erst nach einer Weile begriff ich, dass ich in einem Zimmer in Jakarta, in Indonesien, auf dem Bett saß und mit einer Frau sprach, die vermutlich zur Polizei gehörte. Während sie noch redete, fiel mir auf, dass ihr Gesicht ein bisschen aussah wie das eines Kugelfisches.

Ich fühlte mich so verflixt englisch mit der Gänsehaut auf meinen blassen Oberschenkeln. Mein Badeanzug wirkte geradezu lächerlich. Und ich war mir immer noch jedes Atemzugs bewusst, der meine Brust hob und senkte, während die Menschen um mich herum alle stark und unerschütterlich wirkten. Wieder zog ich den Bademantel eng um meinen Körper.

Einerseits wusste ich, was passierte, andererseits war ich seltsam losgelöst vom Geschehen. Als wäre mein Geist zweigeteilt. Ich war Emma, die auf Geschäftsreise war, einen hübschen Badeanzug trug, die sich mit Greg treffen und über Finanzierungsvoraussetzungen sprechen wollte. *Und wer ist dann diese Person, die frierend, erschöpft und verwirrt auf dem Bett sitzt?* Ich sah ihr einen Augenblick lang zu, als schwebte ich hoch über ihr. Sie redete und Worte quollen aus ihrem Mund, die ich nicht als meine eigenen erkannte. Ich vermute, das war der Schock.

Später saß ich mit zwei Männern von der Polizei oder vom Militär im selben Hotel in einem anderen Zimmer und betrachtete eine theatralisch hohe Vase mit riesigen Blumen darin. Beide hatten einen Schnurrbart, und der bewegte sich beim Sprechen. Ganz sachte, wie bei einem Bauchredner. Beide trugen immer noch ihre Waffen. Sie hatten meinen Geschäftspartnern erzählt, was passiert war und dass ich nicht zum Abendessen kommen konnte.

Die Männer befragten mich eingehend. Sie wollten wissen, wer ich war und warum ich in Jakarta war.

Ich erklärte, immer noch in Badeanzug und Frotteemantel: »Mein Name ist Emma Slade. Ich arbeite in Hongkong im Finanzdistrikt. Ich bin Analystin für südostasiatische Unternehmen, in die wir investieren.« Ich redete mit ihren Schnurrbärten. Sie nickten. »Ich bin hier auf einer Geschäftsreise, die von unseren Maklern organisiert wurde. Ich soll mir die Unternehmen ansehen, in die wir bereits investiert haben.«

Mir gingen die Worte aus. So ein wichtiger Job, und ich kapierte nicht mehr, was ich da eigentlich machte.

»Ich hatte einige Treffen am Nachmittag. Denken Sie, das hat irgendetwas damit zu tun – mit meiner Arbeit hier in Jakarta?« Auch ich wollte verstehen, was passiert war, suchte nach einer Erklärung.

Sie schrieben alles gewissenhaft auf und teilten mir dann mit, was sie ihrerseits wussten. Zuerst zeigten sie mir ein quadratisches Polaroidfoto mit weißem Rand. Der Mann, der darauf zu sehen war, saß vornübergebeugt in schmutzigen Unterhosen an die Wand gelehnt. Wo waren nur all seine Sachen hingekommen, der Gürtel, das glänzende Jackett? Warum trug er keine Schuhe mehr? Es war schlimm anzusehen. Das Foto erinnerte mich an das Bild eines von einer feindseligen Menge umringten nackten Mannes, das ich vor langer Zeit einmal gesehen hatte. Ein Strom von dunkelrotem Blut zog sich von seinem Kopf den Körper hinab. Der Inbegriff des Leidens.

Die Polizisten waren verständlicherweise interessiert, mir dieses Foto zu zeigen, damit ich mich überzeugen konnte, welch gute Arbeit sie geleistet hatten. Sie wollten mir begreiflich machen, dass ich jetzt in Sicherheit war, und sie redeten und redeten. Der Mann war ein Spieler, der auf Geld aus war. Er hatte Verbindungen zum chinesischen Festland. Offensichtlich hatte er nicht gewusst, wer ich war. Wir konnten also ausschließen, dass der Überfall mir persönlich galt oder etwas mit meinen Geschäftskontakten hier zu tun hatte. Wahrscheinlicher war, dass er mich beobachtet hatte, bevor ich in mein Hotelzimmer gegangen war. Das war eine beängstigende Vorstellung. Kaum auszudenken, was sonst noch alles hätte passieren können, unbemerkt, während ich diese Stufen hochgegangen war. *Klick, klack, klick, klack.*

Sie zeigten mir vier identische gezahnte Messer, die er im Gürtel seiner Hose getragen hatte. Sie hatten cremefarbene Plastikgriffe, wie Teile eines Picknickbestecks. Man legte sie für mich in gerader Linie auf der Glasplatte des Kaffeetisches aus. Ich hatte sie vorher noch nie gesehen.

Da saß ich nun, ganz still, hinter dem Tisch und sah auf das Foto hinunter, das ich immer noch in der Hand hielt. Es war ein klein bisschen größer als meine Handfläche. Und es zeigte nur diesen einen Mann. Er ließ den Kopf hängen, sein geschlagener Körper war zusammengesunken und füllte jeden Zentimeter zwischen Wand und Boden. Ich konnte nicht aufhören, auf dieses Foto zu starren. Wenn er nicht tot war, war er im Gefängnis. Ich begriff nicht, wie unsere Leben uns hierhergebracht hatten – wie hatten unsere Wege sich überkreuzt, dass es auf diese Art enden musste? Der Kummer, den ich darüber verspürte, verschlug mir beinahe die Sprache.

Er soll okay sein, dachte ich.

Meine Augen ruhten immer noch auf seinem Körper, doch in meinem Innern verlangte etwas nach der Zusicherung, dass dieser gebrochene Mann sich wieder aufrappeln würde, dass sein Leiden nur vorübergehend war. Ich hörte gar nicht mehr, was die beiden Beamten zu mir sagten.

Aber warum? Warum war mir der Mann so wichtig, der mein Leben mit dem Ende seines Pistolenlaufs dirigiert hatte und von dem ich absolut nichts wusste? Ich begriff es selbst nicht, daher sagte ich nichts. Ich konnte diesen Wunsch nicht laut aussprechen, nicht hier, wo ich von meinen Rettern umgeben war.

Nachdem ich meine Version der Ereignisse zu Protokoll gegeben hatte, brachten die Beamten mich zurück in mein Zimmer im vierten Stock. Später erfuhr ich, dass dies in solchen Fällen nicht gerade als ratsam gilt, doch ich nahm sowieso alles nur durch einen Nebel wahr und tat einfach, was man mir sagte. Und so sah ich, wie sich der Raum verändert hatte. Ich sah das Blut auf der cremefarbenen Tapete. Am dunkelsten waren die Flecken an der Wand neben der Tür, was so gar nicht zu dem schicken Hotelzimmer passen wollte. Der dunkelrote Fleck verjüngte sich nach unten. Wie konnte da nur so viel Blut sein?

Ich sollte meine Sachen kontrollieren, ob etwas fehlte. Meine Uhr hatte man zurückgelegt.

Der Hotelmanager war eifrig bemüht, das Problem aus der Welt zu schaffen. Noch im Zimmer mit den hohen Blumen hatte er mir ein Flugticket nach England angeboten, damit ich meine Familie sehen konnte. Da dachte ich noch nicht so recht an das Kleingedruckte. Ich unterschrieb eine Erklärung, dass ich dem Hotel gegenüber wegen dieser Angelegenheit keinerlei Ansprüche mehr geltend machen würde.

Für diese Nacht verlegte mich der Manager in seine beste Suite im obersten Stockwerk. Es war spät nachts und die Suite hatte unglaublich viele Fenster. Ich bin sicher, unter anderen Umständen hätte ich die Aussicht durchaus genossen.

Während blütenweiße Daunenkissen meinen Rücken stützten, rief ich von dem weiß-goldenen Telefon aus meine Mutter in England an. Die Zeitverschiebung wirkte zu meinen Gunsten, ich musste sie also nicht wecken.

»Mama?«, sagte ich. »Mama, mach dir keine Sorgen. Ich bin in Jakarta auf Geschäftsreise. Da war so ein Mann mit einer Pistole in meinem Hotelzimmer. Es geht mir gut, aber es war schon … nun ja, ziemlich beängstigend.« Ganz die Analystin suchte ich nach dem bestmöglichen Ausdruck. Ich wollte, dass meine Mutter Bescheid wusste, ohne sich Sorgen zu machen. Was mir unter diesen Umständen einen gewissen Spagat abforderte.

Ich konnte mir Mama gut in unserem Haus in England vorstellen, verscheuchte dieses Bild aber gleich wieder. Um sicher zu sein, dass meine Mutter sich nicht aufregte, stülpte ich mir meine geschäftsmäßigste Coolness über. Wenn ich heute daran zurückdenke, kann ich es kaum glauben. Wie ich den Satz genau in der richtigen Reihenfolge aufbaute und ganz normal atmete, und das in dieser Nacht. Wahrscheinlich war ich schon ziemlich geübt darin, meine Aufmerksamkeit nach außen zu lenken, auf das, was getan werden musste.

Am nächsten Morgen hätte ich sofort zurück nach Hongkong oder nach England fliegen können, aber ich wollte die Geschäftsreise zum Abschluss bringen. Vielleicht war es der Schock, aber ich sah keine Notwendigkeit abzureisen.

Trotzdem verlegte man mich in ein anderes Hotel. Obwohl zwischen dem Überfall auf mich und meinem Aufenthalt zum Zweck der Unternehmensbewertung keine Verbindung zu bestehen schien, wollte man kein weiteres Risiko eingehen. Ich bezog ein weniger luxuriöses Hotel mit einem kleinen Pool in der Außenanlage und sehr wenigen Gästen.

Für den Rest der Reise bekam ich einen Bodyguard zugeteilt, einen wahren Koloss, der viele wichtige indonesische Politiker beschützt hatte. Dass seine fast das Hemd sprengenden Oberarmmuskeln immer nur ein paar Meter entfernt waren, hatte einen ausgesprochen beruhigenden Effekt auf mich. Es tut mir schrecklich leid, dass ich mich an seinen Namen einfach nicht mehr erinnern kann, nur an seinen riesenhaften Schatten, in dem ich mich bewegte. Ich hatte noch zwei Meetings vor mir und er wartete immer draußen vor der Tür. Andere Erinnerungen habe ich kaum behalten, nur dass ich damals dachte, es sei am besten, gleich wieder in den Sattel zu steigen, wenn man gestürzt ist.

Am nächsten Abend, dem letzten auf dieser Reise, saß ich bei Sonnenuntergang am Hotelpool und zog mit den nackten Zehen Spuren durch das klare, helle Wasser. Das Licht brach sich in den Wellen. Diese Reise hatte mir gezeigt, welche Zukunft mich erwartete. Ich konnte sie klar vor mir sehen, so klar, wie ich den Grund des Pools unter meinen Füßen sehen konnte.

Hosenanzüge und Kostüme, Geschäftsreisen und dicke weiße Servietten reihten sich vor mir auf, nur darauf wartend, dass ich sie anzog, antrat oder mit einem geschickten Wedeln auseinanderfaltete. Ich hatte einen Blick ins Herzstück meines Lebens getan und es für seicht befunden. Das war verwirrend, denn schließlich hatte ich mir genau das gewünscht. Genau dafür hatte ich nach dem Tod meines Vaters so hart gearbeitet. Ich hatte der ewigen Unsicherheit den Rücken gekehrt und Trost im Beruf gesucht. Aber jetzt … was sollte ich davon halten?

Und doch waren diese Gedanken mehr als vage. Sie beschäftigten mich nicht einmal besonders lange. Ich ließ sie zurück – am Rande des Pools, wie ein leeres Cocktailglas, in dem nur eine Spur klebriger, fruchtiger Schaum zurückbleibt. Stattdessen richtete ich meine ganze Aufmerksamkeit darauf, mich um mein

Gepäck zu kümmern und den Wecker zu stellen, damit ich den frühen Flug rechtzeitig erwischte.

Am nächsten Morgen verabschiedete ich mich am Flughafen von dem Bodyguard und bestieg die Maschine nach Hongkong, das in den letzten beiden Jahren mein Zuhause gewesen war. Die Reise war aufregend wie immer, endete sie doch mit dem üblichen steilen, seitlich geneigten Anflug über die Stadt, bei dem die Passagiere immer Angst haben müssen, das Flugzeug werde sich in irgendwelchen Wäscheleinen verfangen, ehe es auf die scheinbar viel zu schmale Landebahn mitten im Meer zusteuert. Danach hatte man wirklich das Gefühl, an einem besonderen Ort angekommen zu sein. Das musste die Sache doch wert sein, schließlich hatte man sein Leben riskiert! Und das stimmte. Hongkong war atemberaubend.

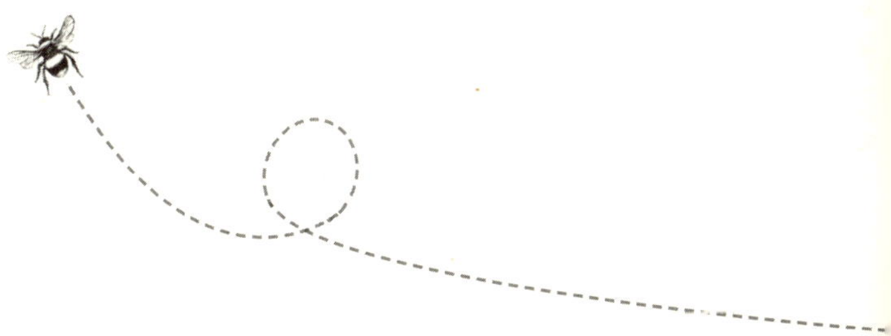

Die Ankunft

Als ich 1995 zum ersten Mal nach Hongkong kam, absolvierte ich gerade das dritte von insgesamt drei globalen Praktika im Graduiertenprogramm einer weltweit operierenden Bank. In Hongkong liefen die Dinge mit einer Geschwindigkeit und Konzentration, wie ich sie bis dato nie kennengelernt hatte. Und Geld war das Hauptgesprächsthema der ganzen Stadt. Jeder interessierte sich für die Immobilienpreise und das tägliche Auf und Ab der Finanzmärkte. Die Steuersätze waren niedrig und die angesagtesten Juwelen waren gelbe Diamanten. Auch New York, wo ich zuvor ein Praktikum absolviert hatte, war hektisch. Dort eilte das Leben an geschlossenen Fenstern und Parkverbotsschildern vorbei, doch die Stadt war facettenreich: Museen, Kunst-Performances, der Central Park. In Hongkong interessierte nur das schnelle Geld.

Ich war mit der Erwartung hergekommen, dass es mir hier nicht gefallen würde, aber das war nicht der Fall. Ich liebte das Tempo und die Konzentration bei der Arbeit. Hongkong war ruhelos, leidenschaftlich und nahm einen vollkommen in Beschlag. Es war wie New York mit einer ausgeprägten Zwangsstörung – oder in etwa so, wie ich mir die wahre Liebe immer vorgestellt hatte.

Schnelligkeit war kein Problem, denn Hongkong ist ein recht überschaubarer Ort und man kann dort seine Ziele effizient erreichen. Ich konnte von meiner Wohnung aus mein Büro sehen.

Unterhalb meines Büros waren ein Swimmingpool, in dem wir uns fit halten konnten, und ein Café, damit wir etwas zu essen hatten. Man konnte an einem Tag alles Mögliche erledigen, ohne Zeit für den Gang zur U-Bahn oder ins Restaurant zu verschwenden. Es gab einfach keinen Grund, eine Pause einzulegen.

Einmal kam ich an einer Gruppe älterer Chinesen vorbei, die langsam und graziös Tai-Chi übten. Sie waren in einem kleinen Park neben einem hohen, grauen Bürogebäude, ganz in der Nähe einer Hauptverkehrsstraße. Ihre Knie leicht gebeugt, drehten sie sich sachte von einer Seite zur anderen und bewegten dabei die Arme wie ein Bildhauer, der Ton formt. Niemand gab den Takt vor. Sie bewegten sich ganz von selbst vollkommen synchron, wie ein Schwarm Vögel, der wunderbare Muster am Himmel malt.

Wenn ich freihatte, ging ich im Stadtzentrum einkaufen. Es gab da ein riesiges, silbern schimmerndes Einkaufszentrum namens Pacific Place, das nahe bei unseren Büros lag. Von Stockwerk zu Stockwerk wurde das Shoppingerlebnis kostspieliger: Lebensmittel im Erdgeschoss, Versace-Anzüge in der obersten Etage. Es war, als würde man Schritt um Schritt mehr umgarnt: Jetzt gönn' dir erst mal was Leckeres und dann machen wir was mit deinen Klamotten. Guck' doch mal, wie gut es sich anfühlt, richtig Geld zu verdienen. Lass' dich von uns an der Hand nehmen ...

Ich ließ mich gern verführen. Wir alle taten das.

In meinem Büro gab es noch eine Mitarbeiterin aus London, Mary-Ann. Sie war jünger als ich und unglaublich schön mit ihrem natürlich weißblonden Haar und der hellen Haut. Sie sah immer perfekt aus, so als wäre ihr ganzes Leben klimatisiert. Wir wohnten im selben Block und Mary-Ann kam öfter mit einer Flasche Wodka vorbei, die wir zusammen mit meinen Cadbury-Roses-Pralinen leerten, wenn wir Heimweh hatten. Wir gingen jeden Tag gemeinsam zur Arbeit, gemeinsam schwimmen und gemeinsam essen. Es war schön, mit Mary-Ann zusammen zu sein. Sie und Karen, ebenfalls Fondsmanagement-Trainee im Graduiertenprogramm, waren meine besten Freundinnen im Büro.

Neben diesen Freundschaften gab es das laute, hochtourige Expat-Leben in Hongkong. Sobald man abends ausging, war man Teil davon. Da in Hongkong viele multinationale Unternehmen ansässig sind, gibt es auch eine große Gemeinde ausländischer Mitarbeiter, Expats eben. Sobald man abends das Büro hinter sich ließ, ging es los: Die nüchterne Arbeitsatmosphäre wurde durch laute Gespräche über Wochenendpläne und die besten Locations fürs Tauchen ersetzt, während man in schneller Abfolge Drinks und Visitenkarten weitergab. Ich suchte mir, wenn möglich, irgendwo einen ruhigen Platz, wo ich mich entspannen konnte, während sich rund um mich die Geräusche auftürmten wie Wolken hinter einem Berg. Nach harten Tagen genehmigte ich mir eine Camel. Das Rauchen gab mir Selbstbewusstsein und verlieh mir eine Aura der Unnahbarkeit, was immer hilfreich war, wenn man es mit völlig Unbekannten zu tun hatte.

Hongkong war voll von ganz unterschiedlichen Bars, in denen man nach der Arbeit abhängen konnte, wenn man dazu in der Stimmung war. Einige lagen im Wan-Chai-Distrikt, in dem man schon mal Gemüseabfälle zum Verrotten auf die Straße warf. Andere wiederum gehörten zu den schicken Hotels im Zentrum, wo man wunderschön zubereitete, glänzende Snacks serviert bekam, ohne sie extra bestellen zu müssen. Da man uns zu diesen Köstlichkeiten nicht groß überreden musste, waren Mary-Ann und ich meist in solchen Bars zu finden.

Am Freitagabend traf ich mich dann zum Beispiel mit Bruce, einem Freund, der ebenfalls Banker war, oder mit meinem Cousin Edward in einer Bar im Central District. Edward arbeitete in der Corporate Finance, also der Unternehmensfinanzierung, wo die Leute extrem auf Wettbewerb getrimmt waren und sehr klare Ziele im Leben zu haben schienen.

Ich hörte den Anwesenden eine Weile zu, dann aber begannen meine Gedanken abzuschweifen. Welch merkwürdig verschlungene Pfade hatten mich nur hierher nach Hongkong gebracht, wo ich in einer Bar stand, umgeben von sehr vielen, sehr lauten Menschen, während eine durchsichtige Schweißperle langsam ihren Weg in meinen Ausschnitt suchte.

Trotz des frühen Schrebergartengesprächs mit meinem Vater bezüglich meiner beruflichen Zukunft hatte ich die Vorstellung, einmal in der Finanzwelt zu landen, bald verdrängt. Bis mein Vater erkrankte, hatte ich immer davon geträumt, Künstlerin zu werden oder wenigstens Kuratorin in einem Museum. Aber etwas so Alltägliches und Langweiliges wie ein Bankjob? Niemals! Doch nach seinem Tod konnte ich diesen Plan nicht mehr weiterverfolgen. Ich musste Verantwortung übernehmen. Ich wollte sicherstellen, dass ich meinen Lebensunterhalt selbst verdienen konnte und nicht von meiner Mutter abhängig war. Ich durfte nicht einfach so mein Leben vergeuden, ich musste es zum Erfolg machen. Am meisten aber wünschte ich mir, wieder diese Worte zu hören: »Wir sind so stolz auf dich, Em!« Und die Umarmung zu genießen, die darauf folgte.

Nach Jakarta dachte ich zunächst wirklich, dass alles in Ordnung wäre, dass ich die Sache abgehakt hätte. Dass ich all das still und leise hinter mir lassen könnte. Ich dachte, dass ich maximal an temporären Verstimmungen leiden und bald wieder zum Alltag übergehen würde. Nie hätte ich gedacht, dass es mir derart schwerfallen würde, das, was ich in diesem Hotelzimmer erlebt hatte, hinter mir zu lassen.

Immerhin war ich auch mit dem Tod meines Vaters fertiggeworden, mit dem Druck an der Uni und später im Beruf. Ich dachte, ich hätte eine ungewöhnliche Erfahrung gemacht, die natürlich gewisse Ängste bei mir auslösen würde, aber ich rechnete fest damit, dass diese mit der Zeit wieder verschwinden würden. Verglichen mit Papas Tod, der mich zutiefst erschüttert hatte und über den ich nie wegzukommen glaubte, war dieses Erlebnis zwar schockierend, aber jetzt war es vorbei. Zumindest bildete ich mir das ein.

Aber vielleicht hatte sich auch zu viel in mir aufgestaut. Vielleicht war Jakarta ja wie das winzige Zuckersternchen, das man vorsichtig ganz oben auf ein fragiles Kunstwerk aus Eischnee und Luft setzt. Es ist häufig der letzte kleine Handgriff, der eine kunstvolle Arbeit einstürzen lässt. Poetisch, nicht wahr? Wenn es doch nur so einfach gewesen wäre.

Denn obwohl es noch nicht diagnostiziert worden war, entwickelte ich eine posttraumatische Belastungsstörung (PTBS), und genauso fühlte sich das auch an: nämlich gestört.

Ich bekam Flashbacks – heute weiß ich, was das ist. Mitten am Tag in einem wunderschönen Park in Hongkong voller Blumen und Hochzeitspaare, die sich neben den Seerosen am Teich fotografieren ließen, überkam mich die Angst. Ich lief kilometerlange Flure hinab, spürte den Lauf der Pistole auf meiner Haut und die Teppichfasern im Gesicht.

Wenn ein Mann sich ins Jackett griff, um seine Brieftasche herauszuholen, duckte ich mich unwillkürlich. Ging jemand schnell auf mich zu, schrie ich auf oder hatte zumindest Mühe, die Schreie in meiner Kehle zu unterdrücken.

Mir geriet alles durcheinander, vor allem, was mein Zeitgefühl anging. Der Begriff »Flashback« beschreibt nicht einmal annähernd, was ich durchmachte. Denn eine solche »Rückblende« scheint zu suggerieren, dass man für einen kurzen Moment wieder ganz in die Vergangenheit eintaucht, was ja durchaus positiv sein kann. Ein Flashback im Rahmen einer posttraumatischen Belastungsstörung aber heißt, dass das vergangene Erleben in die Gegenwart verpflanzt und immer wieder durchlebt wird. Man ist ständig in dieser Gegenwarts-Vergangenheit. Wie ein Film, der ständig im Hintergrund läuft, oder die Musik in den Einkaufszentren, die meine Mutter so hasst. Manchmal wird es einem stärker bewusst, dann wieder ist es wie ein Summen im Hintergrund.

Ich saß an meinem Schreibtisch in Hongkong, rund um mich läuteten die Telefone, die Nachrichten und Broker-Berichte flackerten über meinen Bildschirm, doch irgendetwas legte sich über die übliche Bürolandschaft und hinterließ auf allem einen kaum sichtbaren Schmierfilm.

Was ist das?

Eine Tür schloss sich draußen im Flur.

Ich kann ihn riechen. Mein Herz hämmert. Ich fühle es, es ist so laut.

Aber natürlich war da nichts.

»Emma, hast du Amandas Recherchen für das nächste Global-Investment-Meeting?«

Ich muss mich verstecken. Schnell, Emma, schnell. Versteck dich.

»Ja, Michael. Hier ist es«, hörte ich einen Teil meiner selbst sagen und nahm das Dokument, während ich gleichzeitig fühlte, wie kalter Schweiß meinen Nacken überzog und meine Schultern steif wurden. »Das Wichtigste ist der Immobilienmarkt in Japan. Sie glaubt, dass die Preise dort anziehen werden.«

Dieser ranzige Geruch und das Knarzen der Schuhe …

»So ein Quatsch«, versetzte Michael schnell und drückte …

… näher …

… ein paar Knöpfe auf seinem Bloomberg-Screen. Eine gelbe Kurve zeigte sich, die steil nach unten zeigte.

… und näher …

»Ich bin gleich wieder da«, sagte ich, so locker wie möglich.

Ich ging auf die Toilette, nur um allein zu sein und meine Hände, das Gesicht und die Achselhöhlen zu waschen wie eine moderne

Lady Macbeth in der Hoffnung, alle Spuren, die mir noch anhafteten, ein für alle Mal wegzuspülen.

Es ist okay, es ist okay … es wird alles gut … es wird alles okay.

Die Toilette war das einfachste Versteck, in das ich im Büro verschwinden konnte. Ich klammerte mich am Waschbecken fest und sah mir im Spiegel geradewegs in die Augen, als könne ich so mein Innenleben ausforschen.

Wenn sich das verrückt anhört – ich sagte doch, dass es gestört war. Und es traf mich voll zwischen die Augen wie ein Torpedo, der sich automatisch sein Ziel sucht, während ich Michaels Fragen über Anlageprobleme beantwortete.

Wieder und wieder spannten sich meine Muskeln an, als müssten sie ihre Höchstleistung abrufen. Ich musste mich wappnen, auf der Hut sein. Sei wachsam. Mach dich bereit zum Laufen. Finde den Ausgang. Erkenne die Lücke. Los. Ich war ein Tier, das vom eigenen Geist gejagt wurde. Ich war der Übeltäter und das Opfer, die Geisel und der Geiselnehmer. Es war ein Boxkampf ohne Schiedsrichter, der über 24 Stunden ging.

Ich saß zwar in einem Büro, und natürlich waren da andere Menschen um mich herum, aber ich fühlte mich total allein. Was ich fühlte, war in mir eingeschlossen, und mein Körper war in hellem Aufruhr.

Nachts konnte ich nicht schlafen. Der Schweiß an meinen Händen hinterließ Abdrücke auf der Wand neben dem Bett. Ich hatte Angst vor dem Licht, das durch die Rollläden drang. Wenn man vor der Dunkelheit ebenso viel Angst hat wie vor dem Tageslicht, wird es langsam richtig schwierig.

Wie man mir später sagte, bringt eine derart lange Stressphase, in der unglaubliche Mengen von Stresshormonen in die Blutbahn gelangen, die Körperchemie auf eine Weise aus dem Gleichgewicht, dass man sich davon kaum je wieder erholt. Was ich damals ebenfalls nicht wusste, ist, dass begrenzt vorhandene

Botenstoffe wie Serotonin unter solchen Bedingungen schnell aufgebraucht werden. Dieser Zustand wird dann chronisch. Wissenschaftler nehmen an, dass eine drastische Reduktion von Serotonin bzw. die mangelnde Fähigkeit, Serotonin herzustellen, wie sie für ein Trauma typisch sind, zu Depressionen führt.

Der auffälligste Langzeit- oder Dauereffekt, den die PTBS auf mich hatte, waren die negativen Auswirkungen auf mein Gedächtnis, vor allem auf meine Fähigkeit, mir Fakten zu merken, worin ich früher richtig gut war. Selbst heute noch greife ich mitunter ins Leere und suche vergeblich eine Verbindung, wenn irgendwo in meiner Umgebung ein Name fällt, gestaltlos, lautlos wie eine Feder. Dann fühle ich mich an die gebrechlichen Menschen im Altenheim erinnert oder an die graziösen Tai-Chi-Tänzer auf den Rasenflächen Hongkongs, die lautlos die Luft mit den Händen formen.

Diese Entwicklung begann schleichend, aber am Ende erkannte ich den Menschen nicht wieder, zu dem ich geworden war. Es fiel mir immer schwerer, in meiner Haut zu stecken. Ich versuchte es ja, ich versuchte es wirklich. Wie ein kleines Mädchen, das die Fäuste ballt und die Augen zukneift. Ich dachte immer noch, ich könnte wieder alles in den Griff bekommen. Denn ich bin eigentlich ein sehr entschlossener Mensch. Und ich hatte mich entschlossen, ein Erfolg zu werden. Als man mir den Platz in dem Graduierten-Programm angeboten hatte, ging ich hochkonzentriert an das Ganze heran. Ich wollte die Zahlen und die wirtschaftlichen Zusammenhänge und ihre Funktionsweise begreifen lernen. Neben der Liebe schien Geld das Wichtigste in der Welt der Erwachsenen zu sein. Und ich war mir sicher: Wenn ich mich nur richtig anstrengte, würde ich in der Lage sein, das alles zu durchschauen.

Nach erfolgreichen Stationen in den Büros in London und New York war ich nun Teil des Teams für Schwellenländeranleihen in Hongkong. Dieser Bereich entwickelte sich in Südostasien gerade rasant, ich arbeitete also im absoluten Brennpunkt der Investmentszene. In dieser Abteilung ging es immer hoch her, verglichen mit den eher ruhigen Aktien-Investments. Und so wurde ich Analystin für Unternehmenskredite in den Emerging Markets von Südostasien. Alles, was ich jetzt noch tun musste, war, die Prüfung zum Chartered Financial Analyst zu bestehen, für die ich neben der Arbeit noch büffelte. Dann konnte ich mir auch noch den Titel CFA ans Revers heften.

In Hongkong wurde damals in ein weitgestreutes Länderportfolio investiert, aber Indonesien und Thailand standen dabei an erster Stelle. Die Sektoren umfassten buchstäblich alles von der Petrochemie über Bauunternehmen bis hin zur Telefongesellschaft. Die Märkte Südostasiens schienen zu jener Zeit der Heilige Gral der Investmentmöglichkeiten. Kleine, noch in der Entwicklung befindliche Unternehmen standen ganz am Anfang ihres Weges. Alles, was sie brauchten, war Kapital. An diesem Punkt kamen wir ins Spiel. Wir waren »die Investoren«, wir hatten das entsprechende Auftreten und Hosenanzüge mit Schulterpolstern. Dass die Märkte vollkommen neu waren, dass niemand sich wirklich damit auskannte, das waren lauter winzige Eisbrocken, die sich heimlich, still und leise unter der Oberfläche zusammenklumpten, während wir im gleißenden Sonnenlicht dahinsegelten und uns blenden ließen.

Unser Team wurde von Michael geleitet, einem netten, begeisterungsfähigen Fondsmanager aus Amerika. Ich fand es toll, wie er ständig aufsprang, sich wieder setzte, sich dem Bildschirm zuwandte, das Telefon abnahm, zum Trading Desk hinüberging und lächelte. Er sagte immer: »Jaja!« und »Okay, okay«, meistens dann, wenn er dir zuhörte, nebenher aber noch etwas anderes machte. Auf diesem Markt, der so gut zu ihm passte, strahlte Michael das multitaskende, zerstreute Glück aus.

Er wirbelte auf seinem Sitz herum, um mir die Tabelle mit unseren Investments zu zeigen. »He, Emma, hast du das gesehen?

Zweistellige Zuwächse. Und jetzt sag mir, wo du das sonst noch findest?« Ihm wurde schwindlig vor Freude, wenn er auf die Bildschirme blickte und sah, wie gut sich seine Investments entwickelten. Wäre er noch mehr herumgewirbelt, wäre mir selbst schwindlig geworden.

Ich genoss es in vollen Zügen, diesen Aufschwung, den mein Boss anführte, live mitzuerleben. Michael und ich kamen gut miteinander zurecht. Wir waren beide neugierig, wettbewerbsorientiert und die einzigen Ausländer im Team. Er war Amerikaner irischer Abstammung, ich Britin aus den Home Counties, den Bezirken rund um London. Er trug offene Hemden und Slipper. Ich trug feine Nadelstreifen und Schmuck von edlem Understatement. Im Allgemeinen war ich weniger mutig als er, vor allem in sozialer Hinsicht, aber ich hatte so meine Momente, und meistens verstanden wir uns glänzend.

Im Juli 1996 feierte ich meinen Geburtstag in einem Restaurant namens Don Juan im Lan-Kwai-Fong-Distrikt, aber ich kann mich nicht mehr an alle Einzelheiten erinnern. Ich weiß noch, dass es eine laute Feier mit vielen Menschen war, weil immer mehr Expat-Freunde anderer Expats zu uns stießen. Ich fühlte mich super in meiner schwarzen Max-Mara-Hose mit den geschmackvoll-frechen Reißverschlusstaschen. Irgendwann tanzten wir Polonaise rund um die Tische, alle sangen laut »All Along the Watchtower« und ich wurde offiziell zur Dreißigjährigen ernannt. Als ich in meine Wohnung zurückkehrte, war es Morgen. Ich schwankte mehr, als ich ging, obwohl ich meine High Heels mit lässigem Schwung in der Hand trug. Jeder konnte es sehen: Ich hatte mein Leben endlich zur Erfolgsstory gemacht.

Der Eisberg

So kam es, dass ich im September 1997 zu Meetings nach Jakarta flog. Doch schon vor diesem Flug sollte in der Finanzlandschaft Südostasiens so einiges anders werden.

Wie sich schon auf der Feier zu meinem Dreißigsten gezeigt hatte, fangen die Tänzer am Ende jeder guten Party an, irgendwann über ihre eigenen Füße zu stolpern. Dem Rausch folgt die Ernüchterung, und wenn die Lichter plötzlich angemacht werden, sind sie viel zu grell. Die Luftballons zerplatzen, trudeln mit einem scharfen Zischen an dir vorbei und landen als schlappe Gummihüllen auf dem Boden – bis jemand sie zusammenfegt und in den Müll wirft.

In den frühen Morgenstunden werden wir alle an das eherne Gesetz jeder Party erinnert: Je rauschender das Fest, desto heftiger der Kater. Genau das geschah, als im Juli 1997 die Asienkrise aus den Schatten heraufzog und wir alle nach Aspirin griffen.

In den Sommermonaten sind die Finanzmärkte meistens ruhig und nicht besonders liquide, denn viele Menschen sind zu der Zeit im Urlaub. Der Juli 1997 bildete da keine Ausnahme. Außerdem ging Hongkong in diesem Monat an China über, das den Stadtstaat zur Sonderverwaltungszone Hongkong machte. Der 1. und 2. Juli wurden zum Feiertag erklärt, um dieses Ereignis gebührend zu feiern. Das verstärkte die Schläfrigkeit an den Finanzmärkten zusätzlich.

Am Morgen des 2. Juli ging ich zum Hafen, um die neu stationierten chinesischen Soldaten anzusehen. Sie hatten ernste Gesichter und trugen leuchtend weiße Handschuhe, die ihre streng reglementierten Bewegungen unterstrichen. Ich schaute ihnen eine Weile zu, bevor ich mich zur Normalität im Büro zurückkehrte. Es lag nichts Besonderes an, daher vertrieb ich mir dort nur zu gern die Zeit und sah mir die Nachrichten von Reuters und Bloomberg an, bevor ich entschied, was ich mit dem angebrochenen Tag anfangen wollte. Da ich Single war und sich in Hongkong alles um den Job drehte, konnten freie Tage recht öde sein. Manchmal machte ich mit Bruce Spaziergänge im Norden von Kowloon, doch an diesem Wochenende hatte er Besuch aus England, der bei der Übergabe Hongkongs ans chinesische Festland dabei sein wollte.

Ich saß also im Büro, als die Nachricht hereinkam, dass Thailand die Kopplung seiner Währung an den Dollar aufgegeben hatte. Eine Nachricht jagte plötzlich die andere, alle alarmierend in Rot. Die Auswirkungen dieser Maßnahme waren unmittelbar zu spüren. Der thailändische Baht wertete um gut 20 Prozent ab. Die Regierung hatte den Internationalen Währungsfonds um Hilfe angerufen. Es war, als würde man in einen Lift einsteigen und dieser würde ungebremst in die Tiefe sausen bis in den – bumm – Keller. So sah das mit dem Baht aus. Wenn man den Aufzugschacht hinunterblickte, konnte man ihn ganz weit unten sehen – eine Währung in Bedrängnis.

In den nächsten Wochen werteten alle asiatischen Währungen massiv ab. Damit verloren auch die Vermögenswerte, die in diesen Währungen berechnet wurden. Das galt besonders für unsere Investments. Mitte August geriet die indonesische Rupiah unter Druck und musste die Kopplung an den Dollar aufgeben. Das heißt, dass sie nicht mehr von der Zentralbank gestützt werden konnte. Die Rupiah verlor an Wert und mit ihr etwa dreißig Prozent unserer Investitionen, die in Rupiah notiert waren.

»Oh shit«, meinte Michael, und das ziemlich häufig.

Bald machten wir schmerzhafte Bekanntschaft mit einem Grundprinzip, das in den Lehrbüchern der Finanzanalyse nur selten besondere Erwähnung findet: Ein »Wert« existiert nur dann, wenn jemand bereit ist, dein Investment zu kaufen. Auf unseren Bildschirmen halbierten sich unsere Vermögenswerte, doch selbst das war reine Theorie, denn auch zu diesem Preis hätte sie niemand haben wollen. Man liest ja häufig, dass die Märkte von Angst und Gier getrieben werden. Wir hatten uns kopfüber in den Giermodus gestürzt und nun kam die Notbremse, als die Angst um sich griff und alles lähmte.

Wenn Menschen Angst haben, fallen sie erst einmal in Schreckstarre. Dann bekommen sie Panik und versuchen, durch hektischen Aktionismus die Lage zu retten. Am liebsten würden sie wegrennen. Nur zu verständlich. Dieser Impuls ist uns angeboren und wird vom Sympathikus, dem aktivierenden Nervensystem, ausgelöst. Die Investoren wollten also raus aus den Investments. Das tat weh, vor allem bei diesem Marktumfeld und den grottenschlechten Preisen. Michael kümmerte sich darum. Er hatte jetzt regelrechte Aktivitätsschübe und fluchte lautstark auf die Währungsentscheidungen mancher Länder.

Als die Oberflächenwerte der Investitionen abschmolzen, kam der Eisberg zum Vorschein, der sich darunter aufgebaut hatte. Aus der Rückschau und vor dem Hintergrund strikter Bilanzierungsregelungen wurde schnell klar, warum die Dinge so gelaufen waren.

Die Geschwindigkeit, mit der angeblich erfolgreiche Unternehmen zusammenbrachen, war atemberaubend. Bankkonten stellten sich als reine Fiktion heraus, Telefonnummern wurden mit einem Klick stillgelegt. Wären diese noch jungen Märkte gründlicher erforscht worden, hätte man die Investitionen besser gestreut, wäre vielleicht alles ganz anders gekommen. Man hatte die südostasiatischen Länder die »Tigerstaaten« getauft, doch vielleicht waren wir zu arrogant, als wir uns vorgestellt hatten, wir könnten ihre Dompteure sein.

Michael und ich flogen Hals über Kopf nach Tokio. Wir mussten dringend mit unseren Investoren reden. Es war lebenswichtig, dass sie jetzt nicht ausstiegen. Wir mussten einfach ein bisschen Händchenhalten. Es war meine erste Reise nach Japan. Zwischen den zahllosen Meetings hatte ich kaum Zeit, mich umzuschauen, aber es schien mir ein wunderbares Land mit einer erstaunlichen Liebe zum Detail und zu guten Manieren zu sein. Doch leider waren meine Hauptgesprächspartner, zumindest in privater Hinsicht, die Menschen an der Hotelrezeption.

Das wichtigste Meeting auf dieser Reise war ungewöhnlich. Alle in dem Raum rauchten die ganze Zeit über und alle außer mir waren Männer. Wir saßen um einen hufeisenförmigen Tisch gruppiert, Michael und ich nahmen die zentrale Position in der Mitte ein. Wir machten unsere Sache recht gut, erklärten, so gut wir konnten, unsere Investitionen und die makroökonomische Lage, doch unser Ansprechpartner war nicht klar auszumachen. Es war schwierig herauszufinden, auf wen wir hier unsere Aufmerksamkeit konzentrieren sollten, wer letztlich die Entscheidungen traf. Es ging das Gerücht um, dass dieses Unternehmen sämtliche wichtigen Posten alle drei Jahre neu besetzte und dass der aktuelle Entscheidungsträger bald gehen sollte. Und wir wussten nicht, ob der Mann, der ihn ablösen sollte, überhaupt unter den Anwesenden war. Es war also nicht nur der Zigarettenrauch, der die Dinge nebulös erscheinen ließ.

Am Abend trafen Michael und ich uns in der Hotelbar im obersten Stock. Wir waren beide erleichtert, dass wir unsere japanischen Investoren davon überzeugen konnten, ihr Geld vorerst nicht abzuziehen. Die Bar bot mit ihren großen Fenstern einen Panoramablick über die Stadt, der jedem Hollywoodfilm zur Ehre gereicht hätte. Wir saßen da und plauderten, während wir glasklaren Sake aus den typischen Keramikschälchen tranken.

Wir aßen wunderbar angerichtete Snacks, die wie Blumen auf einem Bett aus grünen Blättern serviert wurden. Einmal mehr hatten wir das Gefühl, dass wir hier gegen den Rest der Welt kämpften, gegen die bösen Kräfte des Marktes, dass wir nur das Beste für unsere Investoren wollten, für unseren Fonds. Es war schön, dieses alte Gefühl der Kameradschaft wieder zu spüren und über dem gemeinsamen Erfolg die Anspannung im Büro für einen Moment zu vergessen. Fast wie in alten Tagen.

Bei meiner Rückkehr aus Japan hätte ich gerne bessere Nachrichten vorgefunden, irgendwann musste doch auch mal wieder was zu unseren Gunsten laufen. Doch es kam anders. Ich besuchte Watachak Publishing in Bangkok, weil ich Bedenken hatte, was deren finanziellen Hintergrund anging. (Michael liebte den Namen des Unternehmens, er wiederholte ihn bei jeder passenden und unpassenden Gelegenheit. Aus seinem Munde klang er so, als wäre das was zu essen: »Watachak, Watachak. He, Emma, was hältst du von Watachak?«)

Die Bilanz des Unternehmens hatte schon vor der Währungskrise nicht allzu gut ausgesehen, also flog ich nach Bangkok, um mir selbst ein Bild zu machen. Als ich vor Ort eintraf, schaffte man gerade Tische und Stühle weg. Die jungen thailändischen Angestellten saßen mit baumelnden Beinen auf den restlichen Tischen. Niemand schien etwas zu wissen, schon gar nicht, wohin das Mobiliar unterwegs war. Das war unser Geld, das da mit unbekanntem Ziel durch die Tür ging.

Watachak konnten wir also abschreiben.

Zurück in Hongkong musste ich zusehen, wie die roten Zahlen und die leeren Konten auf unseren Bildschirmen immer mehr wurden.

Irgendwann läutete das Telefon. Es war ein indonesischer Geschäftsmann: »Geld, wir brauchen Geld! Bitte helfen Sie uns!«

Ich nahm an, dass der Anrufer ein Baugeschäft betrieb, das von der Regierung unterstützt wurde. Es hörte sich an, als ob er weinte. Vielleicht war er aber auch nur betrunken. Vollkommen baff überlegte ich einen Augenblick. In dieser Zeit hängte er ein.

Da beschloss ich, nach Jakarta zu reisen, um nachzusehen, wie unsere indonesischen Geschäftspartner aufgestellt waren. Michael meinte nämlich, wenn die Unternehmen von der Regierung gestützt wurden, was dort häufig der Fall war, dann müsste doch eigentlich alles in Ordnung sein. Ich war skeptischer. Letztlich wusste niemand wirklich Bescheid, denn die jetzige Situation war völlig neu für Südostasien.

Ich würde allein hinfahren, doch zwei Broker von anderen Unternehmen auf der Verkäuferseite sollten die Termine für mich organisieren und mich begleiten. Unter normalen Umständen würden diese Leute hoffen, neue Geschäfte bei solchen Investor-Reisen abzuschließen, doch jetzt ging es mehr darum, die Wogen zu glätten und Händchen zu halten. Einer dieser Broker war ein großer, dunkelhaariger Amerikaner namens Greg, der für die Investmentbank Bear Sterns arbeitete, die Bank, die 2008 während der Krise auf dem amerikanischen Immobilienmarkt zusammenbrach. Ich hatte mit ihm schon mehrmals zu Abend gegessen und mich bei der Heimfahrt in einem gemeinsamen Taxi gefragt, ob das vielleicht Dates waren. Doch Beziehungen zwischen Leuten auf der Verkäufer- bzw. Einkäuferseite konnten schwierig sein. Um ein richtiges Date bat Greg mich nie, und ich ließ meinen Kopf nie spätnachts an seiner Schulter ruhen.

Am 3. September flog ich frühmorgens los. Jakarta ist zeitlich eine Stunde hinter Hongkong zurück, daher ließ Greg das wenige Gepäck, das ich dabeihatte, gleich nach meiner Ankunft ins Hotel bringen, damit wir sofort losziehen konnten. Schließlich hatten wir einen vollen Terminplan. Ich hatte Kennzahlen und Bilanzen im Kopf. Ich war darauf vorbereitet, einige sehr direkte Fragen zu stellen. Ich wollte Belege für die angeblichen Vermögenswerte, die in den Bilanzen standen. Ich wollte nichts über all die Möglichkeiten in der Zukunft wissen, sondern mehr über das Hier und Jetzt. Mit einem Wort: Ich wollte die Wahrheit, die reine Wahrheit und nichts als die Wahrheit.

Die Treffen verliefen nicht gerade vielversprechend, aber ich hatte das Gefühl, wenigstens für etwas mehr Klarblick gesorgt zu haben. Es gab wenig Gutes zu vermelden, einiges Schlechte und vieles, was ausgesprochen hässlich war. Aber das gehörte nun mal zu meinen Aufgaben als Analystin, und diese Sache gut zu machen, verlieh mir Selbstbewusstsein.

Später checkte ich an der weitläufigen Rezeption im Grand Hyatt Hotel in Jakarta ein und nahm, das Laptop neben mir, im Zwischengeschoss über der Rezeption Platz. Ich genehmigte mir noch einen Cappuccino und einen trockenen italienischen Keks, während unter mir die Menschen kamen und gingen. Ich sah gerne anderen Menschen zu, wenn sie ihren Verrichtungen nachgingen und ihre To-do-Listen abarbeiteten.

Ich trank meinen Kaffee aus, schnappte mir meinen Computer und stöckelte mit wiegenden Hüften die Treppen zu meinem Hotelzimmer hinauf – das luxuriöse Ende eines großen Tages in Asien.

Der Samen wird gelegt

Das wirklich Prägende an meinem Erlebnis in Jakarta war nicht die Angst und nicht die Verletzung – obwohl beides natürlich schwer wog. Was mich am meisten erschütterte, war das Foto dieses Mannes. Denn ich empfand tiefes Mitgefühl mit ihm. Dieses Gefühl, das gleichsam der Bodensatz des Erlebnisses war, legte einen Samen in die Erde. Und dieser sollte sich als das stärkste und hilfreichste Element der gesamten Erfahrung erweisen. Dass ich fähig war, für dieses andere menschliche Wesen Mitleid zu empfinden, obwohl es mir so viel Angst und Leid verursacht hatte, hat mich zutiefst überrascht.

Der Bruch

Nach Jakarta fielen die Märkte um wie Dominosteine. Die Dynamik war nicht mehr aufzuhalten. Trotz aller Hilfspakete des IWF verschlechterte sich die Lage in Asien zusehends, vor allem in Indonesien.

Ich war nun nicht mehr Angestellte einer weltweit agierenden Bank, sondern nur noch von deren Filiale in Hongkong. Das bedeutete weniger Geld. Und es bedeutete, dass ich mein hübsches Einzimmerappartement mit den vielen Spiegeln aufgeben musste, weil es zu teuer war. Ich musste also etwas anderes finden, das in fußläufiger Entfernung zum Büro lag. Da die Arbeit mich nach wie vor komplett in Beschlag nahm, hatte ich nicht viel Zeit zum Suchen. Ich entschied mich also für eine Wohngemeinschaft mit einem Texaner namens Wes Wesley, der einen Mitbewohner suchte. Seine Bleibe lag im ersten Stock eines Gebäudes im Außenbezirk des Lan-Kwai-Fong-Distrikts. Die Fenster mussten wegen der Dämpfe, die von der Reinigung im Erdgeschoss kamen, immer geschlossen bleiben.

Ich nehme an, ich war beim ersten Termin einfach nicht aufmerksam genug. Sonst hätte ich den Dampf bemerkt, der von unten heraufdrang und die Wohnung in neblige Schwaden hüllte, wie im Theater, wenn der Bösewicht die Bühne betritt.

Wes besaß eine umfangreiche Sammlung verschiedenfarbiger Cowboystiefel, die er gleich neben der Eingangstür aufgereiht hatte. Er aß Unmengen von Hähnchenkeulen und schob dann ein paar Vollkornkekse zur Verdauung nach. In der Mitte der Wohnung stand ein gewaltiges Gerät zum Training verschiedenster Körperpartien mit einer beeindruckenden Reihe an Gurten und Hebeln.

Bald kam ich dahinter, dass Wes eine Freundin suchte. Er hatte einen ganzen Stapel bunt bebilderter Magazine, die Menschen aus den verschiedensten Ländern zusammenbringen sollten. Vier Wochen nach meinem Einzug lud Wes eine Frau aus der Ukraine zu sich ein und entschied, dass er nun keine Mitbewohnerin mehr brauchte. Eines Nachts schnappte er sich, während ich in meinem Zimmer schlief, meinen Laptop und drohte, ihn zu behalten, wenn ich nicht sofort auszöge. So stark ist nun mal die Macht der Leidenschaft.

Ich rief Bruce an, der mir half, schleunigst meine Sachen aus Wes' Wohnung zu holen. Glücklicherweise hatten Karen und Russell eine ziemlich große Wohnung an der Kennedy Road, und ich durfte bei ihnen unterschlüpfen, bis ich mich wieder sortiert hatte.

Karen war ein wunderbarer Mensch, freundlich und von leisem Auftreten. Sie kam aus der Gegend von Edinburgh und legte sich als Aktienanalystin in einer anderen Abteilung meiner Bank schwer ins Zeug. Sie lebte mit Russell zusammen, der aus Nordirland stammte. Russell war ein kluger Aktienstratege, der für Crédit Lyonnais tätig war und aus seiner Leidenschaft für Schweinefleischpastete kein Geheimnis machte. Karen und ich hatten uns bei einem einwöchigen Seminar im Rahmen des Graduiertenprogramms in England kennengelernt und gleich Freundschaft geschlossen. Jetzt in Hongkong war sie offiziell mit Russell verlobt, und wir verbrachten viele Abende bei Baileys mit Eis auf dem Sofa in ihrer Wohnung, während durch die offene Balkontür die schwül-heiße Luft Hongkongs hereinzog. Für mich war dieser Zwischenstopp eine Atempause von all dem, was mir im Kopf umging. Genau das Richtige für die Post-Wes-Wesley-Ära.

Natürlich hatte ich mich zwischenzeitlich schon gefragt, ob ich in Hongkong bleiben sollte, aber ich mochte meinen Job nach wie vor und wollte ihn gut machen. Das Bild der permanent Kostüme tragenden Serviettenentfalterin, das am Pool in Jakarta mit Macht vor meinem inneren Auge aufgestiegen war, hatte sich unter den Herausforderungen, die das Arbeiten mit einer posttraumatischen Belastungsstörung tagtäglich mit sich brachte, bald verflüchtigt. Es war einfacher, nicht über mich nachzudenken, sondern mich auf Währungen, Portfolios und Investoren zu konzentrieren. Sie lenkten mich wenigstens ab, und das nicht zu knapp.

Ich war nicht die Einzige, die sich über ihre Lage in Hongkong Gedanken machte. Die Expats in unserem Büro wurden immer weniger. Seitdem die Panzer über die Grenze gekommen waren und Hongkong zu Festland-China gehörte, überdachten viele Ausländer ihre Karrierepläne.

Nach einer besonders anstrengenden Woche Ende Dezember machte ich einen Ausflug nach Lantau Island, die größte der 263 Inseln Hongkongs und eine echte Touristenattraktion. Ich war mit einer anderen Frau aus dem Trainee-Programm unterwegs, einer smarten Amerikanerin mit langen roten Locken. Vor der Kulisse Hongkongs wirkte sie wie einem präraffaelitischen Gemälde entstiegen.

Auf Lantau Island erwartete uns eine gewaltige, 34 Meter hohe Statue des sitzenden Buddha, die man über 268 Stufen erreicht. An jenem Tag war es warm, daher waren viele Menschen unterwegs. Am Fuße der Treppe drängten sich die Leute um die Weihrauchgefäße aus Bronze, die mir bis zur Hüfte reichten. Riesige Schalen voller Sand, in die man seine Weihrauchstäbchen steckt. Diese waren gut einen halben Meter lang und hatten kräftige rote Stiele, an denen der gelbe Weihrauch hing, sodass sie wie Stängel vom Rohrkolbenschilf aussahen. Sehr natürlich wirkte das nicht, doch sie verströmten tatsächlich einen intensiven Duft.

Wenn man die Treppe hinaufstieg, gab es unterhalb und rings um die Statue noch einiges zu sehen, aber uns waren die Leute einfach zu viel. Überall machte man Fotos und rief seinen Freunden etwas zu, meist in einem uns unbekannten Idiom. Da wir kein Wort verstanden, kam bei uns nur Geschrei an. Das war so gar nicht das, was wir uns erhofft hatten.

Etwas entfernt vom Trubel entdeckte ich einen ruhigen Ort in einem frei stehenden Häuschen, dessen polierter Holzboden im Licht der Fensteröffnungen mit ihren verschlungenen Mustern glänzte. Weiter vorne befand sich ein kleiner Altar. Ich brauchte einen Moment, um mich an das Licht zu gewöhnen, daher bemerkte ich den Mann in seiner graublauen Robe (vermutlich ein Mönchsgewand) erst spät. Er saß mit gekreuzten Beinen auf einem Holzstuhl. Der Stuhl stand direkt neben einem der Fenster an der Wand, sodass das Licht zur rechten Seite des Mannes auf den Boden fiel, er selbst aber geschützt im Schatten saß. Sein Kopf war leicht nach vorne geneigt und ich wollte ihn nicht anstarren, um zu sehen, ob er die Augen offen hatte oder nicht. Auf jeden Fall schlief er nicht. Er tat etwas, aber auf eine entspannte Weise, wie sie sonst dem Nichtstun vorbehalten ist. Die Umrisse des Mannes spiegelten sich in dem perfekt polierten, schimmernden Holzboden.

Der Anblick dieser Gestalt in ihrer ruhigen Stille wirkte wie ein Zauber auf mich. In seiner Gegenwart überkam mich plötzlich das Gefühl, dass es Zeit war fortzugehen.

Im Büro kamen ständig neue Anrufe von unseren Investoren an. Michael versuchte alle Brände zu löschen und schrie immer häufiger die Bildschirme an. Er war aufbrausend und ich hatte auch den Eindruck, dass es mit seiner Ehe nicht zum Besten stand. Ich hatte seine Frau nie kennengelernt, wusste aber, dass er verheiratet war. Mir fiel auf, dass er sich gelegentlich mit seinem Drehstuhl umdrehte und den Zahlen den Rücken zuwandte, wenn er bestimmte Telefonate annahm. Dann redete er ruhig und leise – was für ihn ungewöhnlich war – und legte eine Hand über die Sprechmuschel, was er bei seinen Plaudereien mit den Brokern nicht tat. Nach solchen Gesprächen wartete ich immer ein oder zwei Minuten, wenn ich eine Frage an ihn hatte oder ihn für ein Meeting aufsammeln wollte.

Bald darauf ging Michael auf Dienstreise, um neue Investitionsmöglichkeiten in Indien zu erkunden. Während seiner Abwesenheit kam sein Boss aus London zu Besuch, ein älterer Mann, der seine Haare ganz altmodisch noch so hinfrisierte, dass sie seine kahlen Stellen verdeckten. Offensichtlich wollte er sich selbst einen Eindruck davon verschaffen, wie die Dinge bei uns so liefen. Sein Name war Jim, und er schien sehr vernünftig. Jim war schon seit Ewigkeiten in unserem Geschäft. Später, als ich die Bank verließ, gestand er mir fast sehnsüchtig ein, er würde ebenfalls gern kündigen, habe aber an seine Familie und die Schulgebühren für die Kinder zu denken. Er würde noch lange Zeit bei der Bank bleiben müssen. Selbst sein Mantel wirkte müde und hätte eine Reinigung vertragen können.

Ich arbeitete nachweisbar mit viel Einsatz an meinen Aufgaben. Es kamen ja auch täglich mehr Schreckensmeldungen, die eine Neubewertung unserer Anlagen erforderlich machten. Daher beschloss Jim, mit mir zu reden. Er bat mich in einen abgelegenen Raum mit Glaswand. Wir konnten die anderen Mitarbeiter beobachten, wie sie sich Kaffee holten, während wir an einer Seite des langen ovalen Tisches saßen, der mit ein paar Telefonen und einem Bildschirm ausgerüstet war.

»Ich bin wirklich sehr beeindruckt von Ihrem Einsatz, Emma, aber Sie scheinen hier auch ziemlich viel auf einmal stemmen zu müssen. Das ist schon einiges, was da auf Ihren Schultern lastet.«

»Ja, es ist schon viel, aber das ist okay.«

»Und jetzt ist auch noch Michael unterwegs …«, gab Jim mir sozusagen das Stichwort und beugte sich gespannt vor.

»Ja, es wäre mir auch lieber, er wäre hier. Aber Indien scheint gerade wirklich interessant zu sein. Das ist schon in Ordnung, er ist ja bald wieder zurück.«

»Und was ist so der neueste Stand bei den Portfolios? Reden Sie auch direkt mit den Kunden?«

»Mit einigen, aber um die meisten kümmert Michael sich selbst.«

»Aha, so ist das also. Nun ja, gute Arbeit. Und viel Glück für die Beurteilung am Ende des Jahres. Ich werde Michael mal beim Globalen Meeting darauf ansprechen.« Er schien sich im Geist eine Notiz zu machen.

»Okay, großartig. Danke«, sagte ich. Es war kein wirklich ausführliches Gespräch gewesen.

Jim flog zurück nach London, und Michael kam aus Indien zurück. Die Begeisterung in Person redete er nur vom Bildungssystem und den billigen Arbeitskräften dort. Allmählich rückte die offizielle Weihnachtsfeier näher. In der Finanzwelt ist der Dezember meist ein Grund zum Feiern, weil da über die Boni entschieden wird, die dann im Februar oder März auf dem Konto landen. Unsere Bank handhabte das nicht anders. Leistung und Bezahlung waren eng miteinander verknüpft, und dein Boss entschied auf der Grundlage deiner Performance im letzten Jahr, wie hoch dein Bonus ausfallen würde. Kein Wunder also, dass die Leute schon Monate vorher spekulierten, wie hoch ihr Bonus wohl sein würde. Die Bonuszahlung ist harte Währung, wenn es um Beförderungen geht.

Michael hatte mir, bevor er nach Indien flog und bevor ich mit Jim gesprochen hatte, in einem Beurteilungsschreiben an die Firmenzentrale bereits die bestmögliche Note gegeben, also machte ich mir keine großen Gedanken. Er hatte mir das gesagt, bevor er verreiste, und ich war natürlich höchst angetan. Die Bestnote verhieß einen dicken Bonus. Ich hatte die letzte Prüfung zum Chartered Financial Analyst geschafft und mir, da die Einkommenssteuer in Hongkong extrem niedrig ist, ein Haus in England gekauft. Da kam der Bonus gerade recht, um die Hypothek zu drücken.

Kaum war Michael da, war er auch schon weg. Man erwartete ihn beim Global Investment Forum in London. Ich sah ihn also einige Wochen lang nicht. Als er zurückkam, war es Ende Dezember und damit der letzte Nachmittag, den er vor seiner Rückkehr in die USA und den Weihnachtsferien im Büro verbringen würde.

Unser offizielles Gespräch über meine Beurteilung und den Bonus stand schon seit Längerem auf dem Plan, eben aufgrund seiner verstärkten Reisetätigkeit. Ich fühlte mich ziemlich lausig. Mich hatte die übliche Jahresend-Erkältung erwischt, und so trug ich zum schwarzen Hosenanzug eine rote Nase. Auch mein Gehirn arbeitete nicht ganz so schnell wie üblich. Ich hatte mir über das Meeting keine Gedanken gemacht. Ich ging davon aus, dass wir ein bisschen plaudern würden und ich dann nach Hause gehen und mich nach ein paar Paracetamol ins Bett legen könnte.

Nach außen hin war ich die alte Emma. In mir drin allerdings sah es anders aus. Ich schlief schon lange schlecht, weil ein magerer indonesischer Geist mich verfolgte. Der schlechte Schlaf und die ständig fallenden Werte im Portfolio waren eine ordentliche Belastung. Ich hatte einfach weder Zeit noch Energie übrig, mir über Formalien oder den üblichen Bürokram Gedanken zu machen.

Ich freute mich also, dass Michael wieder da war, dass der große Boss alles überwachte. Er war wie immer den ganzen Tag zwischen den Abteilungen hin- und hergerast wie ein Wirbelwind. Ich erledigte gerade ein paar noch offene Kleinigkeiten an meinem Schreibtisch. Das Büro leerte sich allmählich. Die ständig fallenden Kurse versetzten jedermann in miese Stimmung und die meisten freuten sich auf ein wenig Weihnachtsfrieden.

Schließlich kehrte Michael an seinen Schreibtisch zurück und meinte: »Sollen wir?«

»Klar doch«, sagte ich und schnappte mir mein Notizbuch und einen Stift, falls er mit mir vielleicht auch über künftige Anlagen sprechen wollte.

Ich folgte ihm in einen kleinen Raum, der abseits vom Großraumbüro lag, wo wir normalerweise unsere Besprechungen abhielten. Er schien weniger in Plauderlaune als üblich, aber ich dachte mir nichts dabei – er war schon immer ein bisschen launisch gewesen.

Ich schloss die Tür hinter uns und setzte mich ihm gegenüber. Es war das erste Mal seit Langem, dass wir uns in die Augen sahen. Ich lächelte, innerlich bereit für das Schulterklopfen am Jahresende.

Wir sahen uns an, und plötzlich ging es los.

»Was zum Teufel glaubst du eigentlich, wer du bist? Was für ein Spiel treibst du – wie kannst du mir bei Jim derart in den Rücken fallen?«

»Was?« Mehr brachte ich zunächst nicht heraus.

»Ja, du«, schrie er mich an. »Du hast mich in London fast meinen Job gekostet!« Sein Gesicht war rot angelaufen bis zu den Haarwurzeln. Ich fürchtete schon, gleich würde ihm der Schaum aus dem Mund treten. »Das alles ist allein dein Fehler!«

Es war kein körperlicher Schlag, was er mir da vor den Kopf knallte, schließlich stand der Schreibtisch zwischen uns, aber es fühlte sich genauso an. Ich hatte mich sozusagen mit Heftpflastern notdürftig wieder zusammengeflickt und versucht, meine Arbeit zu erledigen, Informationen zu analysieren und vor allem: meinem Boss zu gefallen. Diesem Boss. Eben dem, der mich jetzt anbrüllte. *Wovon zur Hölle redet der Typ eigentlich?*

»Aber ich habe doch gar nichts gemacht! Jetzt mal ehrlich, Michael. Ich verstehe nicht, was ich getan haben soll.«

»Erzähl mir doch nicht so eine Scheiße. Hör bloß auf, mir so eine Scheiße zu erzählen. Du weißt genau, was du getan hast.« Seine Spucke spritzte über den Tisch, so reichlich, dass sie Blasen warf. Ich zuckte nicht mal zusammen. Das war jetzt das geringste meiner Probleme.

Innerlich erstarrte ich zu Eis, nur mein Herz nicht, das hämmerte wie wild. Ich war total verwirrt. Nichts davon hatte ich kommen sehen. Ich war mir sicher, dass ich nichts falsch gemacht hatte, dass ich ihm nicht in den Rücken gefallen war. Ich hatte vielmehr den Eindruck, dass ich durch harte Arbeit einige der miesen Entscheidungen abgefedert hatte, die er getroffen hatte und mit denen er sich jetzt nicht mehr auseinandersetzen wollte. Irgendwie musste zwischen Jims Besuch in Hongkong und Michaels Aufenthalt in London jemand zwei und zwei zusammengezählt und fünf herausbekommen haben.

»Hau einfach ab«, schrie er mich an.

Vollkommen von den Socken tat ich wie geheißen.

Und das war's dann: meine gute Beurteilung – weg.

Mein Bonus war schon ins System eingegeben, er konnte ihn also nicht mehr rückgängig machen, wie viel er auch herumbrüllen mochte. Wie konnte ich die Bestnote bekommen und doch so viel Ärger haben? Das machte alles keinen Sinn.

An diesem finsteren, nasskalten Nachmittag fuhr ich wie ein Automat zurück in meine Wohnung.

Ich ließ mich aufs Sofa fallen, immer noch verwirrt, und versuchte mit meinem benebelten Hirn Klarheit in die Dinge zu bringen. Ich war erkältet, wütend, besorgt und fix und fertig.

In dieser Welt ließ sich kein Sinn mehr entdecken.

Vertrauen, Loyalität, Glaube, Überzeugung – all das wurde in mir zunichtegemacht. Was gab es denn noch, was mich in Hongkong gehalten hätte?

Weihnachten verging im Nebelschleier und im Fieberschweiß der Erkältung. Als ich zu Beginn des Jahres 1998 daraus erwachte, war es Zeit, wieder arbeiten zu gehen. Ich begann meine übliche Morgenroutine und zog mich an. Ich spürte die weiche Seide der hellblauen Bluse, als ich sie überstreifte und die feinen Knöpfchen durch die Knopflöcher schob. Darüber kam die Sicherheit verleihende Schwere des grauen Hosenanzugs mit dem dezenten Glanz. Einen kurzen Augenblick stand ich so da und sog die frische Morgenluft ein, die leise wie ein Wispern durch das offene Fenster der Wohnung hereinkam und über mein Gesicht strich.

Ich verließ die Wohnung und ging wie üblich zu Fuß ins Büro, aber etwas hatte sich verändert. Ich wusste, dass ich etwas unternehmen musste. Jetzt.

An meinem Schreibtisch schrieb ich sofort über das interne Netz eine Nachricht an den CEO, der sein Büro am anderen Ende des Großraumbüros hatte. Sein Name war Bob, und ich hatte nie viel mit ihm zu tun gehabt. Doch Michael war noch in den USA und weigerte sich, mit mir zu kommunizieren. Also schrieb ich an Bob. An der Oberfläche versuchte ich, so ruhig wie möglich zu bleiben, wie eine stille Wasserfläche am Abend, die das Eintauchen des untergehenden Sonnenballs erwartet. Ich wählte meine Worte mit Bedacht.

»Lieber Bob, ich glaube, ich bin mit den Ereignissen von Jakarta ganz gut fertiggeworden, doch mittlerweile merke ich immer mehr, dass ich so bald wie möglich in meine Heimat zurückkehren möchte.«

In meinem Kopf allerdings klang das etwas anders: »Ich halte das hier nicht mehr aus. Ich muss auf der Stelle weg.«

Ich dachte, er würde schon kapieren, dass es dringend war und ich auf eine schnelle Reaktion hoffte. *Jetzt sofort, Bob.* Aber so war es nicht. Dazu war mein Schreiben wohl zu wohlerzogen, sprich zu zurückhaltend formuliert. Eben nicht das Toben eines Geiselopfers, das kurz vor Weihnachten von seinem Boss zur Schnecke gemacht worden war.

Denn seine Antwort lautete: »Ich finde auch, Sie machen das gut. Wir reden später noch mal darüber, im Frühjahr. Alles gut, Bob«.

Alles gut.

Nein, Bob, nicht alles gut. Nicht mal annähernd, nicht mal in meinen wildesten Träumen, Bob. In denen schon gar nicht.

Ich saß an meinem Tisch und blickte fassungslos auf seine Antwort. Hatte er nicht verstanden, was ich geschrieben hatte? Natürlich sage ich normalerweise nicht, was ich denke, aber Bob, ich habe doch klare Angaben gemacht, was den Zeitpunkt angeht. Du musst doch merken, dass ich »jetzt« meine – nicht später, nicht im Frühjahr, wenn die Narzissen blühen, zu keinem anderen Zeitpunkt als *jetzt sofort*.

Als mir klar wurde, was da stand, schien die Zeit sich ins Endlose zu dehnen. Ich schaltete den Computer ab, stand langsam auf und ging durch den leeren Raum, als steckten meine Füße in Stiefeln voller Sand. Ich setzte Fuß vor Fuß und marschierte zu Karen hinüber, die mit ihren Kollegen am Desk für die asiatischen Aktien saß, nur ein paar Tische von mir entfernt. Da ich seit Jakarta bei ihr wohnte, wusste sie Bescheid über meine nächtlichen Albträume und die merkwürdigen Fluchten auf die Toilette.

Ich beugte mich über ihre rechte Schulter. »Ich gehe jetzt. Ich gehe zum Lift«, flüsterte ich ihr in das rosige Ohr. Ich passte dabei unglaublich auf, denn mein Flüstern konnte jederzeit zum Schrei werden, wenn ich nicht diese unmenschliche Kontrolle aufrechterhielt.

Dann ging ich, hinaus aus dem Büro und auf die glänzend goldenen Aufzüge zu, die mir zum Tor in die Freiheit wurden.

Karen lief mir nach und versuchte, mich am Arm zu packen, mich zurückzuhalten.

Aber für mich gab es kein Halten mehr. Ich riss mich los und blieb vor den Aufzügen stehen. Das glatte Metall spiegelte, ein wenig verzerrt, meine Gesichtszüge wider. Die Türen wollten sich nicht öffnen. Plötzlich überkam mich eine unglaubliche Verzweiflung. Ich drückte meine Finger in den Spalt und versuchte, die Tür mit den Händen aufzubekommen. Ich drückte auf alle

Knöpfe und versuchte immer wieder, die Türen auseinanderzuzwingen. Ich musste hier raus. Ich musste laufen. Das Bedürfnis loszurennen war stärker geworden als ich.

Karen versuchte, mich zu beruhigen. Sie legte ihren Arm um meine Schultern.

»Hör auf, hör sofort auf«, sagte ich ihr. »Ich fahre jetzt zum Flughafen. Ich muss weg. Ich muss nach Hause, sofort.« Ich spürte, wie ein Schluchzen in meiner Kehle aufstieg. Ich konnte es einfach nicht mehr zurückhalten. Ich konnte Karen nicht ins Gesicht sehen, aber ich spürte ihre Arme um mich.

»Ist ja gut, Emma. Es ist in Ordnung. Geh zurück in die Wohnung. Ich fahre den Computer runter und komme mit. Jetzt auf der Stelle. Warte einfach auf mich, okay?« Ich lauschte Karens weichem Edinburgher Akzent.

Ich drehte mich um und sah die Güte in ihrem Gesicht.

Karen – meine Freundin. Ich vertraute ihr. Ich wusste, dass ich ihr nicht egal war.

Dann begann der Zusammenbruch – in Zeitlupe. Wie ein kontrolliert gesprengtes Gebäude stürzte ich in mir zusammen.

»Okay?«, fragte sie noch mal und sah mich an.

»Ja, okay«, sagte ich, dankbar, dass mich jemand an der Hand nahm, während alles zu Schutt und Asche zerfiel. Mein Gesicht wurde grau.

Der Lift kam, die Türen öffneten sich selbsttätig und ich ging hinein. Als die Türen hinter mir zugingen, lächelte Karen mir noch einmal zu.

Danke, Karen.

Ich lief stolpernd zurück in die Wohnung an der Kennedy Road, rannte durch den Hongkong-Park, vorbei an den eleganten Blumenbeeten und den Menschen, die in die andere Richtung strömten. Ich begegnete dem Finanzvorstand unseres Unternehmens, der ziemlich erstaunt war, mich auf dem Rückweg zu sehen. Sein verwirrter Gesichtsausdruck begleitete mich, während ich – viel zu groß und vollkommen fehl am Platz – rannte, wie eine Frau im Hosenanzug und mit exakt geschminkten Lippen es nie tun sollte. Doch mein Innenleben hatte sich von den Geschehnissen der Außenwelt abgekoppelt. Selbst ich erkannte das nun.

In der Wohnung war ich einfach nur noch müde. Die Fähigkeit, »irgendwie weiterzumachen«, hatte sich vollkommen in Luft aufgelöst. Ich sah mich um und fragte mich, was ich mitnehmen wollte. Nur wichtige Dinge. Das meiste war mir jedoch völlig gleichgültig. Es war schön, all das zurückzulassen.

Außer einer Sache: Ich nahm meine Statue eines Mönchs mit, die ich in einem der vollgerammelten Trödelläden in Hongkong gefunden hatte. Diese Mönchsfigur hatte den Weg von Thailand hierher gefunden, mit gesenktem Kopf, die Hände vor dem Herzen zum Gebet gefaltet. Wie in Thailand üblich, saß er auf den Fersen und nicht mit gekreuzten Beinen, wie man es in Indien und im Himalaja macht. Er und seine Robe waren aus einem Stück geschnitzt, das Gewand war erst später rotbraun bemalt worden. Die kleinen schwarzen Locken auf seinem Haupt erinnerten daran, wie Buddha sich symbolisch das Haar schnitt, um alle Verbindungen zum Ich und zur materiellen Welt zu durchtrennen. Übrig blieben nur kleine geschwungene Kringel, die aussahen wie schwarz bemalte Ammoniten und die Form seines Kopfes umschmeichelten. Durch das kurz geschorene Haar traten seine Ohren deutlich hervor, sodass es aussah, als würde er konzentriert lauschen. Ich hatte einen kleinen Antler-Rollkoffer für kurze Geschäftsreisen. Also wickelte ich meinen kleinen Mönch in ein weiches Handtuch und legte ihn, auf seiner Lotusblüte sitzend, auf den Rücken hinein. Reißverschluss zu, Koffer verschlossen. Ich war bereit für die Reise.

Karen und Russell kamen bald danach in die Wohnung zurück. Ich atmete immer noch keuchend und schwer, als wäre ich in ihrer Wohnung Marathon gelaufen.

Sie überredeten mich, ein wenig warme Pilzsuppe zu essen, und meinten, ich müsse vor meiner Abreise unbedingt noch mit jemandem reden und ihm erzählen, was da mit Michael abgelaufen war. Damit klar war, warum ich sofort wegwollte. Sie wussten, dass die Bank mich nach Jakarta zur Psychologin geschickt hatte. Sie sollte ich anrufen. Ich hingegen fand nicht, dass ich irgendjemandem irgendeine Erklärung schuldig war. Jetzt nicht mehr, wo ich es endlich gesagt hatte: Genug. Ich habe genug.

Karen und Russell riefen trotzdem die Psychologin an, und ich ließ mich überreden, zu ihr zu gehen. Noch am selben Tag saß ich in ihrem Büro, erzählte von dem Beurteilungsgespräch und meiner E-Mail an Bob. Ich betonte, dass ich mir völlig sicher sei, dass ich jetzt, sofort, nach Hause müsse. In den Sitzungen unmittelbar nach Jakarta war es natürlich auch um die Märkte gegangen und um Michael, da der Stress im Büro mich zusätzlich belastete. Die Psychologin schrieb ein Fax an die Bank und erläuterte die Situation. Sie unterstützte meine Entscheidung. Sie wollte nur, dass die Ereignisse der letzten Tage schriftlich an meine Vorgesetzten in der Bank gingen.

Als wir das hinter uns gebracht hatten, kehrte ich in die Wohnung zurück, nahm den kleinen Koffer mit dem Mönch darin und ließ mich zum Flughafen fahren. Es war wundervoll, das Holpern und Schütteln des anfahrenden Flugzeugs zu spüren, dann den Sog, der mich in den Sitz drückte und anzeigte, dass wir vom Boden abgehoben hatten. Es war Tatsache. Ich würde das alles hier hinter mir lassen. Nun würde alles in Ordnung kommen.

Neben mir saß eine ältere Dame, ebenfalls eine Europäerin. Sie war tiefgebräunt und trug tonnenweise Schmuck. Im Ausschnitt ihres T-Shirts waren winzige vertikale Fältchen sichtbar. Während des gesamten Fluges bestellte sie in einem fort Gin und Tonic. Ich fragte mich, was sie im Alltag wohl so machte. Wenn sie so viel zu besitzen schien und eine so gepflegte Erscheinung war, wieso trank sie dann so viel? Ich fand es nicht heraus. Trotz ihres farbenfrohen T-Shirts war sie nicht gerade gesprächig.

Später sollte ich hören, dass mein Fax, das schließlich im Firmensitz in London ankam, eine Menge Staub aufwirbelte, noch während ich im Flugzeug saß. Damals wusste ich das nicht, und es kümmerte mich auch nicht weiter. Wenn man aus dem Flugzeug nach unten blickt, dann weiß man, dass die Leute da immer noch herumrennen, miteinander verhandeln, sich den Kopf mit Fakten füllen. Du aber steigst immer weiter auf und die Menschen mit all ihren Hoffnungen und Bedürfnissen werden zu winzigen Punkten, wie Blindenschrift auf Papier.

Als ich in England ankam, war es bitterkalt. Es war Anfang Januar 1998 und ich war fast drei Jahre weg gewesen.

Die Heimkehr

Zurück in England bezog ich mein noch nicht abbezahltes Haus. Es lag in Faversham, nur zehn Autominuten entfernt von Whitstable, wo meine Mutter mit meinem Bruder Toby lebte. Meine Schwester Lucy wohnte in einem Vorort von Faversham, zusammen mit ihrem Mann Kevin. Die beiden erwarteten bald ihr erstes Kind.

Irgendwann kam mein brauner Schrankkoffer aus Hongkong an. Karen und das Büro mussten ihn gepackt und geschickt haben. Bücher waren drin, meist über Statistik, silbern gerahmte Fotos, meine Aretha-Franklin-CDs. Beim Auspacken betrachtete ich alles eingehend, wie ein Kurator, der kostbare alte Kunstgegenstände begutachtet. Erst nach einer Weile kam zum Vorschein, woran mir am meisten lag, nämlich eine Gefährtin für meinen meditierenden Mönch: eine betende Nonne. Auch sie hielt das Haupt geneigt und die Hände vor der Brust zum Gebet gefaltet. Nur die gewölbte Brust verriet, dass die Statue eine weibliche Praktizierende darstellte. Ich nahm sie heraus und stellte die beiden Seite an Seite auf. Es tat gut, sie anzusehen.

Ich kaufte mir einen großen Ficus, der mein künftiges Heim mit mir teilen sollte. Diese wunderschönen Pflanzen mit dem verschlungenen Stamm gehören zur Gattung der Feigenbäume wie die Pappelfeige, auch bekannt als Bodhibaum: Unter ihm hatte der Mann, der später als Buddha bekannt werden sollte, in Bodhgaya im Nordosten Indiens die Erleuchtung gefunden. Die

Legende besagt, dass der Buddha nach seiner Erleuchtung eine Woche lang vor dem Baum stehen blieb und ihn voller Dankbarkeit unverwandt ansah. Doch das wusste ich damals noch nicht. Ich wusste nur, dass ich genau diesen Baum haben wollte, dessen Rinde aussah, als bestünde sie aus Strömen gefrorenen Wassers.

Für das Schlafzimmer im Oberstock kaufte ich ein Teleskop, weil ich den Mond ansehen wollte. Ich trank ein bisschen was. Ich war verwirrt und bildete mir ein, ein Auto gekauft zu haben, musste aber feststellen, dass das nicht stimmte. Mein Gedächtnis spielte mir immer noch Streiche. Allmählich zeigte sich die posttraumatische Belastungsstörung in vollem Umfang. Ich weiß bis heute nicht, warum genau, aber ich konnte plötzlich nicht mehr lesen oder schreiben. Die schwarzen Würmchen der Buchstaben auf dem Papier verursachten mir heftige Kopfschmerzen. Meine Mutter musste alles für mich erledigen. Sie las mir meine Post vor wie früher die Gutenachtgeschichten.

Es fühlte sich ein bisschen so an, als sei ich von einem anderen Planeten heimgekehrt. Ich sah meine Schwester an. Ganz aus dem Häuschen zeigte sie mir ihren Bauch, sie war so stolz auf ihre erste Schwangerschaft. Das würde Mamas erster Enkel werden. Natürlich war das Leben für sie und die anderen hier weitergegangen. Lucy hatte geheiratet, während ich in Hongkong war, und baute sich nun das Familienleben auf, das sie sich immer gewünscht hatte.

Es fiel mir so ungeheuer schwer, mich einfach zu entspannen und mich in das Leben hier einzufügen. Die Angst ließ mich einfach nicht aus ihren Klauen. Nie war ich weniger in der Lage gewesen, mich in andere hineinzuversetzen – wie sollte das auch gehen, wenn man sich selbst verloren hatte? Ich muss ihnen allen selbstsüchtig und komplett desinteressiert vorgekommen sein.

Kam jemand zu spät, wurde ich wütend, weil es für mich so aussah, als würden sie mich versetzen oder im Stich lassen. Ich vermochte kaum zu unterscheiden, was tatsächlich eine Bedrohung war und was nicht. Ich war wütend, und als die Wut sich langsam legte, war alles, was blieb, ein Verlustgefühl, das sich gänzlich verselbstständigt hatte. Eine Art fließender Verzweiflung.

Körperlich war ich blass und dünn. Das leuchtende Türkis meines Badeanzugs und die selbstbewusste Frau, die mehr Handtücher verlangen wollte, waren schon lange Vergangenheit. Ich war zusammengeschrumpelt wie eine dieser Moorleichen. In der Kälte Englands musste ich mich in drei Lagen Kleidung hüllen, damit ich nicht fror.

Für meine Mutter muss es eine ziemliche Belastung gewesen sein, mich so zu sehen. Doch es fiel uns beiden zu schwer, offen miteinander zu reden. Als wollten wir dem Ganzen nach Möglichkeit nicht allzu viel Gewicht beimessen.

Wir trafen uns zu Spaziergängen in den angrenzenden Wäldern. Mama hatte unzählige Plastiktüten in ihren Bauchgürtel gestopft, die sie herauszog, wenn der Hund irgendwo sein Geschäft gemacht hatte. Und sie trug eine Pfeife um den Hals. Natürlich hatte sie eine wind- und regendichte Jacke, gute Schuhe und ein scharfes Auge für schlammige Pfützen, in denen unser Hund sich voller Begeisterung würde wälzen wollen. Satchmo war ein riesiger Neufundländer. Bei der Namensgebung hatte Louis Armstrong Pate gestanden, den Mama und Papa gern gemocht hatten. Satchmo sabberte alles voll. Jetzt war er es, der ständig Leckereien brauchte und eine Unmenge Handtücher.

Mum liebt Tiere. Sie meint, dass sie unkomplizierter sind als Menschen – was ich verstehe. Sie ist in Hampshire mit Pferden aufgewachsen und zwei Chow-Chows. Dann steckte man sie in ein Mädchenpensionat, wo sie in erster Linie gutes Benehmen lernte. Es war lustig anzusehen, wie sie jetzt mit Hundepfeife und Kackebeuteln hantierte und den sabbernden Satchmo bändigte. Von den Zeiten, da sie Perlenketten trug und sich um eine möglichst korrekte Aussprache bemühte, hatte sie sich weitgehend verabschiedet.

Wir alle lassen Altes hinter uns. Das muss so sein. Es ist wie bei den Schlangen: Wenn wir unsere alte Haut nicht abwerfen, können wir nicht wachsen und riskieren in der zu eng gewordenen Hülle zu ersticken; wir schnüren uns selbst die Luft ab, während wir immer und immer wieder die ewig gleichen Sätze wiederholen.

In meinem bisherigen Leben hatte es nicht wenige Häutungen oder »Veränderungen« gegeben, wie meine Mutter es mit einem leicht verzweifelten Unterton nannte, als wäre das etwas höchst Gefährliches. Auch meine Mutter hatte eine große Veränderung durchgemacht, als sie sich von der Hampshire- zur Kent-Persönlichkeit wandelte. Ich aber schien den Wandel geradezu magisch anzuziehen. Und das schien nichts Gutes zu sein, denn zu jener Zeit sah es so aus, als sei Veränderung nur ein anderes Wort für »Ich hab's vermasselt«. Jakarta passte da voll ins Bild. Ich hatte mein Bestes versucht, aber leider ging es voll daneben. Verdammt.

Herauszufinden, wie ich mich fürs Gesamtbild oder das Gesamtbild für mich passend machte, war mir noch nie leichtgefallen, auch nicht vor Jakarta.

Ich war das älteste von drei Kindern. Daher war ich die, die den Weg bahnen musste. Ich war die Erste in der Schule, die Erste, die eine Busreise machte, die Erste, die mit der Schule nach Paris fuhr. Manchmal gab mir das unglaublich viel Mut, dann wieder schüchterte es mich ein.

Die Schüchternheit begann, als ich nach meinem zehnten Geburtstag plötzlich anfing, in die Länge zu schießen wie Stangenspargel. Über meinem langen Körper mit den schon aus statischen Gründen notwendigerweise recht großen Füßen ließ ich mir einen entschlossenen Pony stehen, der mindestens so lang sein musste, dass er meine Augenbrauen berührte. Kürzer ging nicht. Haare sind eine ausgezeichnete Tarnung, wenn man in den Körper einer Bohnenstange hineinwächst.

Mit sechzehn wechselte ich die Schule und ging fortan ins Internat. Das war gut, es erweiterte meinen Horizont. An der neuen Schule hielt man mich oder zumindest das, was von mir unter all den Haaren zu sehen war, für ziemlich klug. Die Lehrer meinten, ich sollte es in Oxford oder Cambridge versuchen. Und dass mir das durchaus Möglichkeiten eröffnen würde.

Aber zunächst musste ich die Prüfungen überstehen. Nun, wo im Raum stand, dass ich mal was ganz Tolles werden könnte, türmten sich die Abschlussprüfungen vor mir auf wie eine Gewitterwolke, die den ganzen Horizont mit Buchstaben füllte. Ich würde entweder genau ins Schwarze treffen oder komplett versagen. Es war ein Risiko, und garantiert sind meiner Mutter bei dem wilden Auf und Ab der zwei Prüfungswochen und meinen Kurzbesuchen daheim, bei denen sie mich beruhigen musste, ein paar graue Haare gewachsen.

Aber es lief gut. Zum Glück bekam ich meine Nerven in den Griff und lauter Bestnoten. Man bot mir einen Studienplatz in Cambridge an, ohne dass ich die Aufnahmeprüfungen durchlaufen musste.

So ein Angebot schlägt man nicht aus, also packte ich am Ende des Sommers 1985 meine Sachen und ging ins Selwyn College in Cambridge. Ich packte alle meine LPs in Pappkisten mit Schnappverschlüssen ein. The Doors, Led Zeppelin und der erst kürzlich entdeckte Bob Marley, alle mussten mit. The Smiths und die Rocky Horror Picture Show ebenso. Bobs Album Rastaman Vibrations zeigte auf safrangelbem Grund große rote Lettern. Und er sagte mir, ich solle die Augen öffnen und nach innen schauen. Er mahnte mich sanft, mich zu fragen, ob ich mit dem Leben zufrieden sei, das ich führte. Damals wusste ich das noch nicht. Es schien viel zu früh für solche Gewissheiten oder selbst solche Fragen.

Erst einmal musste ich die Welt von Cambridge kennenlernen, die sich von Whitstable, dem charmanten Badeort, in dem ältere Damen ihre täglichen Einkäufe in Trolleys über den Bürgersteig zogen, massiv unterschied. Die Gesichter dieser Frauen waren vom Wind gezeichnet, der dort ständig blies, und von mindestens einem Krieg, den sie mitgemacht hatten. Das alles ließ ich nun hinter mir. Ich war unterwegs ins schicke, schicke Cambrigde, wo alles möglich war.

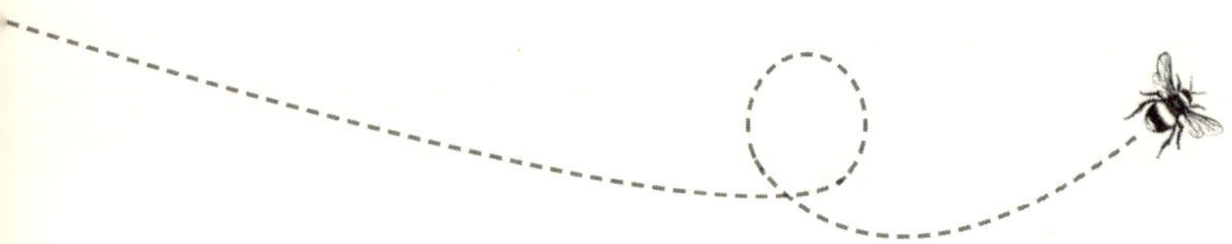

Hoffnungen

»Wo ist deine Mutter?«

Mein Vater trommelte ungeduldig mit den Fingern gegen das Lenkrad, während wir in der Einfahrt warteten. Ich saß auf der Rückbank, in einem langen, grauen Rock, der so leicht war wie Seidenpapier. Mein Haar war lang und dunkelblond. Wir wollten nach Cambridge. Mein Koffer und die Kartons mit den Platten lagen im Kofferraum. Lucy und Toby waren alt genug, um allein zu Hause gelassen zu werden.

Ich gab keine Antwort. Dad war immer zu früh dran und meine Mutter zu spät. Das war der Lauf der Dinge in unserer Familie.

Mama stöckelte gerade schnaubend durch den Garten und zog immer wieder ihren Absatz aus der Erde. Das Revers ihres smarten dunkelblauen Kostüms zierten ein paar graue Hundehaare.

Sie öffnete die Tür zum Beifahrersitz. »Entschuldige, Liebling. Mir ist gerade noch eingefallen, dass ich das Hundefutter rausstellen und die Handtücher in die Maschine stecken muss.« Sie setzte sich und zog den Sicherheitsgurt fest. »Nun ja, jetzt bin ich ja da.«

Dad verschluckte eine bissige Bemerkung und sah in den Rückspiegel. Ich strahlte zurück.

»Okay, Ems, also dann mal los.« Das Fahren hat mein Vater beim Militär gelernt, und zwar mit einem Panzer. Weitere Erklärungen dürften sich wohl erübrigen. Wir brachen auf.

Nach einer Weile sah er mich wieder an. »Wie geht's dir denn? Bist du aufgeregt?«

»Ja, schon, aber nicht schlimm.«

Ich wollte ihm nicht sagen, wie nervös ich war und dass ich dem ganzen Cambridge-Abenteuer ein wenig zweifelnd gegenüberstand. Ich liebte mein Zuhause, aber ganz offensichtlich musste ich erwachsen werden. Ich war ja auch schon mal in Cambridge gewesen. Für das Auswahlgespräch. Dieses Mal hatte ich eben noch Gepäck dabei. Und meine Eltern.

Cambridge liegt inmitten einer flachen Ebene, etwa zwei Stunden von Whitstable entfernt. Es ist an manchen Stellen einfach atemberaubend schön, als habe eine Prinzessin sich das Ganze ausgedacht, während sie aus ihrem Elfenbeinturm schaute. Es dient seit Jahrhunderten als Universitätsstadt. Das kann man fühlen, wenn man an den hübschen, alten Gebäuden vorbeiläuft, die Generationen von klugen Köpfen beherbergt haben.

Bestimmt hat auch David, bevor er den Kampf mit Goliath aufnahm, ein paarmal schlucken müssen und sich im Schatten des Riesen ziemlich klein gefühlt. So ähnlich ging es mir, als wir nach Cambridge kamen.

Wir hielten vor dem Selwyn College – viel Efeu über leuchtend roten Ziegelbauten und ein ganz modernes Gebäude, das man Cripps Court nannte. Dort würde ich im ersten Studienjahr wohnen. Gleich über die Straße war die Porters Lodge, wo der Pförtner residierte, und ein quadratischer, perfekter englischer Rasen, wie er den Colleges eigen ist.

Ich sah mir die anderen Studenten an, die an uns vorbeischlenderten, grüßte und schaute verstohlen auf ihre Klamotten, auf der Suche nach Anzeichen für Kompatibilität.

Mum wollte unbedingt mein Zimmer in Block J sehen und die Küche, die ganz in der Nähe lag. Sie öffnete den Kühlschrank, dann überprüfte sie die Aussicht aus meinem Fenster. Wir quetschten mein burgunderfarbenes Fahrrad in einen der Fahrradständer am Eingang. Okay, ich hatte was anzuziehen, Musik und ein Fahrrad. Ich war so bereit, wie man nur sein konnte. Jetzt wollte ich, dass Mum und Dad sich trollten, denn es war einfach nicht cool, ewig mit den eigenen Eltern rumzuhängen.

»Ich bin so stolz auf dich, Em«, sagte mein Vater, bevor er ins Auto stieg – nicht ohne mich erst väterlich-fest umarmt zu haben.

Ich winkte ihnen nach, während sie über die Grange Road davonrollten. Dann kehrte ich in mein kleines Zimmer zurück und räumte meine Schallplatten ein. Die Drahtständer hatte ich von zu Hause mitgebracht. Es war vollkommen ruhig, und da alles neu war, wusste ich nicht recht, was ich jetzt anfangen sollte.

Cambridge war wirklich ein ziemlich großer Schritt, weit weg von Whitstable, unserem Familienhund und meinem gelben Zimmer. In den letzten beiden Schuljahren, die ich im Internat verbracht hatte, war ich fast jedes Wochenende nach Hause gefahren. Die Schule war nur ungefähr eine Autostunde von zu Hause entfernt, und wenn ich Mama angerufen habe, hat sie mich einfach abgeholt und wieder hingebracht. Nun war ich zum ersten Mal volle acht Wochen allein, musste mich in der Welt der Seminararbeiten zurechtfinden und Leute kennenlernen.

Ein paar kannte ich schon von der Schule: Richard logierte im Queens College und Louise in Girton. Außer den beiden aber waren mir in Cambridge alle Menschen fremd.

In meinem College waren wir acht Erstsemester in Englisch. Diese Mädels traf ich täglich in meinen Kursen. Juliet war aus Wales, von kleiner Statur und wirklich ausgesprochen hübsch. Catherine kam aus Bristol und kannte sich super mit politischen Themen aus, Atomkraft zum Beispiel oder Frauenrechte. Wir gingen miteinander auf Partys. Juliet lieh mir ihre farbenfrohen Leggins, die im Dunkeln leuchteten.

Natürlich veränderten wir uns mit den Monaten. Wir entwickelten neue Ideen und suchten nach Looks, die ausdrücken konnten, wer wir waren. Für mich hieß das: keine Schuhe tragen, viele Imagisten-Gedichte lesen, im Uni-Theater rumhängen und beim Bühnenbild helfen. Ich pinnte Postkarten von berühmten Gemälden an die Wand meines Zimmerchens und fing an, anderen Studentinnen die Haare zu schneiden, um mir ein bisschen Geld dazuzuverdienen. Ich kaufte mir schwarze Stiefel mit mörderisch hohen Absätzen und trat damit versehentlich auf die schimmernd schwarze Vinylplatte von »Panic« von The Smiths, die ich auf dem Fußboden hatte liegen lassen. Eine Single mit Piercing sozusagen.

Doch in all dem Trubel hätte ich gerne etwas gehabt, das man vielleicht mit »mein Ding« hätte umschreiben können. Ich hatte so was einfach nicht. Ich fand englische Literatur interessant, aber ich brannte nicht dafür. Ich wollte Freunde haben, aber am liebsten lag ich tagträumend im Gras. Ich wollte zu gerne einen festen Freund, doch die Geräusche, die ich aus den anderen Zimmern so hörte, wenn es zur Sache ging, erschreckten mich dann doch.

Ein großer Teil von mir vermisste es, zu Hause zu sein, wo das Leben einfach war und niemand etwas von mir erwartete. Vielleicht war ich einfach noch zu jung, um herauszufinden, wie ich all diese Bälle in der Luft halten konnte, ohne gleich in Tränen auszubrechen. Buddhisten nennen diesen Zustand dukkha, eine Art schwebender Unzufriedenheit.

Ich fuhr viel auf meinem alten Rad herum (das ich mit Kuhglocken ausgestattet hatte, damit jeder mich sofort kommen hörte), wie eine Bezirkskrankenschwester. Ich war überall, aber nie besonders lange.

Während meines ersten Jahres in Cambridge verlegten meine Eltern ihren Wohnsitz nach Amerika, weil mein Vater dort beruflich zu tun hatte. Freunde meiner Mutter übernahmen unser Haus in Whitstable, was sich komisch anfühlte, denn nun hatte ich mein Schlupfloch verloren, meinen Plan B. Also blieb ich im Selwyn College und hörte mit Rob, der ein Jahr über mir war, Otis Reddings »Sittin' on the Dock of the Bay«.

Allmählich aber begann sich unter all den Aktivitäten die vage Vorstellung herauszukristallisieren, dass ich lieber irgendwo anders wäre. Diese Vorstellung verdichtete sich zum Wunsch, Cambridge zu verlassen. Nach dem ersten Jahr im Hauptfach Englisch wechselte ich zu Geschichte. Es war ein Kompromiss, der sich hauptsächlich den Gesprächen mit meinen Eltern verdankte, die unbedingt wollten, dass ich in Cambridge blieb. Sie dachten, ein Fachwechsel würde mir das Studium vielleicht schmackhaft machen.

Die Einführung in Geschichte war interessant, vor allem der Teil über den Englischen Bürgerkrieg. Während dieser Zeit bildeten sich im Gefolge der politischen und religiösen Neuordnung Englands lauter seltsame kleine Gruppierungen, die *Dissenters*, die »Abweichler«. Das Wort gefiel mir schon mal. Später nannte man sie die *Nonconformists*, die »Nonkonformisten«. Das gefiel mir fast noch besser. Da gab es die *Diggers*, eine protestantische Bauernbewegung, die *Enthusiasts*, die »Eiferer«, und die *Seekers*, die »Suchenden«, aber auch die *Levellers*, die für mehr Wahlrecht eintraten, und die allseits bekannten Puritaner. Alle waren sie religiöse Splittergruppen, die sich von der Church of England losgesagt hatten und für Reformen eintraten.

Es war inspirierend, etwas über Menschen zu lesen, die sich die Ideale, nach denen sie leben wollten, selbst schufen. Mein Dozent war John Morrill, den ich wunderbar fand, aber trotz meines Interesses am Thema wurde ich nie so richtig glücklich damit und meine tägliche Unzufriedenheit wuchs.

Im Herbst des dritten Jahres lehnte ich dann matt neben dem Collegetelefon und atmete noch einmal tief durch, bevor ich meine Eltern in Amerika anrief und es ausspuckte: das, was mir im Hals steckte wie eine Fischgräte.

»Mama, ich hab's geschmissen.«

»Was?«

»Ich habe aufgehört, Mama«, wiederholte ich. »Ich habe mit John Morrill gesprochen.«

Stille am anderen Ende der Leitung, Tausende von Kilometern weit weg.

Noch mal 50 Pence. Klank. Das Telefon fraß meine Münzen förmlich.

»Ich kann das einfach nicht mehr machen«, fügte ich hinzu, um das Schweigen zu durchbrechen.

»Ach, Emma, wirklich.« Sie klang entnervt.

Ich wusste, dass mein Vater am Boden zerstört sein würde.

»Es tut mir leid, Mama. Wirklich leid. Ehrlich.« Ich kam mir vor wie die schlimmste Versagerin.

Biep, biep, biep. Die Münzen waren zu Ende.

Ich wusste, dass ich sie im Stich gelassen hatte. Ich wusste, dass sie enttäuscht sein würden. Aber es war nun einmal passiert und ein Zurück gab es nicht.

Ich ging ohne großes Aufsehen. Da ich das Hauptfach gewechselt hatte, sah ich Juliet und Catherine ohnehin kaum noch. Ich verabschiedete mich von ihnen, erzählte aber nicht, warum ich unbedingt wegmusste. Es fällt mir ohnehin schwer, mit anderen Menschen über meine Gefühle zu reden, selbst heute noch. Und jeder Student weiß ja, dass die Jahre Anfang zwanzig schon schwierig genug zu leben sind, geschweige denn zu erzählen. Meine Freunde wussten, dass die Zeit der Neon-Leggins vorbei war, dass ich dieses Leuchten nun irgendwo anders finden musste.

Doch ich habe in Cambridge meine Spuren hinterlassen. Ein Messingschild vor der Universitätsbibliothek besagt klar und deutlich: »Beim Betreten der Bibliothek ist das Tragen von Schuhen obligatorisch.« Dieses Schild wurde mir zu Ehren aufgehängt, nachdem ein Bibliothekar bei einem Blick unter den Tisch entdeckt hatte, dass ich nackten Fußes dasaß, woraufhin er mich sofort zum Verlassen der Bibliothek aufforderte.

Ich besuchte meine Eltern, Lucy und Toby in ihrem neuen Heim in Summit in New Jersey. Sie lebten in einem großen, weißen, wettergegerbten Haus, von dem aus mein Vater täglich nach Downtown Manhattan fuhr. Das familiäre Klima war damals insgesamt ein bisschen angespannt. Der Umzug nach Amerika war nicht so glatt verlaufen wie erhofft. Mein Vater träumte immer noch von einem Leben im Stil Enid Blytons mit vielen, vielen Picknicks am Wochenende. Meine Mutter hingegen hatte so ihre Probleme mit dem amerikanischen Lebensstil. Die aufgekratzte Fröhlichkeit der Amerikaner trieb sie an den Rand der Verzweiflung. Lucy wiederum hatte ihr Haar dunkelblau gefärbt, während mein Bruder Toby einen pinkfarbenen Irokesenschnitt trug. Wir Kinder trugen also nicht gerade dazu bei, dass die Familie sich der neuen Umgebung nahtlos anpasste.

Um ein Übriges zu dem ganzen Kuddelmuddel zu tun, vielleicht auch, um in einer Art stillen Protests endlich so auszusehen, wie ich mich fühlte, rasierte ich mir die Haare ab. Ich besorgte mir im Einkaufszentrum eine Haarschneidemaschine. Allerdings dauerte es eine Weile, bis ich damit den ganzen Kopf kahl hatte und ich lernte, dass ich meine Ohren umklappen musste, um in alle Ecken zu kommen. Doch dann hatte ich es geschafft: Mein Haar war ab und mein Kopf fühlte sich leicht an. Irgendetwas an dieser neuen Nicht-Haartracht sprach mich tiefinnerlich an. Das war der Neubeginn, den ich gebraucht hatte. Auf die anderen mag es merkwürdig gewirkt haben, eher wie die Aktion einer misslaunigen Zwanzigjährigen.

Dad sagte nur: »O, Ems, deine Haare. Du hattest doch so schöne Haare«, als er mich die mit hellem Teppichboden belegten Treppen vom Badezimmer im Oberstock herunterkommen sah. Aber ich fand es toll, dass ich mir keine Mühe mehr machen musste um Shampoo, Conditioner, Föhn und gespaltene Spitzen, die ich abschnitt, wann immer mir langweilig war. Es war so wunderbar einfach.

Das mit den Haaren war eine Sache, meine weitere Ausbildung eine ganz andere. Ich konnte nicht ewig bei meinen Eltern in Amerika bleiben. Was hätte ich dort auch tun sollen? Außerdem wollte ich nicht wieder im trauten Heim landen, wo ich doch gerade mal mit einem Fuß den Sprung hinaus gewagt hatte.

Ich verbrachte ein paar Wochen damit, auf dem Boden unserer Garage zu malen. Danach kehrte ich nach Cambridge zurück und hoffte, dass man mich vielleicht als Kunststudentin annehmen würde.

Um etwas Geld zu verdienen, ging ich in einem der Läden der Iceland-Supermarktkette jobben. Ich kriegte eine rot-weiß-karierte Uniform, saß an der Kasse und tippte Zahlen ein. Das war noch vor dem Aufkommen der piepsenden Scannerkassen. Außerdem musste ich eine Perücke tragen, die fürchterlich juckte und mir zudem beim Eintippen ständig in die Stirn rutschte. Keine idealen Arbeitsbedingungen also.

Aber dann bekam ich einen Platz in einem einjährigen Kurs der Art Foundation an der Fakultät für Kunst in Cambridge. Sobald ich die Zusage hatte, kündigte ich, verbrannte die Perücke und konzentrierte mich aufs Studium.

Ich genoss diesen Kurs in vollen Zügen. Ich durfte Sachen anzünden und Unmengen Klebeband verbraten. Es war, als dürfe man einfach noch ein bisschen länger Kind sein. Papier und Kohlestifte, einfache Linien auf weißem Papier. Eine eigenartige Alchemie, die mich zuversichtlich machte, dass auch ich zu irgendetwas Zugang finden könnte, das mir Spaß machte. Da war der Funke wieder, die Sterne strahlten wieder am Himmel.

Am Ende des Kurses veranstalteten wir unsere Abschlussausstellung im Astronomy Centre ein wenig außerhalb von Cambridge, einem riesigen Gelände mit einem weißen Kuppelbau, in dem das mächtige bewegliche Teleskop untergebracht ist. Es spähte in den Himmel, und was es erspähte, wurde in Zahlen auf riesige

Bogen Papier projiziert. Ein Nachtauge zum Erstellen von Sternkarten.

Ich beschloss, meine Abschlussarbeit direkt vor Ort zu realisieren, statt einfach nur ein Bild mitzubringen und auszustellen. Ich stellte einen Antrag, in einem leicht bewaldeten Areal gleich hinter dem grünen Rasen und weit weg von der klugen weißen Kuppel ein Loch graben zu dürfen.

Kaum war die Genehmigung da, radelte ich jeden Tag in Shorts und mit rasiertem Schädel vom Studentenwohnheim hinaus aufs Gelände, eine Schachtel Zigaretten in der Gesäßtasche. Ich war jung und außerdem Studentin, da fiel meine Erscheinung gar nicht so auf. Ich steckte ein Areal von etwa 1,20 m auf 2,50 m ab und fing an zu graben. Im Grunde war das eine leichte Aufgabe, die nichts weiter erforderte als Entschlossenheit. Ein bisschen wie Stricken. Ich ließ den Spaten jeden Abend vor Ort, es wäre zu mühselig gewesen, ihn Tag für Tag auf dem Rad hin- und herzutransportieren. Tagein, tagaus grub ich, sog den Duft der Erde in mich auf und sah zu, wie sich eine Lage Schlamm und Geröll nach der anderen meinem Blick enthüllte – ein gewaltiger Schnitt durch Erde, Schotter und Wurmlöcher. Das Geräusch des gegen Steinchen klirrenden Spatens wurde mein ständiger Begleiter. Auf der einen Seite des Lochs bildete sich allmählich eine grob aufgeschüttete Erdpyramide.

Als ich mich schon ein ganzes Stück weit runtergegraben hatte, musste ich die Erde mit dem Spaten über die Schulter aus dem Loch werfen. Schließlich brauchte ich einen Eimer und eine Leiter, um die Erde wegzuschaffen. Es war ziemlich anstrengend, ständig die Leiter hinauf- und hinunterzusteigen. Ich kann heute kaum glauben, dass ich das geschafft habe. Ich war ja Raucherin und wirklich nicht besonders fit. Aber vermutlich war es die geistige Entschlossenheit, die meine Muskeln antrieb.

Eine Baumwurzel schlängelte sich aus einer der Wände und weiter unten wieder hinein in den Boden. Die Leute nannten mein Loch nun »die Grube«. Ich hatte diesen Namen nicht gewollt, aber der richtige Name für dieses »Ding« war schwer zu finden.

Als ich etwa drei Meter tief gegraben hatte, begann ich allmählich, mir Sorgen um die Wände zu machen, die möglicherweise einstürzen könnten, und beschloss, aufzuhören. Es war tief genug. Wenn ich darinstand, lag der Rand der Grube ein gutes Stück über meinem Kopf. Ohne Leiter wäre es schwierig geworden, wieder herauszukommen. Wenn man sich auf den Boden setzte, hatte man ein bequemes Erdloch, durch das eine Baumwurzel verlief. Ich versuchte herauszufinden, zu welchem Baum die Wurzel gehörte, aber das war unmöglich. Wenn man tief in der Erde vergrabene Wurzeln sieht, ist es schwierig zu erkennen, zu welchem Baum des Waldes sie an der Oberfläche gehören. Heute ist mir das bewusst.

Wer auf dem Boden der Grube stand, sah die Wurzel über seinem Kopf aus der Wand herauswachsen. Wenn man sich dann hinlegte oder -setzte, sah man ein erdgerahmtes Bild des Himmels. Dort so auf der Erde zu sitzen und schweigend dem Ziehen der Wolken am Himmel zuzusehen, ließ ein Gefühl der Ruhe und Konzentration entstehen. Als sähe man zum ersten Mal das wahre Wesen des Himmels. Oder als erführe man erst durch die Begrenzung, was wahre Freiheit ist.

Ich hielt mich gerne dort auf, obwohl das im Grunde mit einem gewissen Risiko verbunden war. Am besten kam man in das Loch, wenn man eine lange Metallleiter hinabstieg, die dann wieder hochgezogen wurde. So konnte man dort ganz für sich allein sein, und gleichzeitig war es beruhigend zu wissen, dass oben jemand war, der einem wieder hinaufhelfen konnte.

Zum ersten Mal hatte ich das Gefühl, dass etwas vollkommen richtig war. Das Problem war nur: Ich hatte nie gedacht, dass etwas »Richtiges« so aussehen würde.

Hätte ich weniger Angst gehabt, dass die Wände gleich einstürzen würden, wäre ich vielleicht mutiger gewesen, wäre länger unten geblieben oder hätte zumindest mal versucht, in dem Erdloch zu schlafen. Doch die Angst, im Schlaf unter herabstürzendem Geröll begraben zu werden, hielt mich davon ab.

Nach der Kunstausstellung musste ich das Erdloch wieder zuschaufeln, denn man befürchtete, Mensch oder Tier könnten darin den Tod finden. Es war einfach, die Erde wieder zurück ins Loch zu füllen, allerdings passte nicht mehr alles hinein. So hinterließ mein Kunstwerk einen prähistorisch aussehenden Hügel zwischen den Bäumen. Ich dachte, mit der Zeit würde er schon in sich zusammensinken, so wie Plätzchen in der Dose.

Als der Kunstkurs sich seinem Ende näherte, packte ich ein paar von meinen Zeichnungen, Fotos und expressionistischen Selbstporträts in eine Mappe und stellte mich am Goldsmiths College in London vor. Und ich hatte das Glück, dort einen Platz zu ergattern. Das Goldsmiths College hatte einen ausgezeichneten Ruf als Kunstakademie. Damien Hirst hatte dort studiert und fing gerade an, Furore zu machen. Das elektrisierte das ganze College. Wer würde es wohl als Nächster schaffen?

Der Süden Londons war ein Kulturschock, verglichen mit der Schönheit von Cambridge mit seinen weitläufigen Rasenflächen und all den Radfahrern dort. Nun lebte ich in einer Kellerwohnung, in der es ständig feucht war. Die Schaufenster im Erdgeschoss waren merkwürdigerweise vernagelt. Es dauerte eine Weile, bis ich mit meiner neuen Adresse eine Versicherung fand, die meinen Hausrat, vor allem meine Bilder, versichern wollte. Doch dass ich nun offiziell auf einen Bachelor in den Bildenden Künsten hinarbeitete, machte all das wieder wett. Und in der relaxten, um nicht zu sagen chaotischen Welt von London fand ich mich schnell zurecht.

Am Goldsmiths College hatte jeder Kunststudent sein eigenes Atelier, in dem er machen konnte, was er wollte. Die hochintelligenten Lehrer schärften unsere Aufmerksamkeit, statt unsere Arbeit infrage zu stellen. Es war eine ganz wunderbare Mischung aus Struktur und Freiheit. Das Goldsmiths war bekannt für seine konzeptuelle Art der Kunstauffassung. Es ging also wenig um traditionelle Maltechniken und mehr um Videos oder Installationen. Ich machte zum Beispiel einige sehr raumgreifende Skulpturen aus Schaum und Licht. Die Gespräche mit meinen Betreuern drehten sich meist um den menschlichen Körper und seine Vergänglichkeit. Um dieses Thema schien sich meine ganze künstlerische Arbeit zu kristallisieren.

Ich färbte mir das nachwachsende Haar mit einer dicklichen Paste schlohweiß. Dazu kaufte ich mir schwarze Radlerhosen, schwarze, blickdichte Strumpfhosen, hohe Plateauschuhe und ein locker sitzendes neongrünes Top. Ja, jetzt war ich definitiv eine Kunststudentin.

Vor allem wollte ich so Lars beeindrucken. Lars war Norweger und Kunststudent ein Jahr über mir. In seiner Arbeit für die Jahresausstellung verklebte er das Haupteingangstor zum College mit Formica-Kontaktkleber. Für meine Hilfe dabei schenkte er mir eine hübsche Sonnenbrille, wie Jackie Onassis sie getragen hatte – aber das war leider auch alles.

Die Stille

Am Ende meines zweiten Jahres im Goldsmiths College eröffnete mir meine Mutter, dass man bei meinem Vater Lungenkrebs diagnostiziert hatte. Sie hatten gewartet, bis sie die schlechte Nachricht selbst verdaut hatten, bevor sie uns Kindern Bescheid gaben. Ich war in London und sie waren in unser Haus in Whitstable zurückgekehrt, ich war also nicht Teil des unmittelbaren Geschehens. Doch es fiel mir zunehmend schwer, mich auf meine Arbeit zu konzentrieren, während mein Herz doch zu Hause war. Ich ließ mir die Haare wieder wachsen und in meinem natürlichen Hellbraun färben.

Bevor mein Vater krank wurde, hatte ich nie auf die Dynamik in der Ehe meiner Eltern geachtet. Wir waren einfach eine Familie, deren Mitglieder häufig in ganz unterschiedliche Richtungen zogen. Der Mittelpunkt, auf den wir uns alle einigen konnten, waren die Hunde. Die Krankheit aber brachte meine Eltern einander näher. Sie fuhren miteinander zu den Untersuchungen, diskutierten die Ergebnisse und bildeten ein Team, das sich einer ganz klaren Aufgabe widmete. All die Dinge, über die sie früher einmal geteilter Meinung waren, wobei meine Mutter stets beleidigt war und mein Vater stets verstummte, spielten auf einmal keine Rolle mehr.

Mama wollte wissen, welcher Zeitrahmen realistisch war. Und mein Vater begann, sein beruflich erworbenes Organisationstalent nun auf die Krankheit anzuwenden. Er legte einen

Ordner an, den er beschriftete mit: »Projekt: Hoffentlich nicht!« Er schichtete Anlagegelder um, um uns und Mama »abzusichern«. Er ließ viele Dinge am Haus reparieren, lauter Sachen, die er wohl lange aufgeschoben hatte. Er brachte alles in Ordnung.

Er hatte noch ein gutes Stück bis zur Rente. Dann wollten er und Mama eine schöne Reise machen, nach Südamerika vielleicht oder nach Tibet. Jetzt aber fuhren sie regelmäßig ins Chaucer Hospital in Canterbury und warteten.

Die ersten Behandlungen Ende 1991 und Anfang 1992 waren erfolgreich. Doch im Spätsommer 1992 kehrte der Krebs zurück und streute: Die Ärzte fanden Tumoren im Gehirn. Es wurde viel von primären und sekundären Tumoren geredet, sein Krebs bekam gleichsam eine eigene Biografie. Obwohl nichts davon sichtbar war, hatte das Ding sich in aller Stille vermehrt und begann nun, sämtliche Organe zu befallen.

Nach Weihnachten 1992 wurde er so unglaublich müde. Er sank tiefer und tiefer ins Sofa, das sich immer höher über ihm auftürmte. In dieser Zeit rauchten meine Schwester und ich auf dem Speicher ein paar Joints. Wir wollten den Schmerz betäuben, einfach untätig zusehen zu müssen, was im Erdgeschoss passierte. Der Krebs machte uns alle zu Zuschauern. Lucy und ich standen, saßen und lagen am Rande, immer mit geröteten Augen, entweder weil wir geweint oder geraucht hatten.

Dad wollte über die Situation nicht reden. Nur ein einziges Mal, als er auf dem Sofa saß und nebenher der Fernseher lief, sagte er: »Ich finde es schrecklich, so von euch Kids fortgehen zu müssen.«

Und das war's. Das war alles, was er dazu zu sagen hatte, und auch das hatte er mehr Richtung Zimmerdecke geäußert und nicht direkt zu einem von uns. Ich war sechsundzwanzig, Lucy vierundzwanzig und Toby zweiundzwanzig, aber wir waren immer noch seine »Kids«. Er ging einfach voran, selbst im Verschwinden, und wir folgten ihm auf seinem Weg. Ich sprach nie mit ihm darüber, wie es war, mit absoluter Sicherheit zu wissen, dass er im Sterben lag. Ich fragte ihn nie, ob er Angst davor hatte. Wir drückten unsere Anteilnahme mit Essen aus, auf die unterschiedlichste Weise, und wir halfen ihm, sich umzudrehen, wenn er sich auf einer Seite wundgelegen hatte. Wir führten mit ihm die merkwürdigsten Unterhaltungen, als der Tumor und das Morphium sein Denken mehr und mehr beeinträchtigten. Es war schwer zu ertragen, wenn Dad redete, als sei er nicht länger unser Vater.

Ich verbrachte viel Zeit oben in meinem hellgelb gestrichenen Zimmer im Speicher und legte auf den Brettern des Holzfußbodens Puzzles mit mehreren Tausend Teilen, meist historische Szenen oder berühmte Gemälde. Je detailreicher, desto einfacher ist das Puzzle.

Ich hörte immer wieder Edwin Starrs Antikriegssong »War« mit dem bekannten Refrain: »Krieg! Wofür ist er gut ... für absolut gar nichts!« Mir gefiel, wie trotzig das Lied klang. Ich sang so laut mit, wie ich nur konnte, bis die Gewissheit, die darin lag, mein Denken ausfüllte.

Als sich das Ende näherte, berührte mein Vater mich einmal kurz mit der Hand. Ich saß neben ihm auf einem kleinen Holzstuhl. Er tat, als wolle er mir die Stirn abwischen. Es war eine Geste wie ein Hauch. Und dabei sagte er: »Ich liebe dich.«

Diese einfachen Worte fielen in einem der wenigen klaren Momente in all dem verwirrten Morphium- und Tumorgemurmel. In unserer Familie sagte man sich nicht, was man füreinander empfand. Mit dem Wort »Liebe« wurde sehr sparsam umgegangen. Wir gingen einfach davon aus, dass wir einander liebten. Dass er es mir sagte, kurz bevor er starb, war, als würde jemand dich auffangen, wenn du das Gleichgewicht verloren hast und ins Dunkel stürzt. Seine Worte hielten mich in der Spur und gaben mir einen Ort der Zuflucht.

Am 3. März 1993, als wir Kinder uns gerade zum Mittagessen hinsetzten, starb mein Vater. Mama rief uns ins Wohnzimmer. Sie schluchzte.

Ich hielt seine Hand, aber das half nichts. Ich hätte mich neben ihn legen und bei ihm bleiben wollen. Er lag auf dem Rücken, nicht auf der rechten Seite wie sonst. Trotzdem hatte ich das Gefühl, ich könnte mich an ihn kuscheln wie als kleines Kind und wieder von vorn anfangen. Sehr schnell wurde sein Körper vom Bestattungsunternehmer abgeholt. Sie steckten ihn in einen langen, schwarzen Sack, zogen den Reißverschluss zu und trugen ihn den Betonweg hinunter, den er so oft gegangen war.

Obwohl wir alle gewusst hatten, dass er sterben würde, war es ein Schock für uns. Es war kaum zu ertragen, dass er plötzlich fort war. Ich glaube, alles Wissen bereitet einen nicht auf die plötzliche Leere vor, die so ein Verlust hinterlässt.

Glücklicherweise gab es danach allerhand zu regeln, was ganz praktisch war, weil es den Schmerz überdeckte. Ich glaube, hätten wir nicht so viel zu erledigen gehabt, hätten wir uns alle im Bett verkrochen und wären dort geblieben, unfähig, uns dem Licht des Tages weiter auszusetzen. Dass die Sonne noch scheinen konnte, dass das Gras immer noch wuchs, war schwer zu ertragen.

Bei seiner Beerdigung ein paar Tage später glaubte Mama, sie hätte ihn abseits stehen sehen. Als habe er seine eigene Beerdigung sehen wollen. Sie meinte, er habe neben dem langen schwarzen Leichenwagen gestanden. Ich sah ihn nicht, aber es freut mich, dass sie es konnte. Ich ließ meinen Blick auf der Erde ruhen, in dem Loch, das man für ihn geschaufelt hatte. Meine Absätze blieben im Märzschlamm stecken. Ich warf ihm eine Münze ins Grab, die ich aufbewahrt hatte, einen Farthing. Sie sollte ihm Glück bringen, man wusste ja nie. Sie verursachte ein zartes metallisches Klingeln, als sie auf dem Sarg auftraf, bevor sie von der Erde überdeckt wurde.

»Wir übergeben den Leib der Erde. Erde zu Erde, Asche zu Asche, Staub zum Staube.«

Nun war er also fort, und das Leben würde von nun an für uns alle anders verlaufen.

Wir mussten weitermachen. Jeder von uns bewältigte die Trauer auf seine Weise. Das war etwas, was sich kaum als Familie machen ließ, obwohl uns die Trauer auch einte. Aber wenn wir uns zu sehr aufeinander stützten, dann würde vielleicht der Nächste zusammenbrechen und am Ende wir alle.

Ich wurde ein wortloses Nachttier. Die Traurigkeit schluckte ich hinunter, tief in mein Inneres. Es dauerte eine Weile, bis sie sich dort auflöste und mir nicht mehr wie ein Kloß im Magen lag. Mama weinte viel, vor allem beim Bügeln. Heute weiß ich, dass sie damals die Liebe ihres Lebens verlor.

Am Ende des Frühlings kehrte ich nach London zurück, um an der Jahresausstellung am Goldsmiths College teilzunehmen. Das war nötig, weil ich andernfalls keinen Abschluss bekommen würde. Ich wollte keinesfalls zwei Abschlüsse sausen lassen. Das hätte ausgesehen, als wäre das bei mir zur Gewohnheit geworden. Glücklicherweise kam meine Schwester Lucy nach London, um mir zu helfen. Bevor Dad starb, war sie verlobt gewesen und hatte in der Marketingabteilung eines Verlags gearbeitet. Jetzt hatte sie sich von beidem eine Auszeit genommen.

Für die Abschlussausstellung wurden alle Ateliers in der Kunstakademie freigeräumt. Jeder Student bekam seinen Raum zugewiesen, in dem er seine Abschlussarbeit anfertigen sollte. Von dieser Arbeit hing die Abschlussnote ab, die man bekam. Mein Atelieranteil war wirklich gut – hell, mit schönen altmodischen Fenstern mit Oberlichten und einer langen, weiß gestrichenen Ziegelwand. Der Raum wurde durch eine unsichtbare Linie in zwei Ateliers geteilt und ich teilte ihn mir mit Jason, der Maler war. Er malte mit schwarzer Farbe riesige

Kreise auf seine Leinwände, spannte sie dann unter die Scheibenwischer seines Autos, damit diese daraus die unterschiedlichsten lakritzschwarzen Formen schrubbten. Es sah wirklich hochästhetisch aus, und ich glaube, Jason war danach auch sehr erfolgreich.

In meiner Hälfte lief es nicht ganz so elegant. Kurz nach Vaters Tod schaffte ich es nicht, mir etwas auszudenken, was nicht mit diesem übermächtigen Erlebnis zu tun hatte. Ich beschloss, eine Säule aus den typischen ockerfarbenen Londoner Backsteinen zu bauen. Die quadratische Säule sollte ein Außenmaß von etwa 60 mal 60 Zentimetern haben. Ich stapelte die Steine in wechselnder Richtung, wie man es als Kind lernt, wenn man mit Bauklötzchen spielt, damit der Turm besser hält. Die Säule reichte mir etwa bis zur Brust. Obenauf legte ich eine dünne weiße Kunstharzplatte. Darauf wiederum kam eine rechteckige Metallplatte. In die Metallplatte eingraviert waren die zehn Aufgaben, die wir beim Tod meines Vaters zu bewältigen hatten. Im Grunde sah es aus wie die To-do-Listen, die meine Mutter für uns Kinder geschrieben hatte, als wir noch klein waren. Nur dass diese aus festem Metall war. Wenn man mit den Fingerspitzen darüberstrich, konnte man die Worte fühlen, eine Art Berührungssprache.

Die Wand hinter der Säule (die man im Rücken hatte, wenn man die Worte auf der Metallplatte las) war mit einem 60 mal 60 Zentimeter großen Stück purpurfarbenem Leder verkleidet. Das Leder war in tiefen Schlitzen in der Mauer befestigt, die ich mit dem Winkelschleifer geschnitten hatte. Das Leder spannte sich eng über die Ziegelsteine und zeichnete jede Unebenheit getreulich nach. Aus der Nähe sah es aus, als wäre die gespannte Haut aufgescheuert worden, von weiter weg allerdings wurde ein schwebendes purpurrotes Quadrat daraus. Wenn es Abend wurde, wirkte es wie eine Gewitterwolke an einem ansonsten leeren Himmel.

Ich machte meinen Abschluss mit Auszeichnung, doch ich hatte nichts mehr zu sagen, zu erschaffen oder zu malen. Der Tod macht das. Den Körper meines Vaters zu sehen, tot, sein Mund leicht geöffnet, ein wenig Flüssigkeit herauslaufend und dann versiegend – das bringt einen zum Verstummen.

Ich kehrte nach Whitstable zurück und suchte mir einen Job im Altenheim auf dem Hügel gleich gegenüber von unserem Haus. Ich musste etwas tun, und ich wollte nicht wieder zum Kind werden und meine Mutter um Taschengeld bitten.

Die meisten anderen Pflegehelfer waren älter als ich und machten diese Arbeit schon jahrelang. Ich war eine ungewohnte Erscheinung dort, aber das war okay. Ich konnte damit leben, nicht in den Rahmen zu passen.

Es war das erste Mal, dass ich mit wirklich alten Menschen zu tun hatte. Mein Vater war zweiundsechzig gewesen, als er starb. Er hatte keine Zeit, all die Schrullen und das Augenzwinkern zu entwickeln, das man von Großvätern erwartet.

Diese Menschen zu pflegen, vor allem während der Nachtschicht, hieß letztlich, dass man ihnen half, grundlegende menschliche Bedürfnisse zu erfüllen. Am Ende des Lebens wirkt die körperliche Existenz wirklich niederschmetternd. Der Körper wird faltig, was besonders merkwürdig aussah, wenn die Leute Tattoos hatten. Tattoos mit den Namen geliebter Menschen schrumpelten auf der alten Haut zusammen, die verknittert war wie ein Papiertaschentuch.

Im Grunde drehte sich im Altenheim alles um die Frage, was den Bewohnern physisch noch möglich war. Ihr Dasein wurde bestimmt durch ihr Gewicht, ihr Körpervolumen und den Schwierigkeitsgrad, den es bedeutete, sie in einen Nachtstuhl oder einen Aufzug zu wuchten. Als Pfleger mussten wir das im Hinterkopf behalten und uns in Geduld üben. Diese Menschen funktionierten nun mal in einem anderen Rhythmus als wir. Das ganze Altenheim roch streng nach Chemie, als würde nur eine ordentliche Portion Desinfektionsmittel es schaffen, den Geruch der verfallenden Körper zu überdecken.

Nachdem ich ein paar Monate dort gearbeitet und sonst nicht viel getan hatte, fühlte ich mich zunehmend fehl am Platz. Ich spürte, dass ich mich nicht länger verstecken und stattdessen in die Welt zurückkehren wollte. Langsam ließ ich meine Trauer los.

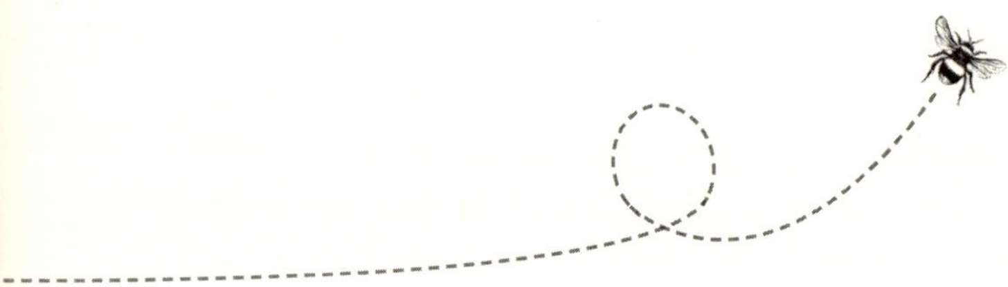

Danach

Einmal mehr war alles über mir zusammengebrochen. Ich fragte mich allmählich, ob ich total überspannt war oder einfach nur unfähig? Eine Drama-Queen, die aus jeder Mücke einen Elefanten machte? Oder einfach nur Miss Pechvogel persönlich?

Natürlich wusste ich, dass ich für mein Erlebnis in Jakarta nicht verantwortlich war. Aber was war mit dem, was danach geschehen war? War ich dafür auch nicht verantwortlich? Für sein und mein Schicksal.

Schließlich hatte ich ja überlebt, nicht wahr? Mir war nur zu klar, dass das bei dem Mann möglicherweise nicht der Fall war. Er hatte vielleicht den Tod gefunden, durchlöchert von all den Kugeln, die ihre blutigen Spuren an der Wand hinterlassen hatten. Die Alternative war ein Aufenthalt in einem indonesischen Gefängnis, was vielleicht noch schlimmer wäre. Wie auch immer, ich hatte Glück gehabt. Wieso hatte ich damit immer noch zu kämpfen? Warum konnte ich nicht einfach weitermachen, als ich die Chance dazu hatte?

Dies waren finstere Tage und einsame Nächte.

Ich hatte keinen Zufluchtsort mehr, nirgends, und das war unglaublich ermüdend. Ich war nahe daran, meinen Wagen gegen die Wand zu fahren, so erschöpft war ich von allem. Ich hörte Suzy Quatros »Devil Gate Drive« im Auto und schrie den Refrain mit, der mich aufforderte, endlich wieder zum Leben zu erwachen, doch was ich an Zorn, Leidenschaft, Angst oder Stundenkilometer auf dem Tacho auch aufbieten mochte, ich wusste einfach nicht, wie das jetzt noch gehen sollte mit dem Leben.

Ich war unterwegs in unser Familien-Ferienhaus, ein Cottage in Somerset. Ich fuhr schnell, weil ich das Gefühl hatte, das würde meine Gefühle zum Schweigen bringen. Vielleicht würde all das weggehen, wenn ich an einem anderen Ort lebte. Oder wenn ich die Musik wirklich laut aufdrehte. Vielleicht wäre dann nichts mehr sonst von Bedeutung.

Vor Somerset hatte ich eine Reihe von Untersuchungen über mich ergehen lassen. Danach beschlossen die Ärzte, ich hätte »eine komplexe Form posttraumatischer Belastungsstörung«, wie sie häufig nach einer Freiheitsberaubung vorkommt, wenn die traumatische Erfahrung nicht als klar beendet erlebt wird. Diese komplexe Form der Belastungsstörung würde zu einem Verlust der Identität, ja der Persönlichkeit führen und komme vor allem bei Menschen vor, die davor bereits andere Traumata erfahren haben. Ich schaffte es damals nicht, die Bedeutung dieses Befunds in seinem vollen Umfang zu verstehen, aber rückblickend kann ich sagen, dass er voll zutraf. Mit dieser Diagnose, so sagte man mir, könne man mich schon im März in ein Intensivprogramm zur PTBS-Behandlung aufnehmen. Als ich aus Somerset zurückkehrte, war ich voll guten Mutes, dass es für mich Hilfe geben würde.

Das Programm fand in einem großen viktorianischen Gebäude statt, das in Sussex auf dem Land lag. Alle vier Teilnehmer hatten Erfahrungen gemacht, die bei ihnen eine posttraumatische Belastungsstörung ausgelöst hatten. Im Rahmen der Behandlung konnten wir über diese Erfahrungen reden, damit wir sie wirklich als Teil unserer Gegenwart akzeptieren lernten. Man möchte ja annehmen, dass es schlimm ist, darüber auch noch ständig zu reden, doch genau das Gegenteil war der Fall. Die Gespräche holten die Flashback-Erlebnisse aus dem Schattenreich heraus und gaben ihnen einen Sinn. Plötzlich besaßen sie Anfang, Mitte und Ende. Es war so erleichternd, all das aussprechen zu können, ohne dass es peinlich gewesen wäre und ohne die Scham, die sich in meinem Innern festgesetzt hatte.

Die Flashbacks mit ihren massiven körperlichen Symptomen ließen nach. Nach einer intensiven Woche verließ ich den Kurs und wusste, dass ich mein Leben würde fortführen können. Die schwarze Wolke am Horizont hatte sich aufgelöst. Ich konnte wieder denken und nach vorne schauen, zumindest ein kleines Stück weit.

Aber was nun?

Ich hatte überlebt, nicht wahr? Ich hatte Vaters Tod überlebt, Jakarta überlebt, PTBS überlebt. Es sah so aus, als gäbe das Schicksal mir eine zweite Chance. Aber wollte ich diese wirklich wieder mit High Heels und Tabellenkalkulationen füllen?

Im Mai 1998 begann ich mit der Wiedereingliederung ins Arbeitsleben, unter ärztlicher Aufsicht. Ich arbeitete im Londoner Büro meiner Bank und reiste jeden Tag aus Kent an. Anfangs arbeitete ich am Debt Desk für sich entwickelnde Länder in Osteuropa, was für mich neu war, dann an verschiedenen Statusprojekten für unseren CEO, darunter auch die Umstellung auf das Jahr 2000, den gefürchteten Millenium Bug. Nichts davon befriedigte meine Sehnsucht nach einem sinnerfüllteren Leben.

Ich verbrachte viel Zeit in meinem Haus in Faversham, ging spazieren und tat schöne, einfache Dinge. Gleichzeitig fragte ich mich, woran mir denn nun wirklich etwas lag. Ich kaufte mir ein Buch für Leute, die ihren Beruf wechseln wollen – ein Buch mit einem hübschen bunten Cover und einem Fallschirm vorne drauf. Der Autor riet seinen Lesern mehr oder weniger, alles aufzuschreiben, was sie gerne täten, und aus ihren Lieblingsbeschäftigungen dann einen Beruf herauszudestillieren. Okay: gehen, Fossilien am Strand suchen, ruhig sitzen, schwimmen. Kaum vorstellbar, dass ich damit meine Hypothek abbezahlen könnte. Verflixt.

Nichts, was mir wichtig war, schien sich dazu zu eignen, auf eigenen Füßen zu stehen und leben zu können. *Hmm.*

Natürlich hätte ich wieder in die Finanzwelt zurückgekonnt, ich hätte mich von Neuem auf das schnelle Leben in der Stadt einlassen können. Gleichzeitig war mir das unmöglich. Ich wollte einen Schritt nach vorne machen, konnte aber noch keinen Weg entdecken. Ich steckte in der Zwickmühle, ohne Aussicht auf eine Lösung. Ich musste einfach ins Ungewisse springen und mir selbst einen Ausweg schaffen.

An einem Freitag im Juni 1998 kündigte ich. Es lief alles sehr freundschaftlich ab. Die Bank veranstaltete für mich eine kleine Abschiedsfeier, ein paar Kollegen, mit denen ich an einem Sommerabend ein Glas Wein trank, bevor ich ging. Es war ein wunderschöner Abend in der Londoner City. Vom Balkon aus sah ich hinunter auf die Stadt. Freitagabend, die Menschen hatten es eilig. Sie hasteten durch die Straßen, wollten den Zug erwischen, endlich Wochenende.

Ich spürte ihre Geschwindigkeit, aber ich selbst musste nicht mehr rennen. Ich ging mit meiner eigenen Geschwindigkeit in die Zukunft, ohne die geringste Ahnung, was als Nächstes kommen würde.

Teil 2
Dharma

Körper

Die Leute fragten mich dauernd, was ich nun vorhätte. Ich hatte keine Ahnung. Ich erwiderte etwas wie »Reisen, wahrscheinlich nach Südamerika«. Und das funktionierte.

Wenn man sich etwas Zeit nimmt, um herauszufinden, was man wirklich tun möchte, ist die Versuchung groß, diese Zeit gleich wieder zu verplanen – und sei es nur, damit man *diese* Frage beantworten kann, die wirklich jeder unweigerlich stellt. Dabei wollte ich doch erst einmal Platz in meinem Leben schaffen und es nicht gleich mit Neuem vollstopfen. Ich verkaufte das Haus in Faversham, um mich nicht an einen bestimmten Ort zu binden und die Hypothek vom Hals zu haben, die ich ohne Job nicht zurückzahlen konnte. Für meine Mutter hieß das, dass sie kiloweise Sachen von mir im Esszimmer im Erdgeschoss lagern musste, während ich einmal mehr zu Hause saß und einfach abwartete.

Mama blättert unheimlich gerne in Prospekten und Magazinen. Um alles, was ihr gefällt, zieht sie einen dicken Kringel. Diesmal entdeckte sie ein alternatives Ferienresort in Griechenland, wo man die unterschiedlichsten Kurse machen konnte. Einer davon war »Mosaiklegen«. Ich hatte Mosaiken schon seit jeher bewundert, und da ich bislang noch keine von Blitz und Donner begleiteten Offenbarungen gehabt hatte, schien es ihr wohl eine gute Idee, wenn ich nach Griechenland flöge. Ich sah mir die Broschüre an: Unglaublich braun gebrannte, unglaublich breit lächelnde Mittdreißiger in gestreiften T-Shirts, die ihr Kinn in den Himmel reckten, als wollten sie ein Stück davon abbeißen. Die unterschwellige Botschaft lautete: »Kommen Sie und finden Sie Ihren Traumpartner!« Vielleicht verfolgte meine Mutter mit ihrem Vorschlag ja noch einen ganz anderen Plan.

Sie haben vermutlich (wie meine Mutter) längst bemerkt, dass Beziehungen in meinem Leben keine große Rolle spielten. Ich hatte einfach kein Selbstvertrauen, was meinen Körper angeht, und immer ein bisschen Angst vor körperlichen Kontakten. Immerhin gehöre ich noch zu der Generation, für die die Angst vor einer ungewollten Schwangerschaft als Verhütungsmittel schon ausreichte. Ich hatte mich also eher mit meinen Gehirnwindungen denn mit meinen Kurven beschäftigt. In London hatte ich eine Beziehung mit Bill gehabt (der mir die Uhr geschenkt hatte), die zwar gut gelaufen war, aber trotzdem endete, kurz bevor ich nach Hongkong ging.

Trotz Jakarta wünschte ich mir immer noch, mich richtig zu verlieben. Ich sehnte mich nach dem Glück, nach dem Gefühl, geschätzt zu werden, das eine Beziehung unweigerlich mit sich bringen würde. Meiner Ansicht nach war dies der beste Weg zum Seelenfrieden und ich war mir da sicher, denn schließlich hatte ich das so gelesen, gesehen und gehört. Ich ging einfach davon aus, dass das eine Tatsache war. Daher beschloss ich, dass jetzt die Zeit für die Liebe angebrochen sei. Vielleicht war Griechenland ja der Ort, an dem ich sie finden würde.

Bestens ausgerüstet mit Nervenflattern und Sonnencreme flog ich nach Griechenland. Vom Flughafen in Athen musste ich mit der Fähre weiter nach Osten. Ich suchte mir einen Platz am Heck und sah zu, wie die Schiffsschraube das Wasser aufwühlte und in großen Wellen hinter dem Schiff herzog. Die Fahrt zur Insel Skyros dauerte eine ganze Weile und ich wechselte ein paar »Geht es Ihnen auch gut?« mit grüngesichtigen Fremden, aber das war es allemal wert. Wir landeten in einer traumhaft schönen Bucht, an deren baumbestandene Hänge sich Häuser aus unbehauenem Stein schmiegten. Die Rinde der Bäume war von der Sonne grau gebleicht. Ich schüttelte die Mühsal der Fahrt fast so schnell ab, wie ich meine Koffer fallen ließ. *Griechenland, hier bin ich!*

Später setzte ich mich in ein Café am Wasser, trank Weißwein mit dem Strohhalm und blickte auf die Bucht hinaus. Ich saugte mich voll mit dem heißen und trockenen griechischen Sommer. Ich war eine von etwa dreißig Erwachsenen, die offen waren für alles, was da kommen mochte. Wir wurden zusammengetrommelt, bekamen einen kleinen Einführungsvortrag und meldeten uns dann für unsere Kurse an. Ich hielt mich an meinen Plan und belegte Mosaiklegen, die Theatergruppe und morgendliche Meditation.

Rundherum vermengten sich die Düfte köstlicher griechischer Gerichte mit dem Geruch von Sonnenöl, das reichlich unter die dünnen Träger sommerlicher Tops oder farbenfroher Badeanzüge geschmiert wurde. Jeder freute sich auf Griechenland. Wir lächelten uns alle begeistert an und tauschten unsere Lebensgeschichten aus.

Zum Mittagessen saßen wir draußen an sonnenbeschienen Tischen. Wir bekamen große Schüsseln mit grob geschnittenem Gemüse, Pasta, Oliven und köstliches Brot. Ich plauderte mit meinen Tischnachbarn: Jacquie war Sozialarbeiterin und etwa in meinem Alter. Sie brauchte eine Pause von ihrem anstrengenden Beruf. Debbie wollte den Kurs für Kreatives Schreiben bei einem bekannten Schriftsteller mitmachen. Es waren viel mehr Frauen anwesend als Männer, und so fragte ich mich, ob ich mich nicht besser auf meine Bräune konzentrieren sollte als auf den Partner fürs Leben.

Zu Beginn war ich natürlich davon überzeugt, dass ich das beste Mosaik des ganzen Kurses produzieren würde. Mit der Zeit aber merkte ich, dass Mosaiklegen für Anfänger eine eher merkwürdige Veranstaltung war, bei der viel mit Kleister und Klebeband hantiert wurde. Als ich meinen Wal hochhalten wollte, verlor der prompt seinen Schwanz und sah fortan eher aus wie eine Aubergine auf hoher See. Vielleicht war das Mosaizieren ja auch nicht der Weg, den ich suchte.

Nach einer erfrischenden Runde im Meer tags darauf schwänzte ich den Mosaikkurs kurzerhand, lümmelte in einem Korbstuhl in der Sonne herum und genoss es, nichts zu tun zu haben. Auf dem runden Platz hinter den Esstischen sah ich eine Frau, deren Bewegungen mich unmittelbar ansprachen. Was trieb die da nur? Gymnastik oder Karate? Sie wirkte konzentriert und ihr Körper sah aus, als fließe er ganz von selbst. Irgendwie erinnerte sie mich an ein Kunstwerk, genauer gesagt an das Gefühl, das sich bei mir einstellte, wenn ich in meinem Erdloch saß und die Wolken am Himmel ziehen sah.

Als eine der Angestellten mit einer riesigen Schüssel Couscous an mir vorüberkam, fragte ich sie, was die Frau da machte. Offensichtlich war es Yoga, und offensichtlich handelte es sich um die Leiterin des Kurses. Sharon übte wohl selbst noch ein bisschen mit nahezu vollkommener Perfektion, bevor sie ihren Kurs am Nachmittag hielt. Ich hatte für diese Zeit noch nichts vor, also zog ich mir ein lila Top und kurze Leggins über und beschloss mitzumachen.

Anscheinend war ich ein Naturtalent. Können Sie sich das vorstellen? Vermutlich hatte mein Sprint in Jakarta meine Muskeln um einiges dehnbarer gemacht, jedenfalls war ich superbiegsam und konnte meinen Körper buchstäblich in jede Pose bringen. Und ich genoss es. Ich war verrückt danach.

Wer brauchte schon Engelsgesänge und Harfenspiel – ich fühlte meine Beine, meine Füße, den straffen Bogen meines Rückens und konnte damit den Raum auf unterschiedlichste Weise formen. Ich war wie unter Schock, so gut fühlte es sich an. Ich war sozusagen aus Gummi. Man brauchte mir die Übung nur einmal zu zeigen und schon hatte ich sie intus. Darüber war niemand erstaunter als ich selbst. Im Schulsport war ich immer grottenschlecht gewesen, irgendwas zwischen Stangenspargel und Giraffe. Einmal rief man sogar meine Eltern in die Schule, weil man fürchtete, mit mir stimme etwas nicht, weil ich so oft von den hölzernen Sportgeräten plumpste.

Nun aber genoss ich es zum ersten Mal in meinem Leben, dass ich einen Körper hatte und herausfinden konnte, wozu er in der Lage war. Über Kreuz, unten durch, oben durch – was ihr wollt. Ich streckte mich auf den Knien nach vorne durch, hielt mit den Fingern meine Zehen fest und streckte meinen Hals. Ich fühlte mich wie ein fleischgewordenes Origami, das sich von Sonnenschein und Feta ernährte.

Jetzt hatte ich es gefunden, »mein Ding«. Da war es also endlich: absolut, ganz genau mein Ding. Am liebsten hätte ich mir ein Tattoo ins Gesicht machen lassen: einen Pfeil, der auf mein breites Lächeln zeigt und daneben: »Alles nur durch Yoga!« Und vielleicht noch Fred Feuerstein mit einem markerschütternden: »Jabbadabbadu!«

Schluss mit Mosaiken. Yoga war die Zukunft und nach einigen weiteren Sitzungen fragte Sharon mich, ob ich den Lotussitz machen könne. Sie zeigte mir, was sie damit meinte. Der Lotussitz ist eine klassische Yogastellung, die für die Meditation verwendet wird. Auf Sanskrit heißt das Padmasana, wobei padma für »Lotus« steht und asana für »Haltung«. Wenn Sie Bilder vom Buddha oder anderen Praktizierenden in Meditationshaltung sehen, dann sehen Sie genau diese Haltung: Man sitzt auf seinem Kissen, winkelt das linke Bein an und legt die Ferse auf dem rechten Oberschenkel ab. Dann zieht man das rechte Bein heran und legt die Ferse auf dem linken Oberschenkel ab. In dieser perfekt ausbalancierten Haltung sehen die Fußsohlen zur Decke.

Und ich hatte das Glück, diese Position ohne große Vorübungen einfach einnehmen zu können. Sofort fühlte ich einen unglaublichen Energieschub von der Wurzel meiner Wirbelsäule, ein wenig unter mir, als hätten meine Fersen einen Knopf gedrückt. Es war, als wäre ich nach Hause gekommen, so vollkommen richtig fühlte sich das an. Schon merkwürdig, dass die schlichte Anordnung der unteren Gliedmaßen so einen starken Effekt haben konnte. Offensichtlich war Yoga das Tollste überhaupt, gar nicht zu vergleichen mit den üblichen Bauch-Beine-Po-Kursen!

Nach unserer gemeinsamen Übung an jenem Tag setzten Sharon und ich uns ein wenig zum Plausch auf die Terrasse. Wir taten das nach ihrem Kurs jetzt regelmäßig, denn Yoga hat einen doppelten Effekt: es ist beruhigend und energetisierend zugleich und hinterließ stets ein Lächeln in unserem Körper. An jenem Tag ging die Sonne gerade hinter einem Hügel unter, als Sharon sagte, ich müsse unbedingt mit Yoga weitermachen. Sie empfahl mir, nach Maui zu fliegen, auf Hawaii, und dort einen Kurs bei Nancy Gilgoff zu machen. Ich meinte, ich würde es mir überlegen. Danach setzte ich mich auf den offenen Balkon im ersten Stock des steinernen Gebäudes, der einen wunderbaren Blick über die Felsenbucht und das Meer bot. Hinter mir plauderten oder entspannten sich andere Gäste. Mittlerweile kannten wir uns gut genug, um uns gegenseitig einfach Raum zu lassen.

Ich begann ein Mandala auszumalen, das jemand hier begonnen hatte. Es funktioniert so: Der Erste zieht einen Kreis, dann werden von innen nach außen verschiedene Formen, Farben und Muster eingefügt, wobei jeder mitmachen kann. Wenn der Kreis gefüllt ist, ergibt sich ein wunderschönes, spontanes Muster. Es war so unglaublich entspannend und ganz weit weg von meinem bisherigen Leben mit Börsenkursen und Aktienkennzahlen. Ein Teil von mir fand das noch immer geschmacklos, aber wenn man sich inmitten einer Lebenspause befindet, dann gibt es wichtigere Dinge als den guten Geschmack.

Mein Haar war lang und ich hatte es mit einem geschwungenen, silbernen Clip so im Nacken hochgesteckt, dass es wie ein Farnwedel aussah. Ich trug ein am Rücken tief ausgeschnittenes Top, unter dem man meine von der griechischen Sonne gebräunte Haut sehen konnte. Ich malte meinen Teil des Mandalas aus, dann setzte ich mich auf den Rand des Balkons und sog die salzige Meerluft ein.

Plötzlich fühlte ich mich, als hätte ich mich in einen Strom aus eiskalter Luft gesetzt. Ich bekam Gänsehaut an meinen nackten Armen und Beinen. Mit einem Mal sah ich mich als großen Vogel, der hoch auf einem grauen Steinhaus saß und mit gerecktem Kopf nach etwas Ausschau hielt. Unter mir breitete sich der grüne Wald aus. Ich spürte die Muskeln an meinem starken Rücken. Meine Flügel waren wie Wächter zu meinen Seiten. Rund um mich hörte ich die Rufe der kreisenden Vögel. Ihre klaren Schreie erfüllten die Luft.

Ich hatte einen kurzen Moment der Einsicht und wusste plötzlich: *Du musst losziehen. Du musst an all den Orten sitzen, an denen du schon mal warst. Dann kannst du von vorn anfangen.*

Ja, ehrlich. Ohne Witz. Ich saß völlig geschockt da.

Woher kam das denn?

Ich wartete, ob noch irgendetwas passieren würde, doch plötzlich wurde mein Körper wieder warm und auch meine Gliedmaßen fühlten sich wieder so an, wie sie sollten.

Diese Erfahrung überraschte mich völlig. Etwas Derartiges war mir noch nie passiert. Doch ich vertraute meinem Erleben – zum einen, weil es so verrückt war, zum anderen, weil es sich so wahr anfühlte. Es gab mir die Zuversicht, dass sich der richtige Weg schon zeigen würde. Eine Zuversicht, die ich für mich behielt. Ich erzählte niemandem davon, ich hätte ohnehin keine Worte gehabt, um diese tiefe Empfindung zu beschreiben.

Der entscheidende Punkt daran war diese vollkommene *Gewissheit*. Es hatte ein bisschen gedauert, bis sie sich einstellte. Ich hatte so viele Mahlzeiten verzehrt, viele Bücher gelesen und viele Orte gesehen – wenn auch nicht so viele Frösche geküsst –, bevor ich dieses Gefühl absoluter Sicherheit kennenlernte. Nun wusste ich, in welche Richtung ich gehen musste.

Und so schob ich die Sache mit dem Ritter in schimmernder Rüstung noch ein wenig auf.

Als ich wieder in England war, rief ich die Internationale Telefonauskunft an und besorgte mir Nancy Gilgoffs Nummer – das war noch vor der Ära Google. Ich rief sie an, sie meinte, ich solle nach Maui kommen.

Meine Sachen lagen immer noch, fein säuberlich in Kartons verstaut, im Esszimmer meiner leidenden Mutter.

Ich aber machte mich auf, Yoga zu erobern und die richtigen Lehrer dafür zu finden.

Die Reise nach Hawaii war lang und während des Fluges ging quasi fortwährend die Sonne auf, denn wir flogen rückwärts durch die Zeitzonen. Vor Ort angekommen hatte ich ein bisschen zittrige Beine.

Am Flughafen mietete ich mir ein burgunderrotes Auto mit dem Lenkrad auf der linken Seite. Da auch die Bremsen nicht ganz neu waren, fuhr ich sehr langsam auf der mir ungewohnten Seite der Straße.

Nach einer guten Stunde Fahrt ostwärts fand ich meine Unterkunft: eine Holzhütte am Ende eines langen Feldes. Von dort aus führte ein Kiesweg zu einem riesigen Baum. Ich hatte die Hütte von einem Paar gemietet, das in einem Bungalow am anderen Ende des Feldes lebte. Wir waren ein bisschen wie Aristokraten, die an den gegenüberliegenden Seiten eines langen Tisches getrennt voneinander tafeln.

Die Hütte lag im Schatten eines Baumes. Sie bestand aus drei Räumen: Schlafzimmer, Küche und Toilette. Es gab einen Fernseher, dessen Bild sich ständig in schwarz-weiße Streifen und flimmernde Punkte auflöste, und der Duschkopf war an der hölzernen Außenwand befestigt. Da die Hütte so weit entfernt von der Straße lag, hoffte ich auf ein wenig Privatsphäre.

Anfangs wachte ich noch mitten in der Nacht auf, weil dumpfe Geräusche mich aus dem Schlaf rissen. Ich war ein wenig beunruhigt, bis ich merkte, dass es sich um herabfallende Kokosnüsse handelte.

Ich fühlte mich wohl in dieser kleinen Hütte mit ihrer einfachen Ausstattung. Und Maui war ein wunderbarer Ort, um Yoga zu lernen. Es war »voller Prana«, wie Yogatexte es beschreiben würden. Es war überbordend und voller Leben: Üppige Pflanzen, Bäume, Blumen und Früchte verliehen der Luft etwas Berauschendes. Alles dort sah wohlgenährt und zufrieden aus. Selbst die Moskitos waren lässig drauf und flogen weit langsamer, als ich das von anderen Orten in Erinnerung hatte.

»Prana« sei, so erklärte mir Nancy, der Yogabegriff für »Lebenskraft«. So ähnlich wie Chi in »Tai-Chi« oder »Chi Gong«. Eine seiner Bedeutungen sei »atmen«, doch damit erschöpfe sich sein Inhalt noch lange nicht. Das Ganze erinnerte mich an die Lichtschwerter und »die Macht, die mit einem war« aus *Krieg der Sterne*. Dad war dafür extra mit mir ins Kino gegangen, hatte aber sämtliche Kampfszenen verschlafen.

Nancy Gilgoff war eine extrem nützliche Informationsquelle. Sie war eine sehr bekannte Ashtanga-Yogalehrerin, die lange Zeit in Indien gelernt hatte und nun in Hawaii selbst lehrte – in einem Holzgebäude, über dessen Eingangstür Gebetsfahnen hingen. Ihre Schüler lebten vor Ort oder waren Gäste, die immer wieder auch von weit her kamen, um eine Zeit lang intensiv bei ihr zu üben.

Tag für Tag fuhr ich mit dem Auto von meiner heimatlichen Hütte zum Yogazentrum. Die Praxis begann um acht Uhr morgens und dauerte immer mehrere Stunden. Ashtanga ist eine körperlich sehr fordernde Form des Yoga, die aus Übungsreihen besteht, die man als »Serien« bezeichnet. Man fängt mit der grundlegenden Serie an und wenn man diese gemeistert hat und der Lehrer es für richtig hält, kommt die nächste Serie dran. Etwa zwanzig Schüler übten die erste Ashtanga-Serie. Wir waren in zwei Reihen aufgeteilt. Nancy ging den Mittelgang entlang und sagte die Stellungen an sowie die Anzahl der Atemzüge, die wir in derselben verharren sollten, gewöhnlich einen bis fünf. Wie die meisten Ashtanga-Yogalehrer korrigierte sie unsere Haltung, ließ uns die Wirbelsäule langmachen oder stärker in die Drehung gehen. Ich genoss das Gefühl, wie mein Körper immer »handhabbarer« wurde, wie ich loslassen und zusehen konnte, wie er sich wandelte.

Nach den morgendlichen Übungen kehrte ich nach Hause zurück und machte mir Frühstück. Nach einer Weile ging ich zum Frühstücken immer mit zu Harry, der in der Scheune neben dem Yogazentrum lebte. Harry war schon lange Jahre Nancys Schüler. Er trug eine Brille und einen Bart und war Musiker. Er erzählte mir, dass er irgendwann in Kalifornien wegen Drogengeschichten Probleme mit dem Gesetz bekommen hatte und deshalb nach Maui gekommen sei. Seitdem war er hier. Ich weiß nicht, was aus der Anklage geworden war, so ganz klar drückte Harry sich in dieser und anderer Hinsicht nicht aus. Bei unserem späten Frühstück nahmen wir nur Dinge zu uns, die ein körperbewusster Yogi so isst: frische und getrocknete Früchte und bestimmte Brotsorten, die aussahen, als könne man sie auch als Vogelfutter verwenden.

Harry saß auf seinem Sofa mit dem Überwurf und klimperte auf seiner Gitarre herum. Er war so ein cooler Insel-Typ: ein Yogi mit düsterer Vergangenheit und einer Begabung für Verstärker. Es war nett, ihn um sich zu haben, vor allem, wenn mich die Außendusche und die Kokosnüsse wieder nervös machten.

Mein Schlaf hatte sich zu der Zeit massiv verbessert, war aber noch nicht völlig jakarta-frei. Auch wenn ich keine vollen Flashbacks mehr hatte, ging mir das Polaroid mit dem vor der Wand zusammengesunkenen Körper immer noch durch den Kopf. Es störte mich, dass ich nicht wusste, was mit dem Mann geschehen war. Als meine Angst nachließ, wurde der Wunsch, ihm auf irgendeine Weise Güte zu bezeigen, stärker. Es war wie ein Gebet.

Ich verbrachte etwa drei Monate auf Maui und konzentrierte mich auf die technischen Aspekte des Ashtanga-Yoga. Ich hätte noch länger bleiben können, doch ich wollte mein Wissen über das Yoga ausbauen. Ich wollte einfach weiter.

Daher kehrte ich kurz nach England zurück, wo ich mir ein neues Visum für die USA ausstellen ließ. Dann flog ich nach Neumexiko, in die Wüste des amerikanischen Südwestens. Santa Fe war eine Künstlerstadt, und ich hatte gehört, dass es dort einen Yogalehrer namens Tias Little gab. Die Yogagemeinde in Santa Fe war zahlreich, viele Menschen dort hatten Yoga zu einem Teil ihres Lebens gemacht. Es gab also viele Yogalehrer und -zentren sowie gut sortierte Buchläden.

Ich fand Unterschlupf in einer Jugendherberge an einer der großen Straßen, die nach Santa Fe führten. Die Straßen waren voller Werbetafeln, Schildern und Geschäften, die es einem erlaubten, nahezu alles zu erledigen, ohne auch nur den Wagen zu verlassen. Santa Fe selbst war eine sehr schöne Stadt mit altmodischen Gebäuden aus Lehmziegeln. Ihre historischen Baudenkmäler hatten durchweg mit der Erschließung des Südwestens zu tun.

In Santa Fe hatte ich Zeit, die riesigen Buchläden zu durchforsten. Immer öfter stieß ich dabei auf buddhistische Bücher. Ich kaufte mir auch ein Kartenset mit buddhistischen Zitaten, das einem für jeden Tag einen spirituellen Impuls geben sollte. Ich weiß nicht, ob ich den Inhalt damals wirklich begriff, aber ich blätterte sie gerne durch und ich merkte, dass mein Geist sich der Philosophie der Gelassenheit zuwendete, die ich als Kind schon kennengelernt hatte.

Ich habe mich schon recht früh für asiatisches Denken interessiert. Die Eltern meiner Mutter waren ziemlich viel in der Welt herumgekommen und in unserem Haus in Whitstable fanden sich verschiedene Gegenstände aus Burma (heute Myanmar), wo mein Großvater einige Zeit gelebt hatte. Da gab es zum Beispiel einen großen Gong aus Metall mit einem Klöppel dazu und einen wunderschönen kleinen Tisch mit Perlmutt-Intarsien. Was mir aber am besten gefiel, war der burmesische Buddha, der häufig liegend auf goldenem Untergrund dargestellt wird, auf so einer Art Sofa.

Sein Gesicht war das, was ein Erwachsener wohl »gelassen« nennen würde. Als Kind fand ich, er sah aus, als sei er der glücklichste Mensch der Welt. Ich wusste, dass ich mir dieses Glück ebenfalls wünschte.

Daher bat ich meine Eltern darum, den Buddha mit in mein Zimmer nehmen zu dürfen. Dort stellte ich ihn so auf, dass ich ihn sehen konnte, wenn ich einschlief. Ich ahmte im Bett sogar seine liegende Haltung nach. Der Buddha lag auf seiner rechten Seite, den rechten Ellbogen aufgestützt, den Kopf elegant in die rechte Hand gebettet. Sein linker Arm lag über den Kurven seines Körpers, der linke Fuß ruhte auf dem rechten. Es ist eine klassische Position für den liegenden Buddha, zumindest in diesem Teil der Erde. Es heißt, so habe der Buddha sich gebettet, als er seinen weltlichen Körper verließ.

Während ich durch die Welt reiste, wartete der Buddha im Haus meiner Familie in Whitstable auf mich – in Gesellschaft der beiden Figuren, die ich aus Hongkong mitgebracht hatte, den Mönch im Handgepäck und die Nonne, die im großen Schrankkoffer gereist war.

Mir war nicht recht klar, was Yoga und Buddhismus miteinander zu tun haben sollten, aber ich fühlte mich von beidem magnetisch angezogen. Und Santa Fe bot reichlich Möglichkeiten, sich sowohl mit dem einen wie auch mit dem anderen zu beschäftigen.

Tagsüber besuchte ich die Kurse von Tias Little und anderen Lehrern, um mehr über Yoga zu erfahren. Ich führte getreulich Tagebuch über alle Yoga-Haltungen, die ich lernte. Ich kannte ihre Sanskritnamen und vertiefte mein Wissen über Anatomie. Ich hatte mich von der Frau, die sich wünschte, Yoga zu üben, zu einer wahren Expertin entwickelt! Anfangs wollte ich wohl nur meinen Körper heilen, aber irgendwann fing ich dann an, gut sein zu wollen. Nun ist Ehrgeiz nicht per se schlecht, aber jeder wird Ihnen sagen, dass einem das Gut-sein-Wollen bei körperlichen Übungen eher hinderlich ist. Man hört auf, Mitgefühl mit sich selbst zu haben. Und dabei driftet man auch vom Yoga-Pfad ab. Aber damals konnte ich das noch nicht sehen.

Zu jener Zeit schloss ich zwar Freundschaften, aber immer noch keine tiefer gehenden Beziehungen. Vielleicht plauderte ich zu oft mit meinen Yoga-Freundinnen Heather und Caryn und hatte deshalb keine Zeit für andere Dinge. Ende 1999 lief mein Visum für die USA aus, und in Neumexiko brach der Winter an. Ich beschloss, nach Australien zu fliegen und der Wärme nachzureisen, diesmal nach Byron Bay an der australischen Ostküste.

Von den USA nach Australien ist die Reiseroute sehr viel kürzer als zurück nach England, also schien das Ganze nur logisch. Trotzdem war der Flug lang. Unter mir erstreckte sich unermesslich das Wasser des Ozeans. Allmählich lernte ich zu schätzen, dass England nur um Haaresbreite eine Insel ist, der Kontinent ist nie weit entfernt. Australien hingegen war eine richtige Insel – es lag mitten in absoluten Unmengen von Wasser.

Ich wusste rein gar nichts über das Leben in der südlichen Hemisphäre, abgesehen von den üblichen Klischees wie literweise Bier, Kängurus und der merkwürdigen Angewohnheit, Frauen als »Sheilas« zu bezeichnen. Irgendwie verhieß das nichts Gutes, doch Australien durfte sich rühmen, eine weltbekannte Ashtanga-Lehrerin zu haben: Dena Kingsberg. Dena, hochgeschätzt in der gesamten Ashtanga-Welt, lebte in Byron Bay an der sogenannten Goldküste.

Ashtanga ist eine physisch wirklich anstrengende Praxis und allein die Vorstellung der Übungen kann schon sehr ermüdend sein. Zum Beispiel: Sie machen einen Handstand, dann schieben Sie die geschlossenen Beine kontrolliert zwischen Ihren Armen durch, setzen Ihren Allerwertesten auf dem Boden ab und strecken gleichzeitig Arme und Rücken vollkommen gerade aus, sodass Unter- und Oberkörper ein V bilden. Ich habe das nie geschafft, aber ich bin mir sicher, Dena könnte das. Ich fand meine Zeit in Australien toll. Der Himmel wirkte ungeheuer weit – was irgendwie mit der Krümmung der Erdkruste zu tun hat. Es sah so aus, als wölbten Wolken und Sonne sich direkt über unserem Kopf. Als stünde ich unter einem geografischen Heiligenschein. Die Abgeschiedenheit des Kontinents vermittelte den Eindruck, dieses Land habe einen anderen, einzigartigen Weg eingeschlagen, und das fühlte sich gut an. Das Gewicht all der europäischen Gebäude, die sich mit den Jahrhunderten übereinandergeschichtet hatten, schien hier endlos weit weg zu sein.

Byron Bay war damals ein noch junger Ort, voller Menschen, die ein lebhaftes Interesse für Yoga, Surfen, Heilsteine und Fruchtsmoothies hatten. Ich kaufte mir ein bauchfreies Top in Pink, das zu der hautengen orangefarbenen Jeans passte, die ich in Santa Fe erstanden hatte. Überhaupt legte ich mir eine ganz neue Garderobe zu. Ich flocht mir Zöpfchen ins wieder lange Haar. In Australien schien einfach niemand für irgendwelche Sachen zu alt zu sein.

Ich wohnte wieder in einer Jugendherberge vor Ort und mietete mir ein Fahrrad. Und so radelte ich jeden Morgen los, um in Denas holzgetäfeltem Yogastudio zu lernen. Wir praktizierten früh am Morgen, gegen sechs Uhr. Dabei konnten wir zusehen, wie die Sonnenstrahlen sich ganz langsam über die Holzdielen vorwärtsschoben. Die Kurse ähnelten denen von Nancy auf Maui.

Wir praktizierten die einzelnen Serien des Ashtanga. Aber das Yoga, das ich in Santa Fe kennengelernt hatte, war doch ein klein bisschen anders gewesen.

Anders als Nancy sagte Dena die Übungen nicht an und gab die Atemzüge nicht vor. Sie ging davon aus, dass jeder wusste, welche Übung er gerade machte, und führte jede Übung fünf Atemzüge lang aus. So war die morgendliche Praxis mit Dena immer sehr ruhig. Obwohl fast dreißig Leute übten, war außer einem gelegentlichen Scharren der Füße und den Atemzügen nichts zu hören.

Mit der Zeit fiel mir ein Mann auf, der mir direkt gegenüber übte und unglaublich souverän wirkte. Er hatte schwarze Tattoos auf den Armen, die aus einfachen, Farn-ähnlichen Formen bestanden. Fit wie er war, sah er geradezu urtümlich aus, wie ein Stammeskrieger, wenn er still seine Übungen ausführte. Es war vollkommen klar, dass er seine Praxis sehr ernst nahm. Ich kann Menschen, die auf ihrem Gebiet wirklich gut sind, einfach nicht widerstehen und entschied, dass ich ihn kennenlernen musste.

Es stellte sich heraus, dass Dave – so hieß er – von den Maori abstammte und aus Neuseeland angereist war, um bei Dena zu lernen. Er besaß ein uraltes Auto und hatte, zumindest soweit ich es sehen konnte, merkwürdigerweise keinerlei Körperbehaarung. Bald blieben wir nach den Stunden immer noch eine Weile auf der Veranda sitzen und plauderten, bevor ich zum Frühstücken mit dem Rad zurück in die Stadt fuhr.

Da Dave und ich beide begeisterte Yogaschüler waren und als Nicht-Ortsansässige quasi im Urlaub, hatten wir viel Zeit. Bald gingen wir nach dem Unterricht regelmäßig noch ein wenig an den Strand. Die Strände bestanden dort aus wundervoll weißem Sand, der einem buchstäblich die Hornhaut von den Sohlen raspelte. Man musste die Hand über die Augen legen wie ein Seemann, wenn man über das helle Funkeln aufs Wasser schauen wollte. Dort konnte man den Geist dann ruhen lassen, in dieser unglaublichen Weite aus Meer und Himmel, nur gelegentlich durchbrochen von spielenden Delfinen.

Dave und ich hingen an diesen Stränden herum und übten dort auch, zum Beispiel die Rückenbeuge. Wenn man sich aus dem Stehen zurücklehnt, bis man mit beiden Armen den Boden erreicht, um dann eine Art »Brücke« zu bilden, ist der weiche Sand wirklich hilfreich. Dave war darin schon sehr geübt, ich hingegen war immer noch in der Lernphase.

Ich war entspannt und inspiriert von diesem unglaublich schönen Ort und fing wieder an zu zeichnen. Ich kaufte mir ein großes Skizzenbuch, Stifte und Malkreiden. Dave saß still neben mir und sah fern, während ich sein Profil zeichnete. Er hatte eine lange dünne Nase wie ein Vogel. Ihn einen Kiwi zu nennen, wie die Neuseeländer vor allem in Australien ja auch heißen, war also nicht ganz falsch.

Durch Daves Hilfe passten meine Kraft und Ausdauer bald gut zu meiner Flexibilität. Es war wunderbar, die eigene Leidenschaft mit jemandem teilen zu können, und Dave war diesbezüglich ein toller Partner. Das Yoga hatte mich verändert. Ich war körperlich selbstsicherer und ausdrucksvoller als je zuvor. Außerdem war Dave locker, witzig und extrem fit. Natürlich fing es bald an, zwischen uns zu knistern, und wir gingen eine körperliche Beziehung ein. Es wäre auch schwierig gewesen, der Anziehung zu widerstehen, mit den ständig von der Sonne durchwärmten Gliedern und dem schweren Atmen in der Yogaklasse! In der Rückschau frage ich mich heute, warum mir das keine Angst einjagte. Immerhin war es meine erste »Beziehung« nach Jakarta, doch in Australien fühlte ich mich, als sei ich ganz am Ende der Welt, weit, weit weg von der Vergangenheit.

Dieses lockere Glück und die disziplinierte Praxis sorgten dafür, dass ich mühelos Fortschritte machte. Ich schaffte es, die Beine auf dem Rücken abzulegen, während der Oberkörper sich nach vorne beugte – man nennt das die Schildkrötenhaltung, vermutlich weil die Beine auf dem Rücken eine Art Panzer darstellen. Wenn man aus dieser Stellung dann die Hände auf dem Boden ablegt und den ganzen Körper in die Senkrechte hebt, sieht es aus, als wolle die Schildkröte auf Wanderschaft gehen. Bei dem Versuch, in diese Stellung zu gelangen, rissen eines Tages einige der Knorpel in einem Brustkorb mit einem lauten *Pop*. Das Geräusch war im ganzen Raum zu hören und alle Leute sahen mich an. Es war die einzige Verletzung, die ich mir im Yoga je zuziehen sollte. Die nächsten zehn Tage musste ich mich ausruhen, denn Niesen, Lachen oder Sich-Herumdrehen schmerzten heftig. Das fiel mir nicht leicht, denn immerhin wollte ich ja Yoga üben. Doch so hatte ich mehr Gelegenheit, Dave zuzuhören, der mir von einem Buch erzählte, das ein Yogalehrer ihm geliehen hatte: Es handelte von den Yogasutren eines gewissen Pantanjali.

Von diesem Text hatte ich schon gehört, es sollte sich dabei um einen kurzen prägnanten Text zur Yogapraxis handeln. Ich hatte damals in Santa Fe eine Übersetzung erworben und flüchtig durchgeblättert. Der Buchumschlag zeigte die antike Steinskulptur eines Mannes, über dessen Haupt sich Schlangen mit gespreizten Nackenschilden erheben, um ihm Schatten zu spenden. *Merkwürdig.* Das Taschenbuch enthielt auch keine Fotos von glücklichen Menschen in farbenfroher Trainingskleidung, die sich in die verschiedensten Yogastellungen bringen. Also stellte ich es ins Regal und kümmerte mich nicht weiter darum. Jetzt aber, da ich unter dem tiefschwarzen Himmel Australiens lag, hörte ich Dave gerne zu, wenn er mir diese kurzen Yogaverse erklärte. Er teilte sie mit mir, behutsam, wie eine Mutter, die ihr Kind füttert.

»Kumbaka« – der Sanskritbegriff hieß wörtlich »Atempause«. Dave sprach mir das Wort vor und ließ es dabei langsam über die Zunge rollen. Ich sah zu, wie die Wellen über die Muscheln am Ufer hinwegspülten. »Pratyahara« – dieser Begriff beschreibt den Prozess im Yoga, bei dem der Geist sich nach innen zurückzieht, fort von den Ablenkungen durch die Außenwelt. Das lange »Aaaaah« aus Daves Mund drang wie ein Seufzer der Erleichterung an mein Ohr. All das war wie ein Vorspiel zu etwas, das ich noch nicht ganz greifen konnte.

Das Leben in dieser sonnendurchglühten Schaumblase ging weiter. Im Yogastudio machten wir zu früher Morgenstunde schweißtreibende Übungen. Ich wollte immer noch mein Schreckgespenst meistern: den Kopfstand. Diese Stellung war hart für mich, sowohl körperlich wie auch geistig. Einfach so in der Luft zu stehen, mit dem Kopf als einziger Stütze, dabei kam ich mir noch länger vor als sonst. Es erinnerte mich an meine Zeit als schlaksiger Teenager, der ständig vom Stufenbarren plumpste. Wann immer ich den Scheitelpunkt meines Kopfes auf den Boden setzte, spürte ich, wie ungeschützt mein Nacken war, und mein Herz fing an zu hämmern. Und anscheinend gab es noch andere Erinnerungen, die dort gespeichert waren. Diese Stellung zeigte mir die Schichten, welche die Zeit in meinem Körper hinterlassen hatte – zusammengepresst so wie damals die Erdschichten in meinem Loch. Da waren sie nun alle. *Ist es besser, sie auszugraben, oder soll ich sie einfach ruhen lassen? Was ist der weisere Weg?*

Als mein Dreimonats-Visum für Australien auslief, nahm ich den Bus, der mich aus Byron Bay herausbrachte. Ich ließ den heißen Sand und mit ihm Dave hinter mir.

Eigentlich wollte ich als Nächstes nach Indien – ein logischer Schritt, wenn man die Herkunft des Yoga bedenkt –, entschied mich aber in letzter Minute dagegen. Ich hatte da so Geschichten gehört von Bandwürmern und konnte förmlich spüren, wie ein langes, schleimiges Etwas sich aus meinem Mund herauswand, um einen Blick auf die Welt zu werfen wie das Periskop eines U-Boots. Nie im Leben würde ich mich dem aussetzen.

Stattdessen machte ich einen neuen Ashtanga-Yogakurs in Costa Rica, mit einem bekannten Yogalehrer namens David Swenson.

Ich hatte schon mehrere Kurse bei ihm absolviert, er war ein guter Bekannter von Nancy Gilgoff, die ihn mir sehr empfohlen hatte.

Ich war noch nie in dieser Art von tropischem Dschungel gewesen: die, bei der man bei dem Versuch, an den Baumstämmen hinauf nach oben zu schauen und die Wipfel der Bäume zu sehen, fast rückwärts umfällt, so hoch sind sie. Der Wald war erfüllt von den Lauten der Vögel, Insekten und anderer Tiere, und man hatte das deutliche Gefühl, dass man in ihr ureigenstes Territorium eingedrungen war. Wir waren etwa zwanzig Teilnehmer im Yoga-Retreatzentrum, das ganz aus Holz gebaut war. Wir übten auf einer langen Terrasse, ebenfalls aus Holz, beschattet von den Urwaldriesen. Gelegentlich schwangen sich große Affen vorbei. Sie sahen aus, als wüchsen ihnen haarige Lianen aus den Achseln. Nie im Leben würden wir es an Gelenkigkeit mit ihnen aufnehmen können!

Der zweiwöchige Kurs war schweißtreibend, intensiv und ich hielt ihn nur durch, weil ich mittlerweile ziemlich fit war. Zwischen den Übungsrunden ruhte ich mich in einer Hängematte aus und ließ mich zu den Geräuschen des Urwalds treiben. Ich genoss es, dass ich den anderen Teile der Übungen erklären und zeigen konnte, doch ich hätte mir nie zugetraut, anderen Menschen Yoga beizubringen. Letztlich war ich immer noch mehr daran interessiert, es selbst gut zu machen, als mich wie ein richtiger Lehrer um die Fortschritte anderer zu bemühen. Aber es war immerhin ein Anfang.

Während der Zeit meiner Reisen war Ashtanga definitiv die richtige Form von Yoga für mich. Zum einen half es mir, das Gefühl körperlicher Verwundbarkeit zu überwinden, das mich nach Jakarta in seinen Klauen hielt. Ich wurde immer kräftiger, hielt mich aufrecht und bekam ein ordentliches Sixpack. Mein Vertrauen in meinen Körper wuchs stetig und damit kehrte auch mein Vertrauen ins Leben zurück.

Ashtanga fördert allerdings auch den Wettbewerb, das liegt schon an der Einteilung in Serien, deren höhere Formen nur geübt werden dürfen, wenn die grundlegenden gemeistert wurden. Das ist fruchtbarer Boden für das Streben nach Perfektion. Man erlangt Zufriedenheit nur im Vergleich mit anderen, lauter Dinge, für die ich seit jeher anfällig war. Mit der Zeit erinnerte mich das sehr an meine Arbeit als Maklerin an den Finanzmärkten: Angst und Gier – diese Dynamik konnte man scheinbar in nahezu allem finden.

Allmählich fragte ich mich, ob ich anfing, alte Denkmuster wieder aufleben zu lassen. Kaum machte ich etwas gut, erweckte das auch gleich den Wunsch in mir, zu den Besten zu gehören – und das war im Grunde Ausdruck der Fragen, die mich tief in meinem Innern stets zu beschäftigen schienen: *Bin ich gut genug? Gut genug wofür? Geliebt zu werden? Glücklich zu sein? Geht es darum?*

Worum es auch immer gehen mochte, es fiel mir schwer, nicht so extrem wettbewerbsorientiert zu denken – was unweigerlich immer wieder zu der Angst führte, unzureichend zu sein. Was ich auch tat, ständig verfiel ich in dieses Muster. Hieß das, dass es ein Teil von mir war, unveränderbar zu mir gehörte? Diese Möglichkeit gefiel mir nicht, denn die ständige Achterbahnfahrt war ungemein anstrengend. Wie konnte ich dieser Falle ein für alle Mal entkommen? Ich hoffte, eines Tages würde jemand auftauchen und mir zeigen, welchen Weg ich zu gehen hatte.

Geist

Nach Costa Rica und dem satten Grün des Urwalds mit seinen umherschwingenden Affen musste ich mein Bankkonto im Blick behalten. Ich musste mir eingestehen, dass es nicht mehr so rosig aussah: Das Geld, das ich für den Verkauf meines Hauses in Faversham bekommen hatte, ging langsam zur Neige.

War es vielleicht Zeit, mir Gedanken über meine weitere Zukunft zu machen? Es war ja ganz schön, eine unglaublich biegsame, weit gereiste Yogini zu sein, doch vermutlich war die Nomadenzeit endgültig vorüber. Es war gut gewesen, die Yogasutren kennenzulernen und mit den tieferen Aspekten des Yoga in Berührung zu kommen. Das alles war wahnsinnig interessant, aber ich hatte keine Ahnung, was das mit meinem Leben zu tun haben sollte – außer natürlich, ich würde mir ein weißes Tuch um die Hüften schlingen, einen Aschefleck auf die Stirn malen und nach Indien gehen. Aber die Aussicht, bis ans Ende aller Zeit zehn Stunden täglich körperlich forderndes Yoga zu praktizieren, war auch nicht gerade verlockend: Dann wäre ich ja kaum mehr als ein Hamster in einem New-Age-Hamsterrad gewesen. Ich hatte Yogis kennengelernt, deren Leben genauso aussah, aber auf mich hatten diese Leute immer innerlich angespannt und äußerlich völlig fertig gewirkt.

Ich hatte das Gefühl, Jakarta definitiv überwunden zu haben. Vielleicht war es nun an der Zeit, wieder ins Erwachsenenleben zurückzukehren.

Ich redete mit ein paar Headhuntern in der Londoner City und sie meinten, sie könnten mir jederzeit einen »Job mit Hirn« besorgen. Bevor ich jedoch Nägel mit Köpfen machen konnte, wollte ich zu einem letzten Yoga-Workshop mit Freunden, der im texanischen Austin stattfinden sollte. Es noch mal so richtig krachen lassen, bevor ich mich entschied, ob ich wirklich wieder in die Finanzwelt zurückkehren würde.

Während ich in Texas war, wurde gerade George W. Bush zum ersten Mal gewählt. Ich saß in meinem Hotel in einem dunkel getäfelten Fernsehraum und starrte auf den Bildschirm. Ich war zu einer Yoga-Konferenz eingeladen, wo ich meine Freundinnen Heather und Caryn aus Santa Fe wiedertraf. Wir erzählten uns, was in der Zwischenzeit alles passiert war, dann fuhr ich weiter nach Houston.

Ich schob die Entscheidung über meine Zukunft immer noch vor mir her. Ich hatte fröhlich klingende, aber völlig unverbindliche Nachrichten auf den Anrufbeantwortern der Headhunter hinterlassen und um mehr Zeit gebeten.

Ich wollte mir ein paar Bilder von Mark Rothko ansehen, dem Maler, der Farben auf unglaubliche Weise Leben einhauchte. Er malte abstrakt, einfach nur Farbfelder. Ich hatte gedacht, dass die Bilder in Texas besonders gut sein müssten, schließlich hatte man extra für sie eine eigene Kapelle gebaut, die Rothko Chapel.

Diese stellte sich als eher nüchterner, gedrungener Betonbau heraus, der sich auf dem Gelände einer Universität befand. Im Inneren aber eröffnete sich dem Zuschauer eine ganze Welt. An den ansonsten schmucklosen Wänden hingen große Bilder in schwarzer Farbe, die mit anderen Farben abschattiert wurde. Wo immer ein Farbblock in einen anderen übergeht, entsteht ein zarter Horizont. Es ist kaum auszumachen, wo sich die Farbe ändert, so kunstvoll wurde sie aufgetragen. Man kann sich förmlich in die Farbe hineinlegen und damit verschmelzen, als wäre man selbst dieser vollkommen pinselstrichfreie Farbauftrag. Trotz seiner wunderbaren Bilder hatte Mark Rothko sich das Leben genommen, wie der Ausstellungskatalog die Besucher wissen ließ. So eigenartig – zu solcher Schönheit fähig zu sein und zu solcher Verzweiflung.

Vor einem der Bilder lag ein rundes, violettes Meditationskissen auf dem Boden, das vollkommen unberührt aussah. Ich setzte mich mit gekreuzten Beinen darauf, dank meiner yoga-biegsamen Gelenke. Ich saß und blieb eine lange Zeit dort. Ich glaube, in der Zeit gingen mehrere Menschen durch den Raum. Ich saß einfach nur ganz still mit diesen Bildern. Still wie das Meer, das sich um Mitternacht schlafen legt.

Nach einigen Stunden verließ ich die Kapelle und spazierte den gewundenen Pfad zu meinem Hotel hinauf. Auf dem Weg dorthin entdeckte ich einen großen Park mit Kieswegen und Rasenflächen mit Wassersprinklern. Es war heiß und sonnig. Überall machten sich Männer in Overalls mit Namensschildern zu schaffen. Als ich ins Sonnenlicht schaute, das durch den Sprinklerstrahl blitzte, zauberte es mehrere Regenbögen in die grüne Landschaft, als würde eine Reihe von Pfauen plötzlich ihre Räder aufleuchten lassen.

In diesem Moment fiel bei mir buchstäblich der Groschen. Ich erkannte plötzlich ein Muster in diesem ewigen Auf und Ab des Lebens. Da verwoben sich Stränge ineinander wie zu einem Teppich oder wie man es von Darstellungen der DNS kennt: Die Zeit drehte sich endlos in einer gewaltigen Spirale, alles war mit allem verbunden. Ich begriff, dass wir alle die Möglichkeit haben, die Weisheit weiterzugeben, die wir erworben haben, oder dies eben nicht zu tun. Ja oder nein, die Entscheidung liegt bei uns, doch täten wir besser daran, es zu tun. Denn dann können bestimmte Stränge sich einander annähern, sich verbinden, damit sie nicht verloren gehen.

Es ist beinahe unmöglich, die Mischung aus Gefühlen und Bildern zu erklären, die mir in diesem Augenblick durch den Kopf wirbelten. Am Ende meines Weges aber hatte ich einige Klarheit gewonnen. Ich wusste nun, dass ich nicht in die Finanzwelt zurückkehren würde. Was ich tun musste, war, mich hinzusetzen und innerlich vollkommen ruhig zu werden. Dann würde alles gut werden. Das war die zweite Gewissheit, die ich erlangt hatte, so sicher, wie meine Nase mitten in meinem Gesicht sitzt. Ich musste anfangen zu meditieren.

Es waren die Tage, bevor jeder und alles ständig via Smartphone erreichbar war, und so hinterließ ich den Headhuntern eine kurze Nachricht auf dem Anrufbeantworter. Ich wartete, bis ihr Büro mit Sicherheit geschlossen haben würde, und erklärte ihnen, dass ich mich anders entschieden hätte. Ich wollte ihnen meine Pläne nicht weiter erklären.

Ich kehrte nach England zurück, packte ein paar Sachen ein und fuhr an die nördliche Küste von Somerset. Dort ließ ich mich in unserem hübschen, strohgedeckten Cottage an der Sea Lane nieder, das mich schon einmal beherbergt hatte – damals, als ich aus Hongkong zurückgekommen war und auf den Platz im Intensiv-Programm für Patienten mit posttraumatischen Belastungsstörungen wartete.

Wenn man zur Tür des Cottages hinausgeht und den Weg hinunterwandert, kommt man nach ein paar Minuten und vielen, vielen Pferden an Feldern vorbei, die direkt an den Klippen liegen. Der Küstenstreifen selbst ist unbebaut. Es war wunderschön zu sehen, wie die felsige Küste ins Meer abfiel. Bei Flut fraß sich die Tide in die Klippen, bei Ebbe enthüllte sie Felsenstufen, die sich übereinandertürmten wie die Sitze in einem verlassenen Theater.

Das Cottage hatte zwei Räume. In dem einen schlief und wohnte ich, das ursprüngliche kleine Schlafzimmer aber machte ich zum Meditationsraum. In einem alten Malkasten verwahrte ich Weihrauch, Kerzen, Zündhölzer. Inspirierende Bücher kamen in eine Obstkiste. Am Ende des schmalen Zimmers saß ich auf meinem Kissen. Das war mein Raum. Klein und eng. Nichts Überflüssiges. Perfekt.

Ich folgte einer einfachen täglichen Routine – regelmäßige Meditation, Schreiben und Spaziergänge. Ich meditierte viele Stunden am Tag. Dabei hatte ich überhaupt keine formale Anleitung dazu erhalten. Niemand hatte mir erklärt, was Meditation ist. Ich saß einfach nur und ließ mich sein. Das fühlte sich gut an, ganz natürlich. Ein tiefes Gefühl der Ruhe entsprang in meinem Inneren. Ich konnte zusehen, wie all meine Gedanken- und Emotionen wie schimmernde Blasen aufstiegen und wieder zerplatzten. Ich brauchte nicht mehr nach dem fehlenden Puzzleteil zu suchen. Es war alles schon da. Ich musste mich nur hinsetzen und es erkennen.

Auf meinen Spaziergängen sah ich mir die Welt an. Die Bäume und die Erde schienen mir wie ein Wunder, wenn ich mir nur die Zeit nahm, sie richtig anzuschauen. Ich fühlte mich ihnen sehr nah. Wir sind alle Wesen mit einer begrenzten Lebensspanne und wir teilen uns diesen Raum.

In dieser Stille konnte ich nun auch andere Gefühle an die Oberfläche kommen lassen. Obwohl ich mich von diesem so einfachen Leben stark angezogen fühlte, begann ich mit einem neuen Gefühl der Dringlichkeit über die Beziehungen in meinem Leben nachzudenken, über meine Vorstellung von einem Seelengefährten und natürlich über die große Frage: Will ich Kinder haben? Ich konnte das ja nicht einfach ignorieren. Mittlerweile war ich vierunddreißig.

Höchstwahrscheinlich würde ich keine dieser Fragen beantworten können, wenn ich hier in diesem Cottage im Niemandsland blieb. Also packte ich mein Zeug zusammen und kehrte zurück nach Whitstable.

Herz

Der Januar 2001 war angebrochen, Jakarta lag nun vier Jahre zurück und ich war bereit, einen weiteren Schritt vorwärts zu tun. In Whitstable nahm ich mir zuerst eine Auszeit von Yoga und Meditation. Ich wollte mir eine dauerhafte Bleibe suchen und nach Möglichkeit auch eine Beschäftigung, um diese bezahlen zu können. Ich fand ein Reihenendhaus aus den Zwanzigerjahren in einer ruhigen Straße in Whitstable, das nah am Meer lag. Es war billig, weil es mehr oder weniger unrenoviert war. Eher mehr als weniger. Ich musste die Innenausstattung vollkommen erneuern. Und so flogen der Reihe nach raus: rosa und grüne Teppichböden, die mehr aus Staub denn aus Fasern bestanden, Tapeten, knallrote, verschmierte Fliesen und Glasbausteine.

Sobald das Haus seines Dekors entkleidet war, stellte ich meinen liegenden Buddha ins hintere Schlafzimmer, wo ich mir eine Matratze auf den Boden gelegt hatte. Ich malte den Raum in tiefem Safrangelb aus. Auf dem Fensterbrett im Erdgeschoss platzierte ich die beiden Figuren aus Hongkong, den Mönch und die Nonne, neben meiner mittlerweile recht groß gewordenen Sammlung von Yoga- und Meditationsbüchern. So war ich bereit für den Neustart.

Der nächste wichtige Schritt war, einen Job zu finden. Natürlich würden sich mir in Whitstable beruflich nicht dieselben Chancen bieten wie früher, außer ich würde nach London pendeln. Aber ich würde nicht zurückgehen – ich wollte dieses Leben nicht mehr. Ich wollte anders leben, ortsverbunden, ich wollte im Garten arbeiten und mich gut ernähren. Ich wollte mich nicht mehr von meiner Arbeit definieren lassen. Ich wollte einen anderen, weniger fremdbestimmten Lebensstil.

Nun zahlte es sich aus, dass ich im Zehnfingersystem Maschine schreiben konnte. Ich bekam nämlich einen Job als Assistentin in einem Finanzberatungsunternehmen in Canterbury. Da es sich ausschließlich um Verwaltungsarbeiten handelte, hatte ich viel weniger Stress als vorher. Und die Arbeit gab mir genau das, was ich zu jener Zeit brauchte. Auch wenn Canterbury neben meinen anderen illustren Wirkungsstätten wie New York, London und Hongkong kaum denselben Glanz entfalten konnte.

Bei meinem neuen Job machten die Leute eine volle Stunde Mittag, statt sich am Schreibtisch schnell was zwischen die Kiefer zu stopfen, während sie das Telefon zwischen Ohr und Schulter klemmen und schnell die Stummschaltung drücken, damit sie bei der Konferenzschaltung niemand kauen hört. Die Leute kamen später, wenn sie ihre Kinder zur Schule brachten oder sie zum Zahnarzt mussten. In meinem vorherigen Arbeitsleben tat man sein Möglichstes, um private Angelegenheiten zu verbergen.

Ich nahm also ein ganz neues Leben auf, mit einem ganz neuen Rhythmus. Von Montag bis Freitag fuhr ich zwanzig Minuten lang nach Canterbury in die Arbeit. Danach fuhr ich nach Faversham oder Whitstable, um dort ein paar Runden zu schwimmen. Ich machte zwar kein Yoga mehr, aber ich wollte fit bleiben. Und Schwimmen empfand ich als dem Yoga sehr ähnlich, es hatte eine unglaublich beruhigende und verjüngende Wirkung auf Körper und Geist. An den Wochenenden trainierte ich in dem neuen Haus meine Fähigkeiten als Zerstörerin. Ich riss die alte Veranda ein und ein halb verfallenes Vordach. Ich riss Raufasertapeten von den Wänden und kratzte in der Küche Fliesenkleber ab. Ich trug blaue Arbeitshosen mit Latz, eine dicht schließende

Schutzbrille und war ständig von Staub umgeben. Mum half mir, wagenladungsweise alten Schutt zur lokalen Müllhalde zu transportieren: stinkende Teppiche, zerbrochene Fliesen, verrottete Fensterrahmen und Zaunlatten. Ich reduzierte das Haus aufs bloße Skelett. Das Rausreißen war der einfache Teil, Sorgfalt war erst beim Wiederaufbau erforderlich.

Neben dem ganzen Do-it-yourself-Kram hoffte ich natürlich, dass sich im Buch meines Lebens endlich eine neue Seite öffnen würde, und das sollte, wenn es nach mir ging, die Seite der Liebe sein. Würde Amor endlich um die Ecke flattern und bei mir vorbeischauen?

Ich hatte schon einen Mann im Auge, den ich öfter beim Schwimmen in Faversham sah. Er kraulte würdevoll durch das Wasser und es war wunderbar, das anzusehen – natürlich heimlich. Wenn er schwamm, schien er das Wasser kaum zu berühren, was eher unüblich war, denn männliche Schwimmer schaufeln gern eimerweise Wasser auf deine Bahn, wenn sie an dir vorbeiziehen. Offensichtlich hindert die Schwimmbrille sie daran, nach links oder rechts zu sehen.

Er hingegen hatte seine ganz eigene Geschwindigkeit. Das gefiel mir.

Er behauptet, ich hätte ihn schon Wochen vorher angesprochen, weil er angeblich in der falschen Bahn geschwommen sei. Was ich für reine Einbildung halte. Ich denke, dass wir am 11. September zum ersten Mal ein paar Worte miteinander wechselten. Wie konnte etwas so Wunderbares an einem so grauenvollen Tag geschehen? Im Büro starrten wir alle wortlos auf den Fernseher, auf dem die Menschen vor dicken Staubwolken flohen, während aus den hohen Gebäuden die Stichflammen schossen. Das fühlte sich alles so unglaublich falsch an.

Ich versuchte, das Gesehene irgendwie zu verarbeiten, indem ich nachmittags schwimmen ging. Erfreut bemerkte ich, dass der Mann auch da war.

Nach dem Schwimmen gingen wir unter die Dusche und der Zufall wollte es, dass wir uns gegenüberstanden, er an der einen Wand, ich an der anderen. Glücklicherweise war außer uns niemand dort.

»Unglaublich, nicht wahr?«, sagte ich in Bezug auf die neuesten Nachrichten.

Er sah mich etwas verwirrt an, dann antwortete er recht rätselhaft: »O ja, es war ganz okay.« Später erklärte er mir, dass er zu jenem Zeitpunkt noch keine Nachrichten gesehen hatte.

Ich hörte auch gar nicht genau, was er sagte, wenn ich ehrlich bin. Ich hatte das intensive Gefühl, dass mein Körper magisch von seinem angezogen wurde, als hätte man uns mit einem Seil zusammengebunden. Das war verwirrend, vor allem, da wir ja kaum etwas anhatten.

Und so sagte ich: »Auf Wiedersehen!«, meinte aber eigentlich: »Hallo!«

Ein paar Tage später stand er dann praktischerweise auf dem Parkplatz, als ich aus dem Schwimmbad kam. An diesem Tag sagte er mir seinen Namen.

Peter.

Hallo, Peter. Dich nur zu sehen macht mich schon glücklich.

Hätte man mich damals gepiekst, wären wahrscheinlich regenbogenfarbene Ströme des Glücks aus mir herausgeflossen, so wie es vielleicht ein Kind zeichnen würde – und ich fühlte mich auch wie eine Fünfjährige, ganz wippendes Pferdeschwänzchen und lautes Gekicher.

Einige Tage vergingen, an denen er mir ärgerlicherweise nicht über den Weg lief, und dann … Ja, das waren seine Schultern im Wasser. Da war er wieder. Ich stieg nicht gleich ins Becken, sondern wartete auf ihn. Als er am Beckenrand anschlug, lächelten wir uns an, dann glitt ich ins Wasser.

Ich verschwendete keine Zeit, sondern lud ihn noch für denselben Abend zum Essen in mein erst halb renoviertes Haus ein. Er kam in einem dunkelblauen Van und einem grünen Fleecepulli. Ich war nervös, als ich ihm die Tür öffnete, und fragte mich, als ich vor ihm her in die Küche ging, ob mein Po sexy aussah. Er hatte Wein mitgebracht. Ich hatte ein einfaches Abendessen vorbereitet: Brot, Käse und Salat. Wir aßen bei Kerzenlicht und die Teller warfen dunkle, zitternde Schatten auf den Fußboden. Wir saßen auf Sitzsäcken und hörten Musik aus der Anlage auf dem Boden, es lief »Midnight Train to Georgia«. Wie der Song, so brauchten auch wir eine Weile, um den etwas zurückhaltenden Einstieg hinter uns zu lassen. Wir ließen uns Zeit, aber dann führten die Dunkelheit, der Wein und schließlich das Gefühl, dass wir auch nach so vielen Stunden noch gern beieinandersaßen, uns näher zusammen und zu unserem ersten Kuss.

Ahhhh! Der Kuss. Dieses Gefühl, als seine Lippen meine trafen.

Mit ersten Küssen ist das so eine Sache. Wer legt als Erster den Arm um den anderen, wer legt den Kopf zurück? Wer rückt näher und auf welcher Seite? Der Wein half, alle diese Unebenheiten zu glätten. Peter kam als neuer Bekannter in mein Haus und verließ es als mein Freund.

Ich hüpfte buchstäblich die Straßen hinunter und meine Tante Pam runzelte in gespielter Verzweiflung die Augenbrauen, als wollte sie sagen: »Jetzt geht das schon wieder los! Ihr gehen schon wieder die Gäule durch!«

Aber das sollte mich nicht kümmern. Wenn jemand dein Herz gewinnt, dann wünschst du dir, dass dieser Jemand dich begehrt. Dass er ohne dich nicht mehr leben kann. Das ist eine Naturgewalt. Er war der Planet und ich sein Mond.

Es fiel mir schwer, ohne ihn zu sein, was für mich völlig ungewohnt war. Normalerweise war ich es, die auf mehr Distanz drang. Ich hatte Regeln aufgestellt, für den Fall, dass ich jemanden näher an mich heranlassen wollte. Doch mit Peter fühlte ich mich sicher. Das lag zum einen an seiner schieren Körpergröße, zum anderen an seinem sanften Auftreten. Er war ein breitschultriger Kerl, Stein- und Holzbildhauer. Darauf war er auch stolz. Mit verschmitztem Lächeln meinte er: »Meine Hände sind mein Werkzeug.«

Endlich löste ich mich wirklich aus den Schatten von Jakarta, von der automatischen Fluchtreaktion, die jedes Mal von mir Besitz ergriff, wenn mir jemand nahekam. Für mich war das eine Riesensache: Endlich konnte ich mir zumindest vorstellen, einen Mann von ganzem Herzen zu lieben. Ich ließ ihn immer näher an mich heran. Schon die einfachsten und kleinsten Dinge reichten aus – allein ihn anzusehen war alles, was ich brauchte, um mich glücklich und lebendig zu fühlen.

Trotzdem dauerte es noch eine ganze Weile, bis ich ihm erlauben konnte bei mir zu übernachten und wir zum ersten Mal Sex hatten. Ich glaube, für ihn war das frustrierend, aber ich konnte nicht einschlafen, wenn jemand neben mir lag. Es machte mich immer noch nervös. Ich war nicht sicher, was in der Dunkelheit passieren könnte. Selbst wenn wir lange und intensiv gekuschelt hatten, musste Peter aufstehen und zu sich nach Hause fahren. Er lebte bei seinem Vater – es dauert einige Zeit, bis man als Bildhauer Geld verdient! Aufstöhnend sagte er, dass er mit »Elefanteneiern« nach Hause müsse, weil ich ihn so kurz vor dem Sex aus dem Bett warf. Doch am Ende fühlte ich mich bei ihm sicher genug, wir hatten Sex und konnten nebeneinander einschlafen. Ich hatte einen Menschen gefunden, bei dem ich sein wollte. Ich vertraute ihm.

Über Weihnachten flogen wir nach Santa Fe, um meine Freunde Heather und Ric zu besuchen. Die viele Zeit zu zweit mit nur wenig Ablenkung war für mich sowohl herausfordernd als auch hilfreich.

Auf dieser Reise lernten wir uns besser kennen. Ich entdeckte, dass ich unseren Sex noch stärker genießen wollte und dass es mich langsam nervte, ständig die zu sein, die bezahlte. Er entdeckte, dass es ihm gefiel, mir wieder Genuss am Sex zu vermitteln. Und er sah ein, dass es mich nervte, ständig für alles bezahlen zu müssen, sagte aber, dass es für ihn schwierig sei, mich nicht um Geld zu bitten, weil er als Bildhauer nicht sehr viel verdiente. Ich sah ein, dass er mich nicht ausnutzen wollte, er war einfach ein Mann mit beschränkten Mitteln. Wir schafften es, den jeweiligen Standpunkt des anderen zu verstehen. Das war ein Fortschritt.

Bald nach unserer Rückkehr aus den USA war ich mir sicher: Wir sollten uns verloben. Ich erklärte ihm, dass ich diesen nächsten Schritt brauchte. Ich hatte so viel Angst, ihn zu verlieren, und ich wollte sicher sein, dass er zu mir gehörte. Heute ist mir klar, wie verrückt sich das anhören musste. Peter war anders gestrickt, er begriff meine Eile nicht. Um die Wahrheit zu sagen: Ich merkte nicht mal, dass ich ihn drängte.

Heute denke ich, dass das Erlebnis in Jakarta wohl doch noch nicht ganz überwunden war: Ich hatte ein absolut verzweifeltes Bedürfnis nach Gewissheit. Auch hier trieben Angst und Gier mich vor sich her. Ich hatte Angst und ich war verliebt. Wenn du einem Menschen wirklich vertrauen kannst, brauchst du diese Gewissheit nicht. Du kannst die Liebe atmen und mit der Zeit ganz natürlich Form annehmen lassen. Aber in mir tobte immer noch die Panik, und daher haben wir es vollkommen falsch angepackt: Wir verlobten uns und redeten erst danach über solche Dinge wie: »Wie sieht deine Traumhochzeit aus?«, »Wo wollen wir leben?« und »Was, wenn wir ein Kind bekommen?«.

Peter und ich diskutierten viel darüber, wie unser gemeinsames Leben aussehen sollte. Ich wollte eine Art Vertrag mit klaren Zielen und fester Aufgabenteilung. Wahrscheinlich dachte ich einfach, dass eine Ehe so aussah.

Peter konnte mir das nicht geben, schließlich wisse niemand, was uns in der Zukunft erwartet – an dieser Stelle hätte mir eigentlich ein riesiges Licht aufgehen müssen. Je mehr Klarheit ich von ihm verlangte, desto eingeengter fühlte er sich vermutlich. Er reagierte mit Trotz und totaler Verweigerung.

Daraufhin verfiel ich nur noch mehr in Panik. Ich sah eine untragbare Zukunft vor mir, in der ich das Geld verdiente, das Kind erzog und die ganze Hausarbeit machte. Ich dachte, am Ende würde ich in der Falle sitzen, ganz auf mich allein gestellt. Ich kniff und löste die Verlobung. Es lief alles unglaublich impulsiv und wenig durchdacht ab. Peter war verständlicherweise verletzt, vor allem, weil die Verlobung ja gar nicht seine Idee gewesen war.

Dann überwältigte mich die Panik vollkommen und ich verlor den Kopf. Hier wird ein Muster erkennbar, nicht wahr?

Ich schrieb ihm eine Nachricht nach der anderen, entschuldigte mich in einem fort. Ich fuhr zum Haus seines Vaters und versuchte ihn aus dem Auto heraus anzurufen.

Ich liebe dich. Ich will dich.

Bitte. Komm zurück zu mir.

Sein Vater hatte mir Blumen geschenkt und mich in der Familie willkommen geheißen, als wir uns verlobten, ich konnte unmöglich einfach an der Tür klingeln.

Es tut mir so leid.

Ich sagte diese Worte immer wieder. Es war wie in der Schule, wenn wir etwas zwanzig Mal an die Tafel schreiben mussten. *Es tut mir leid. Es tut mir leid ... Schau, ich lass' es mir auf den Unterarm tätowieren.*

Mein Magen war ganz verknotet. Allein der Gedanke, diesen Menschen zu verlieren, versetzte mich in Angst und Schrecken. Ich wusste, dass ich es versaut hatte, und wollte einfach nur, dass wir wieder zusammen wären. Den ganzen Hochzeitskram verdrängte ich in die hinterste Ecke meines Kopfes.

Einige Wochen später kamen wir tatsächlich wieder zusammen und – ich freue mich, das sagen zu können – blieben es auch weitere drei Jahre, auch wenn unsere Beziehung einen An- und Ausschalter zu haben schien. »An« hieß: »Ich kann ohne dich nicht mehr leben. Ich folge dir überall hin nach, nur um mit dir zusammen zu sein.« »Aus« hingegen meinte: »Ich ertrage es einfach nicht, wie verschieden du von mir bist, dass du ständig alles verlierst, dass du nie etwas planst und du darüber lachen kannst, wenn Leute im Fernsehen verarscht werden.«

Natürlich hatte auch Peter seine »Off«-Liste.

Und so gingen die Tage hin. Es war, als würde Gloria Gaynor, die Königin der Discomusik, ihren Hit »Never Can Say Goodbye« in Dauerschleife singen: ein Lied, zu dem man in einem Paillettentop tanzen wollte, Drink in der einen Hand, Taschentücher in der anderen. Und sie hatte recht.

Was mich bei ihm hielt, war nicht zuletzt der Sex. Ich liebte es, mit ihm zu schlafen. Ich war regelrecht süchtig danach. Wie eine Katze, die sich dreht, streckt, auf den Rücken rollt, unter dem Kinn gekrault werden möchte, die gestreichelt werden will, bis sie schnurrt. Ich kam jedes Mal zurück, egal wie wütend ich nach einem unserer unzähligen Streits davongestapft war – Streits über Kleinigkeiten, vielleicht weil einer von uns Probleme bei der Arbeit hatte oder wir uns wünschten, der andere wäre nur ein kleines bisschen anders. Es fielen harte Worte, aber dann … wollte ich alles vergessen, mich auf den Boden legen, auf den Rücken rollen und schnurren. Und es musste Peter sein. Nur er.

Der Sex war himmlisch, sollte es immer bleiben – und wenn man etwas so Wunderbares miteinander hat, ist es schwer zu begreifen, dass es auch weniger wunderbare Dinge gibt. Wir hatten immer gehofft, dass wir uns im Alltag aneinander gewöhnen würden, dass unser ganzes Leben irgendwann so einfach und liebevoll sein würde wie der Sex. Doch wir waren einfach vollkommen verschieden und schafften es nicht, diese Unterschiede zu akzeptieren.

Warum?, fragte ich mich in einem fort.

Erstens: Wir waren beide dickköpfig.

Zweitens: Wir waren beide verletzt worden und hatten unsere Narben davongetragen. Ich vom Tod meines Vaters und den Ereignissen in Jakarta. Peter von der Trennung seiner Eltern, als er noch ein Teenager war, und von einer Freundin, die sich unbedingt verloben wollte, nur um ihm dann den Laufpass zu geben – ja, genau, das war ich.

Wann immer diese Themen auch nur leicht berührt wurden, begann der Kreisel sich schneller zu drehen und wir gingen vom Sex-Streit-Sex-Modus über in den Streit-Sex-Streit-Modus. Das war wie beim Pfannkuchenwenden: Man wusste nie, welche Seite letztlich auf dem Teller landen würde.

Einige Monate nach Beginn unserer wundervollen On-Off-Up-Down-Beziehung besuchte ich zum ersten Mal das buddhistische Kloster Samye Ling in Schottland.

Kay hatte mir davon erzählt, eine Zimmergenossin bei einem Yogaretreat, das ich 2002 in Oxfordshire besucht hatte, weil ich Chakra Pranayama lernen wollte. Ich hatte wieder mit Yoga angefangen und ging regelmäßig zu einem Lehrer in Canterbury. Durch zusätzliche Kurse wie den in Schottland wollte ich mein Wissen vertiefen. Bei diesem Seminar ging es darum, mit Atem- und Visualisierungsübungen die sieben Schlüsselstellen des Körpers zu harmonisieren, die man in Indien Chakras nennt, was wörtlich »Rad« heißt. Letztlich handelt es sich um Energiezentren. In der traditionellen indischen Auffassung sind sechs dieser Zentren im Innern des Körpers entlang der Wirbelsäule angeordnet. Das siebte Zentrum liegt am Scheitelpunkt des Kopfes.

Die Dame, die im Retreat neben mir saß, war deutlich älter als ich, hatte aber überhaupt kein Problem damit, längere Zeit über am Boden zu sitzen. Kay war Buddhistin. Sie erklärte mir, dass es wichtig sei zu wissen, was man eigentlich mit all der Energie tun wolle, die man durch die Chakra-Atmung gewinne. Ihrer Ansicht nach sollte man sie in die Meditation einfließen lassen. Das fand ich spannend, vor allem, weil mir klar war, dass ich keine Ahnung hatte, wie das gehen sollte.

Kay empfahl mir dieses Kloster in Schottland zu besuchen, in das sie öfter fuhr. Ich solle versuchen, unter vier Augen mit dem dortigen Lehrer zu sprechen, einem Tibeter namens Lama Yeshe. Er war der oberste Abt des Klosters und hatte mehrere Jahrzehnte Meditationserfahrung. Ich hatte sofort das Gefühl, dass es gut für mich wäre, Kays Rat zu befolgen, und meldete mich gleich für ein zweiwöchiges Retreat in der Weihnachtszeit an. Ich würde zum ersten Mal in einem buddhistischen Kloster wohnen, mit Mönchen und Nonnen, die einem festgelegten Ablauf aus Arbeit und Gebet folgten.

Es war ungemein anregend, in das klösterliche Leben einzutauchen, die buddhistischen Belehrungen zu hören und zu meditieren. Wir versammelten uns regelmäßig in dem großen Schreinraum, der in satten Farben gestrichen war. In der Mitte thronte ein goldener Buddha. Während draußen die Winterstürme über Schottland hinwegpeitschten, war dieser Raum voller warmer Farben und gemurmelten Gebeten des Mitgefühls. Auch die buddhistische Philosophie faszinierte mich. Sie war so simpel und leicht verständlich, dass sie schlicht wirkte wie gesunder Menschenverstand. Es wunderte mich überhaupt nicht, dass manche Menschen sich fragen, ob der Buddhismus überhaupt eine Religion ist.

Wir leiden, weil wir die Dinge anders haben wollen, als sie sind. Wenn wir anfangen, sie zu akzeptieren, befreien wir uns von diesem Muster des Leidens. Füge niemandem Schaden zu und versuche nach Möglichkeit zu helfen.

Doch auch wenn es einfach schien, diese Dinge zu *wissen* – wie schwer würde es sein, sie zu *leben*?

Ich hatte gehört, dass der Mann, der später zum Buddha wurde, seine weltliche Existenz aufgegeben hatte. Er hatte Frau und Kinder gehabt und somit Verantwortung zu tragen und tägliche

Pflichten zu erfüllen. Nach dem Retreat fühlte ich mich zwar höchst inspiriert, bezweifelte aber, dass sich diese Philosophie in einer wettbewerbsbetonten Welt, in der selbst die Suche nach einem Parkplatz in Whitstable zum Kampf werden konnte, wirklich leben lassen würde. Vielleicht war das ja einfach nichts für jemanden wie mich, der in der westlichen Welt ein ganz normales Leben führen wollte ...

Zurück in Whitstable amüsierten Peter und ich uns damit, mit dem Bandschleifer meine widerspenstigen Bodenbretter abzuschleifen. Am Ende gaben wir auf und gingen essen.

Peter arbeitete weiter an seiner Skulptur, an der er in einer alten Scheune herumbastelte, die natürlich nicht geheizt war. Ich schaute immer mal wieder vorbei und fragte mich kopfschüttelnd, wie man in diesem Tohuwabohu aus Sägemehl und halben Baumstämmen überhaupt etwas zuwege bringen konnte. Doch das hier war sein ganz eigenes Ding, und er würde es durchziehen, ganz egal, wie hart es kommen würde.

Neben dem Bürojob übte ich weiter wöchentlich Yoga. Ein paar Monate später nahm ich in der Stadt an einem Yogaretreat teil, während Peter verreist war, um seine Skulptur zu installieren. Am Ende dieses Wochenendes kamen Heather und Davina, zwei meiner Mitschülerinnen, auf mich zu und fragten mich, ob ich sie nicht unterrichten könne. Sie hätten eine wöchentliche Yogagruppe in Whitstable, doch ihr Lehrer sei weggezogen und sie suchten verzweifelt nach einem Ersatz. Ich zögerte zuerst, doch die beiden waren sich ihrer Sache so sicher, dass ich am Ende Ja sagte. Der Kurs fand jeden Montagabend statt, also konnte ich ihn gut nach der Arbeit halten.

Und es stellte sich heraus, dass es mir unglaublichen Spaß machte, Yoga zu unterrichten. Möglicherweise merkten die Leute das, denn von diesem Moment an kamen immer mehr Anfragen, ob ich nicht diesen oder jenen Kurs übernehmen könnte. Und so beschloss ich Mitte 2002, meinen regulären Bürojob aufzugeben und mich als selbstständige Yogalehrerin zu versuchen. Peter und ich entwarfen zusammen ein Poster, das eine Gestalt in der Baumstellung zeigte (bei der man auf einem Bein steht, während man das andere anwinkelt und die Fußsohle auf dem Oberschenkel des Standbeins platziert). Freunde hängten die Poster für mich auf. Das war der Anfang, aus dem schnell eine Menge Kurse wurden, bis ich schließlich fünfzehn Kurse die Woche gab. Als wäre ich dafür geboren worden. Ich liebte es, Dinge weiterzugeben, an die ich zutiefst glaubte und deren heilende Wirkung ich am eigenen Leib erfahren hatte. Anderen zu zeigen, wie man richtig atmet, wie man die Stellungen einnimmt, wie man sich Zeit gibt, war endlich eine Beschäftigung, die ich als sinnvoll empfand. Seltsamerweise war es für das Yoga auch nicht von Bedeutung, wie es gerade mit Peter lief. Yoga zu lehren brachte mir stets vollkommene Klarheit. Das lag wohl daran, dass ich dabei mit der Stimme des besten Teils in mir sprach.

Ich entschied, eine formale Yogalehrer-Ausbildung zu machen. Das British Wheel of Yoga bot damals einen dreijährigen Kurs an, in dem viele verschiedene Aspekte des Yoga gelehrt wurden und wo man uns zeigte, wie man Schüler sinnvoll und schmerzfrei an die einzelnen Haltungen heranführte. Ich fand es aufregend, all die anderen Elemente im Yoga kennenzulernen. Ich glaubte etwas gefunden zu haben, womit ich mich mein Leben lang würde beschäftigen können. Am Ende dieser Ausbildung war mir klar geworden, dass ich nicht nur ausgesprochen dehnbar war, sondern auch ein starkes Interesse an der Meditation hatte. Beides ging Hand in Hand – um eine gute Meditationshaltung einnehmen zu können, braucht man einen kräftigen Körper, und etwas Flexibilität ist dabei wirklich von Vorteil.

Während des Kurses begann ich darüber nachzudenken, was »Yoga« eigentlich bedeutete, im Speziellen für mich. Wir hatten gelernt, dass der Begriff selbst unzählige Bedeutungen umfasst.

Eine davon war, in Verbindung mit seinem Höchsten Selbst zu sein. Konnte man in diesem Zustand verweilen, so stellte sich der Samadhi ein, das letzte Stadium des Yoga, in dem man Glückseligkeit und absolute Verwirklichung erfahren würde. Was also hieß es, ein Yogin zu sein?

In die alten Schriften des Yoga einzutauchen, seine Methoden und Möglichkeiten, eröffnete mir eine Welt, die sehr viel weitläufiger war, als ich ursprünglich gedacht hatte. Für einen Yogin gibt es fünf verschiedene Wege oder Methoden. Sie unterscheiden sich in ihrer Herangehensweise, haben letztlich aber alle dasselbe Ziel: die Selbstverwirklichung, die Befreiung vom Ego, von der ich gerade erst gehört hatte. Die fünf Pfade des Yoga sind: Karma-Yoga, das Yoga des selbstlosen Handelns; Bhakti-Yoga, das Yoga der Hingabe; Raja-Yoga, das Yoga des Geistes bzw. der Meditation; Hatha-Yoga, das Yoga des Körpers und des Atems, und Jnana-Yoga, das Yoga des Wissens und Lernens.

Yogis im Westen schätzen es meist nicht besonders, wenn man die Sprache auf das Ziel des Yoga bringt, da es beim Yoga nicht um Leistung und Wettkampf geht, sondern darum, im Hier und Jetzt zu sein. Und natürlich ist dies ein äußerst wichtiger Punkt. Doch ist auch wahr, dass in den klassischen Yoga-Schriften sehr wohl ein Ziel angestrebt wird: Samadhi, der Zustand der Freiheit von der Anhaftung an unser kleines »Ich«. Das yogische Ziel der Selbstverwirklichung (Samadhi) entspricht weitgehend der buddhistischen Vorstellung von Erleuchtung.

Wie die meisten westlichen Praktizierenden Ihnen sagen können, ist es das Einfachste, beim Hatha-Yoga anzufangen. Dazu gehören Körper- und Atemübungen (die wir Asanas und Pranayama nennen), aber auch Reinigungstechniken und Konzentrationsübungen, die den Praktizierenden näher an den Samadhi heranführen sollen. Unter dem Schirm des Hatha-Yoga versammeln sich alle möglichen Formen des Yoga wie Ashtanga-, Iyengar-, Bikram- und Scaravelli-Yoga. Sie gehören zum Hatha-Yoga, weil sie im Wesentlichen mit dem Körper und dem Atem arbeiten. Es ist gut, beim Körper anzufangen, denn dieser ist sicht- und greifbar. Man merkt sofort, was man tut und warum – etwas, was sich beim Geist als weitaus schwieriger erweist.

Anfangs konzentriert man sich ganz auf die Bewegung des Körpers im Raum ... Hat sie jetzt rechter Fuß gesagt oder linker? Warum gucken bloß alle anderen zur Tür? Sobald man den grundlegenden Bewegungsablauf beherrscht, kann man anfangen, sich auf den Atem zu konzentrieren. Dann stimmen sich Atem und Körper besser aufeinander ab.

Diese Übungen sind simpel und ungeheuer wohltuend. Es spielt keine Rolle, wie fit jemand ist, und es gibt kaum körperliche Einschränkungen, die das Üben verbieten würden. Die Konzentration auf den Atem lässt uns Zugang finden zu unserem natürlichen Entspannungsmodus. Wie jüngste neurowissenschaftliche Forschungen zeigen, aktivieren wir beim Ausatmen den Parasympathikus, den »Ruhenerv«. Die hierbei ausgeschütteten Neurotransmitter bewirken, dass wir uns entspannen. Für Menschen mit einem hektischen Lebensstil, die vom Kampf-oder-Flucht-Modus des Sympathikus getrieben werden, ist Yoga eine wunderbare Möglichkeit, ihre Gewohnheitsmuster loszulassen – und damit auch die angespannte Atmung, die stets das Einatmen stärker betont. Innerhalb kürzester Zeit kann der frischgeborene Yogin einen ganz anderen Aspekt seiner selbst kennenlernen, der stärker von Zufriedenheit bestimmt ist und weniger von chronischer Muskelspannung, die auch das Atemvolumen herabsetzt.

In den klassischen Yogaschriften werden die weiterführenden, eher auf innere Veränderungen abzielenden Übungen meist im Sitzen ausgeführt. Dabei bauen wir die mentalen Muskeln der Konzentration und der Meditation auf. Yoga ist ein Weg, der – ganz egal, wo Sie damit beginnen – letztlich zur Befreiung vom Ego und, hoffentlich, zur Glückseligkeit führt.

Dass es ein Stufenweg ist, der zu diesem Zustand führt, zeigt sich auch im yogischen Modell des Körpers. Im Yoga nämlich geht man davon aus, dass jeder Mensch aus fünf Schichten besteht, die man »koshas« nennt. Man kann sich das wie bei einer Zwiebel vorstellen oder wie bei den russischen Matroschka-Puppen, die ineinanderstecken.

Die am deutlichsten wahrnehmbare »Hülle« des Menschen ist zweifellos sein physischer Körper, Annamaya-Kosha. Dann ist da die weniger sichtbare, aber deutlich fühlbare Schicht des Atem-Koshas, das in etwa der westlichen Vorstellung vom Nervensystem entspricht (Pranamaya-Kosha). Dann kommen die darüberliegenden Schichten des Geistes, zumindest jenes Teils, der sich täglich in endlosen Gedanken ergeht – die Welt der Gedanken, Manomaya-Kosha. Die nächste Schicht wird wieder interessanter: das Kosha der Gefühle und der Intuition, Vijñãnamaya-Kosha genannt. Da ist das Ego schon weniger stark. Hier haben außerordentliche Güte und Weisheit ihre Wurzeln. Das vierte Kosha wird, wenn es denn entwickelt wird, zur Brücke, die uns mit dem höchsten Kosha verbindet: Anandamaya, dem Zustand grenzenloser Glückseligkeit, in dem sich jeder eigensüchtige Impuls aufgelöst hat. Dies ist, was die Buddhisten als »Buddhanatur« bezeichnen.

Glückseligkeit

Grenzenlose Glückseligkeit – darüber wollte ich mehr wissen. Wer auch nicht? Eine Glückseligkeit, die nicht vergeht, sondern dauerhaft ist – und die Schriften besagen, dass sie immer schon da ist, der wesentliche Teil eines jeden Menschen.

Wer würde sich nicht im Schnellverfahren dorthin wünschen? Leider gibt es keinen Schalter, den man nur umlegen müsste, wie um beim Christbaum die Festbeleuchtung einzuschalten.

Ich dachte an meinen burmesischen Buddha, der mich auf meinem langen Weg hierher begleitet hatte. War es das, was er mir vor so langer Zeit hatte sagen wollen? Hatte ich all die Jahre unter dem Schirm seines sanften Lächelns verschlafen?

Darüber dachte ich nach, während ich mit dem Auto zum Einkaufen fuhr. Alle saßen angespannt hinter dem Lenkrad und jeder sah traurig drein, wenn er sich nicht beobachtet fühlte.

Indem ich über das yogische Modell der Koshas gestolpert war, hatte ich eine unglaublich hilfreiche Sache entdeckt. Es bot einen ganzheitlichen Weg, der es dem Menschen erlaubte, sein Wohlbefinden zu erhalten. Und es erklärte, warum die Gesprächstherapie in meinem PTBS-Intensivprogramm allein nicht ausgereicht hatte, um mich nach Jakarta wieder vollständig zu erholen: Ich brauchte das Yoga, weil es auch die anderen Hüllen von »Emma« ansprach und ihnen half.

Ich fühlte mich beflügelt und wollte unbedingt mehr über die eher geistigen Koshas erfahren. Deshalb beschäftigte ich mich ernsthafter mit dem Buddhismus, der in Nordindien entstanden war und daher viel von der Philosophie und den Methoden des Yoga aufgenommen hatte. Vor allem der tibetische Buddhismus schien untrennbar mit den Lehren des Yoga verbunden, wobei er besonderen Wert auf die Erforschung des eigenen Geistes legte. Er schien ein guter Weg zu sein, auch die anderen Pfade des Yoga zu verstehen, besser als das Hatha-Yoga, das ich bisher praktiziert hatte.

Der Buddhismus lenkt unser Augenmerk auf die Entwicklung von Güte und Geistesruhe – die Schlüsselelemente des vierten Kosha. Natürlich ist die Übung in Mitgefühl keineswegs nur dem Buddhismus vorbehalten – vermutlich ist das Mitgefühl das Herzstück aller Glaubenswege, ja selbst der Wege des Nicht-Glaubens. Wir alle wissen, dass ein gütiger Mensch ein guter Mensch ist.

Was mich am Buddhismus so anzog, war, dass es Bücher und Gebete gab, die einem zeigten, wie man echte, stabile Güte entwickeln konnte. Ich bin nun mal eine Frau, die klare Anweisungen schätzt. Also deckte ich mich mit der einschlägigen Literatur ein, doch mir war zugleich klar, dass ich idealerweise auch einen Lehrer bräuchte, der mir helfen würde, das alles zu verstehen. Aber wo sollte ich einen Lehrer finden, der mir half, ein echter Yogin zu werden?

Unter der glatten Oberfläche meiner Haut gab es Teile von mir, die wachsen wollten. Vielleicht war es ja doch möglich, dass aus einem Samen, der irgendwann einmal in die schlammigen Tiefen eines Teichs geworfen worden war, eine Blüte hervorbrach.

Am 1. Januar 2003 wurde ich ganz förmlich zur Buddhistin, im Kloster Samye Ling in Schottland. Ich nahm an einer Zeremonie teil, bei der Lama Yeshe mir einige Haarspitzen abschnitt, mir eine Mala – eine Gebetskette – überreichte und mir einen buddhistischen Namen gab, der so viel bedeutete wie »Leuchte der Glückseligkeit«.

Danach ging ich in den kalten schottischen Nachmittag hinaus und fühlte mich vielleicht noch nicht als »Leuchte«, aber ich hatte durchaus das Gefühl, dass in mir eine winzige Flamme zum Leben erwacht war. Es hatte irgendetwas mit Güte zu tun, aber was es genau war, wusste ich damals noch nicht.

Ich hatte mir Zeit gelassen für diese Entscheidung, weil ich keine Ahnung hatte, wie das so funktionierte mit dem Buddhistin-Werden. Außerdem war ich im Allgemeinen recht skeptisch, was den Beitritt zu irgendwelchen Institutionen anging. Obwohl ich mich zu den buddhistischen Lehren schon seit einiger Zeit hingezogen fühlte, war mir nicht klar, was es mir bringen sollte, Buddhistin zu werden. Die Frage, wie man offiziell Buddhist wird, war schnell geklärt. Was es aber bedeutete, Buddhist zu sein und diese Lehren im Leben umzusetzen, das war für mich immer noch ein Buch mit sieben Siegeln.

Wer in einem nicht-buddhistischen Land zur Welt gekommen ist, muss, um Buddhist zu werden, an einer »Zufluchtszeremonie« teilnehmen. Die Idee der Zufluchtnahme wurzelt in der Erkenntnis, dass wir, obwohl wir zwischen Himmel und Erde leben, in gewisser Weise verloren sind – Flüchtlinge auf der Suche nach einer neuen Heimat. Ich wusste nur zu gut, wie es sich anfühlte, wenn man kein Vertrauen mehr in all die Gebäude, Uhren und Stellenbeschreibungen haben konnte. Es fiel mir also nicht schwer, das tiefere Bedürfnis danach, meine Zuflucht anderswo zu finden, zu akzeptieren. Ich hatte erlebt, wie es ist, um sein Leben zu beten, um Hilfe von außen zu flehen. Das war also nicht das Problem. Vielleicht neigte ich auch von Natur aus zu einer religiösen Sicht der Dinge.

Während der Zeremonie nahm ich dreifach Zuflucht: zum Buddha, zum Dharma und zum Sangha. Der Buddha ist jener Mensch, der im 6. Jahrhundert v. Chr. Erleuchtung erlangt hat. Der Dharma meint die buddhistischen Belehrungen, wohingegen der Sangha die Gemeinschaft aller buddhistischen Praktizierenden bezeichnet, Mönche, Nonnen und Laiengläubige. Wer Buddhist sein will, braucht die Bereitschaft zu glauben, dass diese Elemente ihm Inspiration und Unterstützung geben können. Wie das konkret aussieht, ist von Mensch zu Mensch verschieden. Jeder wird mit der Zeit eine bestimmte Beziehung zu diesen drei Elementen entwickeln, die ihm hilft, besser zu verstehen, was es heißt, Buddhist zu sein, und sein Verständnis auch in die Praxis umzusetzen.

Damals begann sich die für mich wichtigste Frage zum Buddhismus gerade in mir zu formen, obwohl ich sie da noch nicht hätte in Worte fassen können: Geht es darum, »gütig zu sein *und* den Geist zu befrieden«, oder darum, »gütig zu sein, *um* den Geist zu befrieden«?

Ich wusste, ich war auf der richtigen Spur.

Teil 3
Sangha

Ziemlich verzwickt

Es gab Zeiten, vor allem, wenn Peter und ich unsere Probleme hatten, da überlegte ich, entweder ins Kloster oder wieder auf Reisen zu gehen. Ich kann mich noch gut erinnern, wie ich mich im Café von Samye Ling mit einer Frau unterhielt, die auf Trekkingtour in Bhutan gewesen war. Dieses Land hatte mich schon immer interessiert. Natürlich fand ich auch Tibet spannend, aber nicht annähernd so aufregend wie Bhutan. Wäre eine Reise dorthin nicht so kompliziert gewesen, wäre ich vermutlich schon viel früher losgezogen. So aber dauerte es eine gewisse Zeit, bis dieser Same zum Pflänzchen heranreifte.

Während einer unserer Beziehungspausen dachte ich ernsthaft darüber nach, buddhistische Nonne zu werden. Aber das war eher ein Fluchtreflex und mir war auch nicht ganz klar, wie das überhaupt ablaufen sollte. Da Peter und ich uns bald darauf wieder versöhnten, vergaß ich diesen Plan und hoffte, dass unsere Beziehung doch noch ein Happy End haben würde. Es gab absolut niemanden, mit dem ich lieber zusammen gewesen wäre. Es gab überhaupt niemanden, der so war wie er. Das Beste an mir war das Beste von ihm.

Es war nur so ungeheuer kompliziert, das mit ihm auf die Reihe zu kriegen. Die Beziehung wurde mit der Zeit keineswegs einfacher. Es war, als hätten wir kleine Zeit-Blasen geschaffen, in denen wir unseren Ärger konservierten. Sie schienen unsichtbar in der Luft zu schweben, die wir atmeten. Wir konnten jederzeit danach greifen und sie platzen lassen. Am wütendsten machten Peter die Gedächtnislücken, die ich seit Jakarta hatte. Wenn er mir etwa vorwarf, ihn bei einer Gelegenheit ungerecht behandelt zu haben, konnte es wirklich sein, dass ich mich nicht mehr daran erinnern konnte. Wir hätten darüber lachen und es leichtnehmen sollen, aber irgendwie kriegten wir das nicht hin.

Ich redete viel mit meinen besten Freundinnen über diese hochemotionalen Kämpfe. In allerbester Mädels-Manier ließ ich mich lang und breit über das nicht enden wollende Thema »Männer« aus. Meine Freundin Marilyn zeigte sich in dieser Hinsicht besonders geduldig. Sie war seit langen Jahren Yoga-Lehrerin in Birmingham und hatte ein großes Herz. Und das brauchte sie auch, denn vermutlich kam sie sich mit mir vor wie bei »Und täglich grüßt das Murmeltier«: Jedes Gespräch wurde zur Variation über dasselbe alte Thema.

Zu jener Zeit waren die meisten meiner Freunde meine Yoga-Schüler, mit ihnen wollte ich nicht über allzu Privates reden. Schließlich kamen sie zu mir, um sich zu entspannen, nicht um meine Probleme aufgehalst zu bekommen. Und so traf es immer Marilyn, obwohl sie in Birmingham lebte. Wozu gibt es schließlich Telefon!

Ich saß auf dem Bett oder auf dem Boden meines Zimmers, lehnte mich erschöpft mit dem Rücken gegen die Wand und fragte mich, warum alles so schwierig war.

Doch die Gespräche endeten immer auf dieselbe Weise: »Aber ich liebe ihn doch, Marilyn.«

»Ja, Liebes, ich weiß«, antwortete sie dann voller Wärme. »Na, was ist denn diesmal passiert?«, fragte sie gewöhnlich, weil sie schon wusste, dass es für meine Anrufe immer nur einen Grund gab. Und ich erzählte irgendetwas von nicht erledigten Einkäufen, verlorenen Autoschlüsseln oder irgendwelchen anderen Kleinigkeiten, die plötzlich riesenhafte Dimensionen annahmen. Ich kann mich heute nicht mal mehr daran erinnern, was mir damals daran so ungeheuerlich vorkam.

»Wenn ich ihn bitte, etwas zu erledigen, dann ist er immer gleich eingeschnappt. Dann fange ich an, mich zu entschuldigen, und er reagiert noch beleidigter und dann geht das Ganze von vorne los, immer und immer wieder.« Der Seufzer kam irgendwo tief aus meiner Brust. »... Ich habe keine Ahnung, wie wir da rauskommen sollen.«

Marilyn und ich unterhielten uns konstruktiv und ruhig, auf eine Weise, die ich mir auch für Peter und mich gewünscht hätte. Wenn dann mein Kummer wieder verflogen war, verabschiedeten wir uns: »Verliebte sind einfach verrückt!« »Ja, richtig irre.« Wir fragten uns, warum die Liebe so schwierig sein konnte, obwohl sie ja angeblich das Beste ist, wonach wir streben können – oder?

Marilyn verglich es mit Wrestling: »Es ist, als habe dich jemand so richtig im Schwitzkasten. In der Zange, sozusagen.«

Vermutlich hatte sie damit recht.

Marilyn und ich hatten uns in einem Seminar über Yoga-Atmung kennengelernt. Zwischen uns hatte es sofort Klick gemacht. Wir fühlten uns, als würden wir uns schon ewig kennen. Wir konnten ganz entspannt miteinander umgehen und öffneten uns füreinander wie zwei Blüten.

Eine der schönsten Erfahrungen, die ich dem Yoga verdankte, war, dass ich nun endlich Freunde fand. Menschen, mit denen mich etwas verband. Marilyn stand auf dieser Liste ganz oben. Sie war Teil eines Sangha, einer Gemeinschaft Gleichgesinnter. Allmählich fand ich in mein Leben hinein. Marilyn lebte mit ihrem Mann und ihrem Sohn in der Nähe von Birmingham auf dem Land. Sie war ein durch und durch aufrichtiger Mensch mit einem dichten, dunkelblonden Haarschopf und einer sehr weiblichen Figur. Ihre häufigste Reaktion auf die Widrigkeiten des Schicksals war ein kopfschüttelndes »Das Leben ist doch wirklich verrückt«.

Während im Hintergrund diese Verbindungen wuchsen, gingen Peter und ich immer mehr unseren jeweils eigenen Angelegenheiten nach. Wir waren beide den ganzen Tag über beschäftigt, meist auch am Wochenende, was bedeutete, dass wir wenig Zeit hatten, etwas Schönes miteinander zu unternehmen – außer Sex. Aber wir wollten es ja ohnehin langsam angehen, und das Wort mit dem großen E nahm einfach keiner mehr in den Mund. Trotzdem war es nicht einfach.

Irgendwann beschlossen wir, eine Paartherapie zu machen, weil das ständige Auf und Ab mehr Konflikte mit sich brachte als Ruhe und Frieden. Es war bezeichnend, dass wir schon Schwierigkeiten hatten, in unseren vollgepackten Terminplänen einen Tag zu finden, an dem wir beide für die Therapiesitzung Zeit hatten. Nachdem dieses Problem gelöst war, stellte sich heraus, dass die Therapie zwar hilfreich, gleichzeitig aber auch eine Herausforderung war, denn dabei kamen Dinge ans Licht, die man lieber tief vergraben hätte – und die nun ans Licht gezerrt wurden, wo sie in aller Öffentlichkeit verrotteten. Ich redete, Peter redete. Es war gut, einander zuzuhören, ohne dass einer den anderen unterbrach. Aber es war auch erschreckend, denn ich verstand immer mehr, wie grundverschieden wir waren und wie unterschiedlich wir unsere Beziehung wahrnahmen. Wir redeten viel über die Vergangenheit. Die Vergangenheit unserer Beziehung fühlte sich schwer an, als schleppten wir ein totes Tier mit aufs Therapeutensofa. Es ging natürlich um die gelöste Verlobung.

Was die Therapeutin sagte, war gut. Das ist mir heute klar. Sie gab uns kleine Aufgaben: Wir sollten uns gegenseitig mit kleinen Gesten unsere Wertschätzung zeigen, uns in der Kunst des Kompromisses üben. Die Wahrheit aber ist: Wenn man jemanden liebt, kann es auch das Schlimmste in einem zum Vorschein bringen. Für mich war das ein Schock. Ich hasste mich manchmal regelrecht.

Wer bitte ist diese fordernde, perfektionistische, miesepetrige Person da?

Wie konnte es sein, dass ausgerechnet die Liebe dazu führte, dass diese Persönlichkeit sich in meinem Körper einnistete?

Es erstaunte mich gar nicht, dass Peter es schwierig fand, mit mir zusammen zu sein. Ich fand es mindestens genauso schwer, mit dem Menschen zu leben, der ich zu sein schien.

Ich wusste, dass ich mir jemanden für mich wünschte – nur für mich. Ich wollte das. Ich war nicht mehr zwiegespalten, heute ja, morgen nein, und glücklich, ganz egal, ob man Zeit miteinander verbrachte oder nicht. Ich wollte jemanden, der MIR gehörte. Ich glaubte einfach, der Weg zum Glück führe einzig über diese eine Person.

Offensichtlich machte dieser Glaube mich gelegentlich besitzergreifend und abscheulich. Aber sogar trotz all dieser Probleme wollten wir zusammenbleiben – ja, ich weiß, mittlerweile gibt es Bücher über diese Art von Dynamik (falls es denn wirklich nur Co-Abhängigkeit war).

Diesen Wunsch auf positive Weise auszudrücken hieß für mich: gemeinsame Zukunftspläne schmieden. Ich hatte die großen Fragen einer Beziehung mit der überstürzten Verlobung vielleicht viel zu früh aufs Tapet gebracht, doch am Ende entgeht niemand den Debatten über Wohnung, Lebensweise und Beruf. Häufig geht es dabei im Grunde genommen um Geld. Und um die große Frage, was man sich vom Leben erwartet. Beides wurzelt oft in den eigenen Kindheitserfahrungen, in der Frage, ob man diese wiederholen oder um Himmels willen vermeiden möchte.

Wann immer wir über diese Dinge redeten, kamen schnell unsere Differenzen zum Vorschein. Es fiel mir noch immer schwer zu glauben, dass Geld einen nicht glücklich macht und keine Sicherheit versprechen kann. Ich wollte in einer Gegend mit niedriger Kriminalitätsrate wohnen und war bereit, dafür zu zahlen. Peter fand, das sei hinausgeworfenes Geld. Wir zogen nicht an einem Strang, sondern gehörten gegnerischen Teams an. Und als das Seil riss, saßen wir beide mit dem Allerwertesten im Schmutz. Also schoben wir das Gespräch über diese Dinge auf und konzentrierten uns auf den Alltag. Doch eine Frage gab es, die sich nicht vermeiden ließ.

Meine Kenntnisse der Biologie und meine Rechenkünste gaben mir unmissverständlich zu verstehen, dass ich Mitte 2005 neununddreißig werden würde. Als dieses Jahr näher kam, fiel bei mir der Groschen: Die Zeit, um noch ein Kind zu bekommen, wurde allmählich knapp. Ich wusste nicht, ob wir ein Kind haben könnten, ob ich bzw. wir diese Wahl überhaupt noch hatten. Mein Körper sagte: *Mach ein Baby. Mach sofort ein Baby.* Es war, als würde eine innere Stimme mich anschreien und mich warnen, dass die Zeit knapp wurde. Meine Recherchen zur weiblichen Fruchtbarkeit bestätigten mir, dass mein Körper mit seinen Einflüsterungen durchaus recht hatte.

Mein ganzes bisheriges Leben über hatte ich mich bemüht, möglichst nicht schwanger zu werden. Daher dachte ich vermutlich, ich würde sofort ein Kind bekommen, sobald ich nur die Verhütungsmittel absetzte.

Was die Geburt als solche anging, war ich etwas zögerlicher – ich erinnerte mich noch gut an die Filme, die man uns in der Schule gezeigt hatte. Man hörte eine Menge Schreie, jemand befahl der Frau »Pressen, pressen!«, der Rest war zu blutig, um auf Film festgehalten zu werden. Aber wenn andere Frauen das überstanden hatten, sollte auch ich es hinkriegen.

Aber zurück zum »Schwanger-Werden«. Wir »versuchten es«, aber nichts passierte. Das ließ mich noch nervöser werden. Als die Wochen vergingen und sich der Erfolg nicht einstellen wollte, machte ich mir immer mehr Sorgen. War meine Regelblutung nur ein oder zwei Tage überfällig, kaufte ich gleich einen Schwangerschaftstest und guckte enttäuscht auf das Ergebnis. Ein paar Tage darauf stellte sich unweigerlich auch die Blutung ein.

Schließlich gingen wir zum Arzt. Dort hieß es, ich solle noch einmal zum Blutabnehmen vorbeikommen. Offensichtlich hatte ich keinen regelmäßigen Eisprung, was eine Schwangerschaft zum Glücksspiel werden ließ, vor allem in meinem Alter. Ich würde also medizinische Hilfe in Anspruch nehmen müssen. Man bot mir an, für mich einen Termin bei einem Fruchtbarkeitsspezialisten zu vereinbaren, wo man mich über eine Hormontherapie mit einem Medikament namens Clomid informieren würde.

Für die so zerbrechliche Beziehung zwischen Peter und mir war dies eine zusätzliche Belastung. Wir wollten kein Kind adoptieren. Wir wollten ein »eigenes«, aber das schien nicht möglich zu sein. Irgendwie mündete die ganze Diskussion schließlich in einen dieser »Ganz oder gar nicht«-Momente. Und wir entschieden uns fürs »gar nicht«. Keine Ehe, kein Kind, kein Haus, kein Sinn.

Den Menschen gehen zu lassen, der vermutlich die Liebe meines Lebens war – nach dem ich auf dem Sterbebett ein letztes Mal die Hand ausstrecken wollte –, fiel mir unfassbar schwer.

Ich weinte und weinte.

Ich machte einen Schritt zurück.

An diesem Punkt hätte ich vermutlich vieles endlich anpacken können, aber meine Selbstachtung war den Bach hinunter, und ich beschloss, meinen Panzer wieder anzulegen. Ich war nicht stark genug, um diese Verletzung in Mitgefühl und Weisheit zu verwandeln. Ich schaffte es nicht, in mich zu gehen und stärker aus dieser Situation hervorzugehen. Also richtete ich mein Augenmerk einmal mehr auf die Außenwelt. Ich wollte zurück in den Hosenanzug. Einen höchst geschmackvollen, blauen Hosenanzug von exquisitem Understatement. Auch das war eine Form der Trauer.

Futter für die Seele

Ich vermietete mein Haus in Whitstable. Es war einfach zu schmerzhaft, weiter dort wohnen zu bleiben.

Ich hörte auf, Yoga zu unterrichten. Es war mir viel zu persönlich im Moment.

Ich rief bei meiner alten Bank an und sprach mit der Personalabteilung – ein paar der Leute kannte ich sogar noch. Erstaunt vernahm ich, wie Morag mir sagte: »Für dich steht unsere Tür immer offen.« Ich redete mit Bill (der mir die Uhr geschenkt hatte). Ich traf mich mit Jim (mit dem ich das Gespräch in Hongkong geführt hatte). Ich erzählte ihnen, es fehle mir, meinen Kopf gebrauchen zu können – was stimmte. Ich erklärte, dass ich wieder Teil eines großen Ganzen sein wollte. Was ich nicht sagte, war, dass ich mir wünschte, alles, was ich seitdem erlebt hatte, würde den Bach runtergehen, einfach aus mir raus und ins Meer gespült werden.

Ich hatte Glück: Man bot mir einen Job in der Londoner Niederlassung an. Diesmal sollte ich Investmentfonds anderer Anbieter im Hedgefonds-Sektor analysieren. Ich arbeitete nicht unweit des Piccadilly Square, nicht weit entfernt vom Green Park, St. James Park und dem Buckingham Palace. Ein wunderschöner Stadtteil, ganz anders als der moderne Teil der Innenstadt im Osten.

Ich nahm mir eine kleine Wohnung in Pimlico, von der aus ich zu Fuß ins Büro gehen konnte. Ich kaufte mir ziemlich teure neue Sachen in Grau und Schwarz bei Max Mara in der Bond Street und natürlich neue Schuhe. Einmal mehr verwandelte ich mich in eine Analystin, und das fühlte sich gut an. Ich dachte: *Wenn du schon kein Kind bekommen kannst, dann kannst du genauso gut auch Geld verdienen.*

Ich brauchte den äußeren Erfolg, auf eine ganz oberflächliche Weise. Das war meine Art, den Spieß umzudrehen und den Schmerz zu besiegen. Die Tatsache, dass ich meine Beziehung in den Sand gesetzt hatte und nie Mutter sein würde, erforderte ein Riesenpflaster, um den Kummer zu überdecken.

Wie so oft stand ich am Scheideweg. Osten, Westen? Innen, außen?

Ich hatte mit Lama Yeshe in Samye Ling gesprochen und ernsthaft überlegt, mich eine Zeit lang ins Kloster zurückzuziehen, um die Ngöndro-Praxis anzugehen. Das ist eine Reihe von körperlichen und meditativen Übungen, die Mönche, Nonnen und ernsthafte Laien-Praktizierende absolvieren. Aber am Ende schien es einfacher zu sein, nach London zurückzugehen, also schob ich den Gedanken ans Ngöndro beiseite. Wenn man ins Retreat geht, sollte der Geist eine gewisse Stabilität aufweisen, und ich war mir sicher, dass ich für lange Zeiten der Meditation in absoluter Einsamkeit nicht bereit war. Wenn man nicht die erforderliche emotionale Stabilität besitzt, kann sich Meditation auch negativ auswirken.

Mit einem Job, der mich vor klar umrissene Aufgaben stellte, konnte ich mein Herz in Ruhe heilen lassen, während ich mich erneut auf Leistung konzentrierte. Es war eine nette Abwechslung, wieder angestellt zu sein und einfach nur Anweisungen befolgen zu müssen, statt selbstständig und für alles allein verantwortlich zu sein.

Der Lebensrhythmus in London ließ mir nicht viel Zeit zum Nachdenken, was ich als hilfreich empfand. Ich musste mich auf Finanzkennzahlen und Fakten konzentrieren und so scherte ich wieder ein in die analytische Welt der linken Gehirnhälfte. Ich musste mich ziemlich ins Zeug legen, weil ich mich in ein ganz neues Gebiet einarbeiten und meine Rolle im Team erst finden musste. Ich ließ also Yoga und Meditation zunächst einmal sein und ging lieber mit der zweiten Frau im Team, einer Französin namens Marie, laufen. Anscheinend gingen viele Leute in unserem Büro laufen, und nach den ersten Achtstundentagen, die ich auf meinem Allerwertesten sitzend verbracht hatte, verstand ich auch warum.

Wenige Wochen später lud mich eine Frau aus der Abteilung für Internationalen Zahlungsausgleich ein, doch mit ihr zu Abend zu essen. Sie meinte, sie hätte auch einen jungen Mann eingeladen, der noch Single war. Wir sollten uns unbedingt mal kennenlernen. Ich freute mich darüber. Seit ich in London war, verbrachte ich die Abende meist allein oder im Fitnessstudio – was im Londoner Finanzdistrikt völlig normal ist. Nach den Jahren mit Peter und den Freunden aus den Yogagruppen war ich überhaupt nicht mehr daran gewöhnt, auszugehen. Es war schön, dass nun auch dieser Teil des Lebens anscheinend wieder ins Laufen kam.

Wir trafen uns Freitagabend nach der Arbeit in einer Bar in der Nähe des Büros – rund um die St. James's Street gab es ein paar sehr angesagte Lokale. Wir waren ein kleines Grüppchen: ich, meine Kollegin und drei Männer. Einer von ihnen war Mark. Er war groß und hatte einen angenehmen schottischen Akzent.

Wir nahmen ein paar Drinks und schlenderten dann durch die elegante St. James's Street, um ins Casino zu gehen. Ich weiß, das hört sich jetzt an, als sei mein Leben in London fast schon James-Bond-haft hip gewesen, aber tatsächlich war das für mich unbekanntes Terrain. Ich war nur ein einziges Mal im Casino gewesen, auf der Insel Macau vor Hongkong. In Hongkong ist das Glücksspiel streng reglementiert. Macau war also der Zufluchtsort für alle begeisterten Spieler, die in Hongkong auf Entzug waren. Das Gebäude in Macau war von außen recht einfach und funktional gestaltet, aber im Inneren hatte es die unterschiedlichsten Glücksspielarten in immer neuen Räumen auf verschiedenen Ebenen gegeben. Jede erforderte immer noch höhere Einsätze als die vorangehende, was durch immer leuchtendere Farben in der Ausstattung unterstrichen werden sollte. Bis hinauf in den obersten Stock des Gebäudes. Ich erinnere mich noch, dass neben mir ein Mann saß, der dem Rouletterad so gebannt folgte, dass seine Augen ganz glasig geworden waren. Als er sich in einer Spielpause umdrehte und mich ansah, erkannte ich, dass er keine Vorderzähne mehr hatte.

Die St. James's Street an diesem warmen Septemberabend des Jahres 2005 war natürlich ganz anders. Das Casino dort bevölkerten ältere Männer, hörbar aus Osteuropa, und viele junge Frauen – allerhöchstens neunzehn. Ein etwas vorhersehbares Muster.

Und dann waren da noch wir. Wir plauderten und tranken, spielten jedoch kaum. Mark versuchte, für mich einen Cappuccino aufzutreiben. Nun ja, ein Partygirl war ich wirklich noch nie. Am Ende des Abends rutschte mir mein Seidenschal von der Schulter und Mark fing ihn auf und legte ihn mir über, wobei er sacht meine Schultern berührte. Mein Herz tat einen Hopser.

Interessant ...

Von dieser liebevollen Geste ausgehend entwickelten sich die Dinge. Mark war das absolute Gegenteil von Peter. Er kaufte mir elegante weiße Lilien und lud mich zum Essen ein. Ich fühlte mich auf eine beruhigende und stille Weise auf Händen getragen. Diese Beziehung war eher so wie diejenige, die mein Vater und meine Mutter geführt hatten: Es war immer genug Geld da, damit man machen konnte, was man wollte, und alles wurde gemeinsam entschieden, als Team. Ich mochte es, dass er romantisch war. Ich mochte es, dass er nie vergaß, sich zu rasieren, und dass sein Auto nicht mit alten Quittungen und Holzsplittern übersät war.

Wir hatten vieles gemeinsam: Beide hatten wir einige Zeit in Hongkong gelebt und kannten Asien gut. Beide waren wir Banker. Da war eine Grundlage, auf der wir uns begegnen konnten.

Mark lebte damals in Scheidung, was ganz offensichtlich sein Selbstbewusstsein erheblich verletzt hatte. Auch das war eine Gemeinsamkeit. Unser Innenleben war wie ein Spiegelbild. Vermutlich erkannten wir das auch. Vielleicht war es eben dieses Gefühl der Vertrautheit, das uns so schnell eine Beziehung eingehen ließ.

Komm, lass uns loslegen …

Wie üblich stand für mich schnell die Frage im Raum, ob es was Ernstes mit uns werden könnte. Ich mochte Mark, andererseits hatte ich mit der Beziehung von Anfang an meine Schwierigkeiten.

Du musst es nur mehr versuchen!

Vermutlich hatte ich einfach noch nicht genug Zeit gehabt, um die Trennung von Peter zu überwinden. Peter und ich waren sehr lange miteinander verbunden gewesen und hatten alle möglichen Höhen und Tiefen durchlebt. Es war einfach verrückt zu glauben, ich würde wenige Wochen danach einfach einen Neuanfang wagen können, als hätte mich London mit den neuen schicken Sachen wie durch ein Wunder von all meinen Verletzungen geheilt.

Wie komme ich da wieder raus?

Heute ist mir das klar, damals war es nicht ganz so einfach. Das Schlimmste aber ist: Wenn Sie so bald nach dem Ende einer Beziehung eine neue eingehen, ziehen Sie unweigerlich Vergleiche. Sie vergleichen die Gegenwart mit der Vergangenheit, das, was Sie jetzt haben, mit dem, was Sie mal hatten. Wie sagte Einstein doch so schön: Der Relativität kann niemand entgehen. Ich stellte mir vor, ein Mann, der in allem ganz das Gegenteil von Peter war, müsste einfach der richtige sein. Diese Vorstellung von menschlichen Beziehungen war dumm und eindimensional. Klar, dass das nicht funktionieren konnte.

Ich bin nicht sicher, ob es wirklich einen einfachen und sauberen Weg gibt, eine Beziehung zu beenden. Es ist ja nicht, als würde man die Tür zum unaufgeräumten Schlafzimmer schließen oder auf den Knopf des Müllschluckers drücken. Hineinstopfen, Knopf drücken, fertig.

Manche Dinge bleiben einem und machen sich immer wieder bemerkbar. Die Macht alter Gewohnheiten zum Beispiel: Man möchte immer noch seine Nummer wählen, möchte dem Verflossenen immer alles zuerst erzählen. Außerdem geraten mit der Zeit die negativen Erlebnisse in Vergessenheit und alles, was gut war, drängt in den Vordergrund. Mein Gedächtnis war ja ohnehin nicht das beste und bald begann ich mich zu fragen, wieso wir überhaupt Schluss gemacht hatten.

Ich telefonierte sehr häufig mit Marilyn.

Weihnachten 2005 wollten wir mit Marks Eltern in Schottland verbringen. Diesen Plan hatten wir gleich zu Beginn unserer Beziehung gefasst, im Taumel des ersten Glücks. Als Weihnachten aber näher rückte, merkte ich, wie unwohl mir bei der Vorstellung war. Ich wusste, dass die Beziehung mich unter Druck setzte – oder vielleicht setzte meine Anspannung auch die Beziehung unter Druck. Wie auch immer das genaue Verhältnis von Ursache und Wirkung sein mochte, bald begann ich mir zu wünschen, ich hätte nicht zugesagt. Seine Eltern waren lieb und nett, und es tat mir leid, aber ich wollte einfach alleine sein. Beim Weihnachtsessen fühlte ich mich wie eine Gefangene. Ich fühlte mich mies, weil ich wusste, dass ich die Hoffnungen, die sie in mich setzten, nicht würde erfüllen können.

Ich bin unmöglich, ich weiß. Vielleicht merkte ich langsam, dass ich mir zwar Liebe wünschte, selbst aber nicht in der Lage war, mich fest auf jemanden einzulassen. Ja, ich weiß, auch darüber gibt es Bücher! Allmählich dämmerte mir, dass ein sinnerfülltes Leben nicht unbedingt eins mit einer Partnerschaft sein musste. Jedenfalls nicht für mich.

Ich musste endlich den Mut aufbringen, für mich selbst zu entscheiden, und so sagte ich Mark gleich nach Neujahr 2006, dass es aus sei zwischen uns. Die Beziehung hatte nur ein paar Wochen gedauert, aber sie war intensiv gewesen, weil ich ständig zwischen Wollen und Nicht-Wollen hin- und hergerissen war. Ich wusste, dass es nicht das Richtige für mich war. Nach all den Puzzles, die ich gelegt hatte, wusste ich, dass ein Stück manchmal zwar richtig aussieht, aber nicht passt, sosehr man es auch passend machen möchte. Dann geht es nicht anders: Man wirft es zurück und sieht sich die anderen Teile noch mal an.

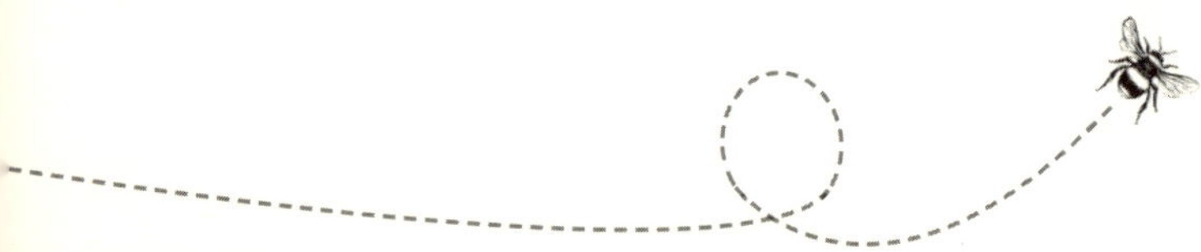

Ein neues Leben

Doch egal, was passiert: Die Sonne hört niemals auf zu scheinen und die Erde zu wärmen, selbst wenn der Himmel bewölkt ist. Ich hatte alles in Ordnung gebracht, ohne zu wissen, dass mir die größte Liebe und der tiefste Sinn noch bevorstand. Einige Tage nach meinem Gespräch mit Mark fand ich heraus, dass ich schwanger war.

Angesichts der Meinung des Facharztes und meines neuen Standes als Single war ich einfach überwältigt. Ich machte drei Schwangerschaftstests, die ich alle während der Mittagspause in der Apotheke gegenüber dem Büro kaufte, in der Hoffnung, nur ja nicht auf Kollegen zu treffen. Als die Linien blau wurden, musste ich schlucken. Ich legte sie alle nebeneinander auf den Boden in der Damentoilette.

Ich rief meinen Arzt an, der ebenfalls baff war.

Ich beschloss, es Mark zu sagen. Obwohl wir nicht mehr zusammen waren, musste er es wissen.

»Mark, kannst du reden?«

»Ja, was ist los?«

»Mark, ich bin schwanger.« So ein einfacher, kleiner Satz, der sich da mitten im Arbeitstag durchs Telefon schlängelte.

»Was? Bist du sicher?«

»Ja«, sagte ich und lehnte mich ans Waschbecken. Ich hatte die Toilette ganz für mich.

»Das ist ja unglaublich.«

»Ich weiß.«

Wir vereinbarten ein Treffen für den nächsten Tag.

Ich ging an meinen Schreibtisch zurück, wissend, dass ich dieses große Geheimnis in mir trug. Ich war so aufgeregt, aber gleichzeitig verspürte ich einen Anflug von Angst. Ich wusste, dass ich nicht mit Mark zusammenbleiben wollte und dass das Baby daran traurigerweise nichts änderte.

Am nächsten Tag ging ich, während ich versuchte, mich mit Übungen wie achtsamem Gehen oder kontrolliertem Atmen zu zentrieren und zu beruhigen, in der Mittagspause den Piccadilly hinunter. Zehn Minuten später setzte ich mich auf einen Stuhl in der hintersten Ecke des Pret-a-Manger-Café. Ich war die Erste und studierte mein Spiegelbild in der blank gewienerten Theke, während ich auf Mark wartete.

Bald war ich von hektischen Menschen umgeben, die sich Sandwiches aus den Kühltheken holten. Und Mark kam auf mich zu. Er trug einen teuren, beigefarbenen Regenmantel, wie man ihn in der Finanzwelt eben so trägt. Irgendwie hatte ich wohl tief drin gehofft, dass schon alles in Ordnung kommen würde, wenn er zur Tür hereinkäme. Dass ich aufspringen würde, während die magischen Worte von meinen Lippen kämen: »Ja, ich möchte mit dir eine Familie gründen, Mark. Ja, mit dir und nur mit dir!« Aber ich fühlte nun einmal nicht so, und so blieb ich auf dem Hocker sitzen und musste ihm meine Haltung erklären, obwohl wir angesichts der Nachricht beide aufgeregt waren.

Mark war am Boden zerstört, dass ich die Beziehung nicht wieder aufnehmen wollte, obwohl sich doch alles geändert hatte. Ich glaube, das war ziemlich hart für ihn.

Für meine Familie war es ebenfalls ein Schock, dass ich die Beziehung beendet hatte und gleichzeitig schwanger geworden war. Meine Mutter konnte einfach nicht verstehen, warum ich nicht zurückgehen konnte, »um des Kindes willen«. Aber ich wusste, dass ich dazu nicht fähig war. Das Baby hätte die Trennung seiner

Eltern nur später erleben müssen, und dann vermutlich wirklich schlimm. Nein, andersrum war es sicher besser.

Mit neununddreißig wurde ich als »ältere Mutter« eingestuft. Es war schön zu hören, dass man mich schon als Mutter behandelte, obwohl ich noch kein bisschen Schmerzen zu erdulden hatte! Doch egal in welchem Alter, eine Schwangerschaft bringt immer Aufregung und Verwirrung mit sich, meine war da keine Ausnahme. Mein Körper, den ich ja mittlerweile gut kannte, bekam ein Eigenleben und entwickelte plötzlich überall Rundungen. Mir war schlecht von der siebten bis zur letzten Woche vor der Geburt. Man nennt das gewöhnlich »morgendliche Übelkeit«, aber meine war nicht so nett, mich ab Mittag in Ruhe zu lassen.

Es war seltsam, schwanger zu sein und allein. Plötzlich empfand ich es als schwierig, niemanden zu haben, mit dem ich meine Erfahrungen teilen und Zukunftspläne diskutieren oder über meine Sorgen und Entscheidungen reden konnte. Ich bewundere alle Eltern, vor allem jene, die sich dieser Aufgabe allein stellen. Dies als Herausforderung zu bezeichnen, ist die Untertreibung des Jahrhunderts. Eigentlich lassen sich dafür gar keine Worte finden. Ich bin immer noch erstaunt darüber, dass die Menschheit sich so weit entwickelt hat. Mark und ich schafften es, weiterhin miteinander zu reden und uns auf die Zukunft einzustellen. Er wollte die Verantwortung übernehmen, die bald auf uns zukommen würde, und ich war begeistert, weil er am Leben des Kindes teilhaben wollte.

Ich arbeitete weiter, wenn auch von meiner Wohnung in Pimlico aus, und begann jeden Tag damit, dass ich mir bebilderte Bücher darüber anschaute, wie ein Kind entsteht. Die morgendliche Übelkeit war schlimm, und dass ich jeden Tag am Computer saß, machte die Säure, die mir die Speiseröhre heraufstieg, auch nicht bekömmlicher. Aber ich liebte diese Arbeit einfach. Wir fühlten den Investmentprofis auf den Zahn, um dann Empfehlungen auszusprechen. Es war mir manchmal ein bisschen peinlich, dass ich meinen dicker und dicker werdenden Bauch zu den Meetings mitbrachte, hatte diese Umgebung doch so gar nichts Mütterliches. Aber vermutlich fiel das niemandem so sehr auf wie mir.

Am 16. Juli 2006 feierte ich meinen vierzigsten Geburtstag mit Mama, Lucy und ihrer Familie, meinem Bruder Toby und Freunden, die ich in ein Restaurant in Whitstable zum Essen eingeladen hatte. Marilyn, ihr Mann Ron und ihr Sohn Alex kamen sogar aus Birmingham, sie hatten sich übers Wochenende in einem Bed-and-Breakfast am Meer eingemietet. Es war ein wunderbarer Tag, an dem viele Menschen zusammenkamen, um mit mir und meinem enormen Bauch zu feiern, der mich kaum noch an die Teller heranließ.

Am nächsten Tag sollte ich zu einer Routineuntersuchung in die Klinik, wo ich ein paar Monate später entbinden wollte.

Marilyn erzählte mir später, meine Mutter habe sich schon während der Feier besorgt geäußert, was meine Schwangerschaft anging. Sie vertraute meiner Freundin an, dass sie befürchte, es werde Probleme geben. Und sie sollte wieder einmal recht behalten!

Kurz bevor ich in die Klinik fahren wollte, fing ich an zu bluten, und zwar nicht aus der Nase. Als ich im Krankenhaus ankam, wurde ich sofort untersucht. Dort hieß es, das Baby sei »in Gefahr«. Das war der Anfang eines jahrelangen Schuldkomplexes, den ich als Mutter entwickeln sollte. Vielleicht war das ja alles mein Fehler.

Man behielt mich zur Untersuchung da und stellte bald fest, dass das Baby nicht richtig entwickelt war. Es war viel zu klein für sein Alter. Man gab mir allerlei Spritzen und bereitete mich darauf vor, dass das Kind »besondere Aufmerksamkeit« erfordern würde und dass ich möglicherweise mit Kaiserschnitt entbunden werden müsste, wenn die Lage sich nicht verbessere. Es hieß, das Kind werde nicht richtig mit Blut versorgt.

Man sagte mir, dass ich nicht mehr zur Arbeit gehen könnte. Ich rief im Büro an und sagte, dass ich aufhören müsste. Das war's dann.

Ich rief die Vermieterin in Pimlico an, um ihr zu sagen, dass ich vorzeitig ausziehen würde.

Ich war starr vor Angst.

Wie soll das gehen? Ein Kind, das besondere Aufmerksamkeit braucht, und ich stehe ganz allein da?

Dieser Herausforderung fühlte ich mich nicht gewachsen, auch wenn die Sorge im Moment noch theoretisch war und nur vom Gespräch mit den Ärzten herrührte.

Was soll denn jetzt werden?

Ich hatte mir so gewünscht, Mutter zu werden, aber das hatte ich mir doch anders vorgestellt.

Nachdem ich eine Weile im Krankenhaus geblieben war, entließ man mich unter der Bedingung, dass ich weiterhin strikte Bettruhe einhielte. Als einzige Ausnahme waren mir Fahrten ins Krankenhaus gestattet. Es wurde täglich per Ultraschall kontrolliert, ob es für mich und das Kind sicher war, die Schwangerschaft fortzusetzen.

Ich zog zu meiner Mutter, die immer noch in unserem Haus in Whitstable lebte. Hochschwanger kehrte ich an den Ort zurück, an dem wir alle aufgewachsen waren. Am anderen Ende von Whitstable wurden verschiedene Dinge in mein eigenes Haus geliefert. Ich war dem Rat des Arztes gefolgt, mir ein Bett zu besorgen. (Ich hatte dort immer noch nur eine Matratze auf dem Fußboden liegen.) Außerdem kaufte ich mir einen Küchentisch und richtige Stühle. Vorher hatte ich auf Kissen gesessen und von einem niedrigen Tischchen gegessen. Ein Kaiserschnitt würde mir das Leben am Boden für eine gute Weile unmöglich machen.

Der Spätsommer war angebrochen, aber ich blieb meist im

Haus meiner Mutter und legte komplizierte Puzzles, während ein Ventilator mir Luft zufächelte. Es war nicht leicht, so mit meinen Gedanken allein zu sein. Nach dem, was ich im Krankenhaus gehört hatte, hatte ich eine Heidenangst, dass ich ein schwerkrankes Kind zur Welt bringen würde und mich allein darum kümmern müsse. Ich war mir nicht sicher, ob ich das schaffen würde. Doch niemand wusste Genaueres. Niemand hatte auch nur den Hauch einer Idee, was mich tatsächlich im schlimmsten Fall erwarten würde. Man machte mich nur auf die Eventualitäten aufmerksam.

Mama kaufte sich ein Handy, was an sich schon eine Riesensache war für jemanden über siebzig, der Mobiltelefone nur als »diese schrecklichen Dinger« bezeichnete. Allein die Nummern einzugeben war für sie eine Herkulesaufgabe. Sie hielt die Tasten immer viel zu lange gedrückt, während sie sich auf die entsprechende Nummer konzentrierte. Aber man sagte lieber nichts zu ihr.

Glücklicherweise brauchten wir die Notrufnummern alle nicht. Ich lag und fuhr zum Ultraschall und lag und fuhr zum Ultraschall und schaffte es so, das Baby bis zur neununddreißigsten Woche in mir zu behalten.

Als die Wehen losgingen, war das Einzige, was mich noch interessierte, dass ich sie lebend überstand. Schmerz tötet wirklich jede Furcht ab! Ich wollte endlich das Kind in den Armen halten, das ich durch Finanz-Meetings und die Londoner Straßen getragen hatte, das mit mir gewartet hatte, unter ärztlicher Aufsicht, durch endlose Puzzles und gaaanz langsame Spaziergänglein auf dem Parkplatz des Krankenhauses.

Als man mich im Juli ins Krankenhaus gebracht hatte, hatte ich das starke Gefühl, dass dieses Kind Oscar heißen sollte. Als Mark und ich vorher über Namen diskutiert hatten, hatten wir uns auf Daniel geeinigt. Dann aber, als ich kurz vor einer Notfall-Entbindung stand, rief ich Mark an und sagte ihm, wir müssten uns umentscheiden. Wir warteten also auf einen Oscar – das ist ein nordischer Name und bedeutet »Speer Gottes«.

Am Abend des 14. September 2006 war das Warten endlich vorüber. Oscar hatte beschlossen, dass es Zeit für seine Ankunft war. Nach all dem Blut, dem Schreien, dem Atmen und dem Pressen lag er nun bei mir. In meinen Armen lag eine ganz neue Welt, in der Tränen Freude verhießen und »klein« in Wirklichkeit »gewaltig« bedeutete. Ich hatte solche Angst gehabt, dass ihm vielleicht Gliedmaßen fehlen könnten oder er andere Probleme hätte, die der Arzt mir damals genannt hatte, aber er war einfach vollkommen. Er war klein, er wog nur knapp 2500 Gramm, aber ansonsten war er perfekt. Ich konnte es kaum glauben.

Total erleichtert und aufgeregt rief ich Mark an, um ihm zu sagen, dass er einen Sohn hatte. Oscar hatte die Bühne dieser Welt betreten. Sein Auftritt hatte sich ein wenig hingezogen, er brauchte fast dreißig Stunden, bis er sich wirklich entschlossen hatte, herauszukommen. Deutlich länger jedenfalls, als Mark brauchte, um die Klinik in Maidstone zu erreichen.

Am nächsten Tag saß ich in einem rosaroten, kragenlosen Pyjama auf dem Bett und wartete auf Mark. Das Bett war schmal und hatte Metallgitter an den Seiten, damit man nicht herausfallen konnte. Oscar lag neben mir in seinem Babybett aus transparentem Kunststoff, zart, jedoch fest in eine Decke eingewickelt, denn die Schwestern hatten gesagt, dass Babys sich so am sichersten fühlen.

Dass Mark gleich hier sein würde, machte mich nervös; unter dem milchbefleckten Pyjama spielten meine Hormone verrückt. Ich hatte ihn seit zwei oder drei Monaten nicht gesehen.

Jetzt aber war er schon von Weitem zu erkennen, smart und groß in seinem dunkelblauen Jackett. Als er bei mir auf dem Krankenbett saß, kam er mir sogar noch größer vor. Die anderen Mütter auf der Neugeborenenstation waren beeindruckt – offensichtlich hatte ich einen guten »Fang« gemacht. Er stand da und sah auf den schlafenden Oscar herab. Ich glaube, in diesem Moment begriffen wir beide nicht, dass wir das geschafft hatten. Wir hatten diesen kleinen Menschen gemacht. Diese neue Welt, in der unser Sohn leben würde, erfüllte uns beide mit Ehrfurcht.

Wahrscheinlich dachte er, dass ich alle Karten in der Hand hielt, schließlich lag ich da neben dem Kind, das in meinem Körper gewachsen war. Tief drin aber wünschte ich mir, beschützt zu werden, einen starken Arm, der mir mit alldem helfen würde. Und da stand er nun vor mir – hier war Oscars Vater.

Fast hätte ich mich Mark wieder zugewandt, wie er da so stolz und so verloren stand. Es war schwer, aber am Ende ließ ich es doch. Ich wusste, dass es nicht klappen würde. Es würde uns nur alle unglücklich machen. Also sagte ich nichts, und nachdem wir uns verabschiedet hatten, sah ich ihm nach, wie er an den anderen Müttern mit ihren Babys vorbeiging. Für das, was uns bevorstand, hatte ich keine Vorbilder. Das hier würde ganz anders werden als die Ehe meiner Eltern und alles, was ich bisher erfahren hatte. Mark und ich mussten das zusammen hinbekommen – getrennt.

Was ich dringend brauchte, war mehr Entschlossenheit und Schneid. Jemand, der mir sagen konnte, was als Nächstes zu geschehen hatte. Wie die Helden in den Cowboyfilmen, die mein Vater so gerne angesehen hatte. Unerschütterliche Einzelgänger, die allein und mit Beinen wie aus Beton auf der Hauptstraße einer staubigen Stadt standen und taten, was getan werden musste. Vielleicht wünschte ich mir auch nur meinen Vater zurück. Nicht unbedingt so wie diese Cowboys; es hätte mir schon gereicht, ihn gemütlich auf unserer Couch in Whitstable herumlümmeln zu sehen. Ich wünschte einfach, er wäre da gewesen. Ich wünschte mir seine Hilfe und ich wollte ihm Oscar zeigen, seinen Enkel.

Komm schon, Emma, du schaffst das.

Als Mama mich aus der Klinik abholte, bestand ich darauf, dass sie ganz, ganz langsam fuhr. Wenn man mit einem Neugeborenen im Auto unterwegs ist, fürchtet man sich vor all den Trotteln in ihren viel zu schnellen SUVs, die dazu vorherbestimmt scheinen, in dich reinzukrachen.

Oscar und ich machten mein Haus in Whitstable nun zu unserem Haus. Das war zumindest etwas, das ich hingekriegt hatte.

Seit wir nach Hause gekommen waren, schlief mein kleiner Junge neben mir in einem Körbchen, bevor er sein eigenes Bett in seinem eigenen Zimmer bekam. Obwohl ich Hunderte von Babybüchern durchgesehen hatte, fühlte ich mich nicht darauf vorbereitet, nun selbst für dieses kleine Wesen sorgen zu müssen. Vermutlich geht das allen Müttern so. Ich hatte Angst, ich würde ihm beim Waschen seine feinen Gliedmaßen brechen. Als er mitten in der Nacht einen Krampfanfall bekam, nachdem er tagsüber Temperatur gehabt hatte, flippte ich fast aus. Ich rief den Rettungsdienst. Dann die Sache mit den Zähnen. Ich hatte immer gedacht, ich bekäme ein ruhiges Baby, das wenig schreit – Oscar aber wusste sehr gut, wie er seine Lungen zu benutzen hatte. Ich betete ihn an, und gleichzeitig war es mehr als ermüdend. Wieso hatte ich mir nur immer eingebildet, Tabellenkalkulationen und Marketing-Meetings seien hart? Zweistündige Meetings mit einer Deadline am Ende kamen mir nun vor wie der reinste Luxus. Das hätte ich ja schon zum Frühstück gepackt! Wenn ich nicht so fertig gewesen wäre. Und wenn das Frühstück mit Oscar nicht schon allein zwei Stunden gedauert hätte.

Im ersten Jahr nach Oscars Geburt war ich im Mutterschaftsurlaub. Die After-work-Drinks in der Londoner City und die stets unter Zeitdruck erstellten Fondsberichte waren weit weg von meiner neuen Existenz zwischen Babysitz und Tragetuch. Ich schob Oscar durch Whitstable und am Strand entlang. Ich fand auch neue Freundinnen, andere Mütter mit Babys, die etwa um dieselbe Zeit zur Welt gekommen waren. Wir tauschten

Tipps aus und halfen einander durchs Zahnen und die bleierne Müdigkeit.

Am liebsten trug ich Oscar im Babytuch vor meinem Bauch und sah seinen zarten Fingerchen und Zehen zu. Jetzt wusste ich, warum es immer hieß, Babys seien zum Fressen süß. Die Kraft der Liebe ist unfassbar. Es war, als sei mein Herz plötzlich überdimensional gewachsen, während mein Gehirn sich anfühlte, als sei es im Wäschetrockner zusammengeschrumpft.

Nach dem ersten Jahr arbeitete ich wieder in London und pendelte von Whitstable aus. Ich passte immer noch in meine alten Sachen, was nicht zuletzt daran lag, dass die ersten Monate mit Oscar so eine Art Bootcamp-Workout gewesen waren. Ich wirkte nur erschöpfter als sonst; ich hätte einen plastischen Chirurgen gebraucht, um die Tränensäcke wegzukriegen, die mittlerweile ein bestimmender Teil meines Gesichts waren. An meinen schlimmsten Tagen hatte ich vom Hals aufwärts durchaus etwas Ähnlichkeit mit einem Bluthund.

Aber ich wollte zurück in die Arbeit, zurück zu dieser Art Job. Ich wollte meine analytischen Fähigkeiten einsetzen und Zeit mit Erwachsenen verbringen. Außerdem musste ich arbeiten, um Oscar und mich versorgen zu können, und in London verdiente man nun mal besser als in Whitstable. Ich engagierte ein sehr erfahrenes Kindermädchen namens Julia, die während der drei Tage, in denen ich tagsüber in London war, auf Oscar aufpasste.

Das Pendeln von Whitstable in die Londoner Innenstadt verwandelte mich schlagartig in einen mit Tellern jonglierenden Clown, auch wenn ich nur in Teilzeit arbeitete. Wahrscheinlich haben die meisten Leute, die ins Büro gehen, während ihr Baby zu Hause auf sie wartet, das Gefühl, in einer Slapstick-Komödie mitzuspielen – halb im Hosenanzug und halb mit vollgekotztem Lätzchen.

Eigentlich hatten mir alle dasselbe gesagt: »Ans Pendeln wirst du dich gewöhnen.« Ich brauchte von Whitstable nach London eine Stunde und zwanzig Minuten. Insgesamt waren das pro Tag zwei Stunden und vierzig Minuten im Zug. Dazu kam noch der jeweilige Fußweg vor Ort. Anfangs war ich noch ganz positiv gestimmt und nahm mir vor, im Zug zu lesen oder zu arbeiten. Doch bald blätterte ich nur noch in irgendwelchen Zeitungen mit bunten Bildchen, die ich am Bahnhof gekauft hatte. Mein Gehirn schien in sich zusammenzusacken wie ein müdes Kind während einer langen Autofahrt.

Ich stand um sechs Uhr morgens auf, um zu frühstücken und mich fertig zu machen. Das Kindermädchen kam um 6.30 Uhr. Dann marschierte ich in Turnschuhen zum Bahnhof, die High Heels in der Tasche. Von der Victoria Station ging ich schnurstracks zum Büro und kam als eine der Letzten an, denn die meisten Leute wohnten näher an ihrem Arbeitsplatz. Wenn ich dann endlich am Schreibtisch saß und mich über die Factsheets der Beteiligungsgesellschaften beugte, hatte ich das Gefühl, schon ungeheuer viel geleistet zu haben, und war bereit für das Mittagessen.

Da ich rechtzeitig zu Hause sein musste, musste ich das Büro regelmäßig um 16.30 Uhr verlassen. Wenn ich an den Kollegen vorbeiging, hatte ich immer das Gefühl, als müsste ich entweder unschuldig pfeifen wie einer der sieben Zwerge oder mich klein machen wie eine zusammengefaltete Milchtüte – die anderen waren lauter Singles, die bis spätabends im Büro blieben. Früher war ich eine von ihnen gewesen, jetzt nicht mehr. Jetzt hatte ich ein Kind, das mich brauchte. Es war mir peinlich, dass ich nicht bis 19 oder 20 Uhr bleiben und mit den anderen noch was trinken gehen konnte. Es lag ja nicht daran, dass ich nicht gewollt hätte. Es ging nur einfach nicht. Ich fühlte mich wie eine Drückebergerin, dabei war ich tatsächlich eine tellerjonglierende Superheldin.

Teilzeit zu arbeiten war super, hatte aber auch eine unbefriedigende Seite. Man verpasste unweigerlich das ein oder andere

Treffen und wurde häufig nicht über die Resultate informiert. Wenn man dann nachhaken musste, was das eigene Team gerade so trieb, wirkte das schnell unprofessionell. Wenn ich nie etwas anderes gekannt hätte und nicht gewusst hätte, wie es sich anfühlt, zu den Entscheidungsträgern zu gehören und wichtige Beschlüsse zu treffen, wäre mir das vermutlich gleichgültig gewesen. Aber das war es nicht. Ich schien auf Sparflamme zu arbeiten oder zu leben oder beides, und das war wahnsinnig anstrengend.

Dabei genoss ich es, wieder in meinem Beruf zu arbeiten, Daten zu sammeln, anhand der Daten über Fonds und Unternehmen Theorien aufzustellen. Ich stellte den Leuten gerne unbequeme Fragen, um zu begreifen, was sie vorhatten und warum. Wenn ich meinen Kopf von meinem Körper und meinem Leben hätte trennen können, wäre alles in Ordnung gewesen, aber das war natürlich keine Option. Es war ja alles eins.

Doch diese Erkenntnis machte das Ganze nicht einfacher. Nach gut einem Jahr mit dem Baby einerseits und den Factsheets andererseits wurde es mir zu viel. Ich fühlte mich zu alt dafür und erkannte, dass ich mir ein Leben geschaffen hatte, das auf lange Sicht nicht durchzuhalten wäre. Ich beschloss, ganz in Whitstable zu bleiben, bei Oscar, und die Hilfe meiner Mutter und meiner Schwester Lucy in Anspruch zu nehmen. In den ersten paar Monaten kümmerte ich mich nur um den Alltag und holte nach, was ich in dem einen Jahr an Schlaf verpasst hatte.

Dann entschied ich, mich erneut selbstständig zu machen und Yoga zu unterrichten. Ich hatte Angst, dass ich nach fast drei Jahren aus der Übung sein würde, aber das war nicht der Fall. Das Comeback fiel mir unglaublich leicht. Außerdem konnte ich mich so besser um Oscar kümmern. Dieses Leben fühlte sich nicht wie die Billigversion eines anderen Daseins an, es fühlte sich ganz einfach richtig an.

Da Oscar immer mehr Zeit im Kindergarten verbrachte, konnte ich auch tagsüber Yogastunden geben. Ich unterrichtete anders, mitfühlender vielleicht, da ich die Welt jetzt mit Elternaugen sah. Viele meiner Schüler kannten dieses Dasein, in dem sie mit allerlei Rollen jonglierten, und fanden es genauso anstrengend wie ich, vor allem, wenn sie Eltern waren. Sie hatten ein wenig Zeit zur Erholung dringend nötig, um ihren Alltag stemmen zu können.

Stück für Stück hielten Yoga und der Buddhismus wieder Einzug in mein Leben, sobald die täglichen Ladungen Schmutzwäsche (Erbrochenes, Eingenässtes und Karottenpüree) weniger wurden. Ich las wieder viel über die Philosophie des Yoga und des Buddhismus und machte mir Gedanken über den spirituellen Weg als solchen und darüber, was unser menschliches Dasein mit Sinn erfüllt. Während meiner kurzzeitigen Rückkehr in die Londoner City und der Zeiten der morgendlichen Übelkeit hatte ich diese Fragen auf Eis gelegt, jetzt war ich bereit, mich wieder damit zu befassen.

Bei den Gesprächen mit meinen Schülern bekam ich allmählich den Eindruck, dass viele Menschen die Elternschaft als unvereinbar mit einem spirituellen Pfad sehen. Manche entschuldigten sich fast bei mir und meinten, sie hätten das mit dem Meditieren aufgegeben, seit sie Kinder hätten. Für mich hingegen wurde immer klarer, dass der Pfad der Elternschaft unglaublich viel Geduld und Liebe erfordert. Somit gehört er zu den besten Wegen, sich selbst aus der Ego-Falle zu befreien, wie es die buddhistischen Schriften raten.

Dieser Weg setzt mit dem Akt des Gebärens ein. Wenn man presst und dehnt und schreit, um dieses neue Leben in die Welt zu bringen, ist es, als würde man sein altes Selbst abwerfen. Sobald man die Elternrolle angenommen hat, nimmt man selbst im eigenen Denken die zweite Stelle ein – an erster steht immer das Kind. Das muss so sein. Es kann nichts ohne die Eltern tun – außer vielleicht zu spucken und seine Windeln zu füllen. Man rennt herum, nimmt das Kind hoch, legt es wieder ab, macht das

Essen, füttert, räumt auf, wischt den Po ab, wechselt die Windel, macht ein Fläschchen, spült die gebrauchten Fläschchen ab. Und man küsst es, hält es, liebt es. Das geht so weiter, bis es Auto fahren, seine eigene Pizza machen und selbst Bücher lesen kann.

Mit der Zeit verstand ich, wie verrückt es ist, Elternschaft und spirituelle Entwicklung voneinander zu trennen. Für mich bietet die Elternrolle wie keine andere die Gelegenheit, tiefe Einsichten zu erlangen. Sie ist vielleicht nicht eine der fünf klassischen Formen des Yoga, aber man sollte sie darunter aufnehmen.

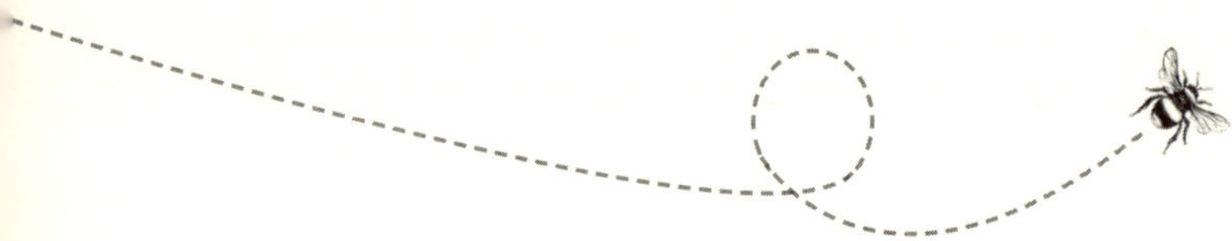

Die Bedeutung der Güte

Das oberste Prinzip des Yoga ist ahimsa. Dieser Sanskritbegriff, der durch Gandhi Berühmtheit erlangt hat, bedeutet Gewaltlosigkeit, Mitgefühl oder einfach Güte. In den Yoga-Schriften hat dieser Begriff eine lange Auslegungshistorie. Vor allem in Patanjalis Yogasutren kommt er häufig vor, den kurzen Versen, die mir Dave vor Jahren am Strand Australiens ins Ohr geflüstert hatte.

Denk an ahimsa. Noch bevor du irgendetwas tust, eine Stellung einnimmst, zu meditieren anfängst, ahimsa geht allem voraus. Für mich ist es die wichtigste Lehre, wenn es um die Bewältigung des Alltags geht. Ich versuche, dieses Prinzip umzusetzen und mein ganzes Leben danach auszurichten.

Das Wort kann man gut beim Ausatmen über die Zunge gleiten lassen: *a-him-sa*. Es verringert die Wahrscheinlichkeit, dass ich anderen Menschen wehtue und es danach bedaure. Es bewahrt mich davor, ständig Chaos beseitigen zu müssen, in das ich ohne ahimsa sicher schnell geraten würde. Die buddhistischen Schriften erklären den Zusammenhang sehr schön. Sich in Güte zu üben beruhigt den Geist. Ohne diese Praxis wird der Geist unruhig und angespannt. Mir war lange nicht klar, dass sich in Güte zu üben nicht nur eine Sache der Ethik ist, sondern dass man sich damit selbst den größten Gefallen tut, weil Güte den Geist ruhig und unerschütterlich werden lässt. Insofern ist sich in Güte üben eine Meditation. Früher hatte ich wohl angenommen, dass der einzige Weg, den Geist zu befrieden, das stille Sitzen auf einem Meditationskissen wäre.

Sich das alles in Erinnerung zu rufen, war in den ersten drei Jahren nach Oscars Geburt trotzdem nicht leicht. Es gab viele Augenblicke, in denen ahimsa mir völlig unmöglich schien. Gerettet hat mich damals das Band der Liebe, das mich hielt und mir über die Herausforderungen hinweghalf, auf die ich so wenig vorbereitet war. Der Yoga-Weg der Liebe war tiefgründig, doch er hielt mich nicht davon ab, loszuheulen oder genervt zu sein, wenn ich mit dem Rad des Kinderwagens durch Hundekacke gefahren war oder ich vor Übermüdung die Schubladen mit der Kindersicherung nicht aufbekam. Und auch Oscar zeigte allmählich, was in ihm steckte. Außenstehende bezeichneten ihn regelmäßig als »temperamentvolles« Kind oder »Energiebündel«. Dabei zogen sie ihre Taschen etwas enger an sich heran, als hätten sie Sorge, er könne sie sich jeden Moment schnappen und ihnen um die Ohren hauen. Er musste wirklich ständig herumzappeln oder an irgendetwas herumfingern.

Ich dachte mir nichts dabei. Immerhin war er ein Junge, und es schien auch bei anderen Eltern harte Arbeit zu sein, ein Kind aufzuziehen. Die Unterschiede wurden deutlicher, als er in den Kindergarten kam, wo man Gelegenheit hat, sein Kind mit anderen im selben Alter zu vergleichen. Nach den ersten Monaten stellte sich heraus, dass die Erzieher nicht so recht mit ihm zurande kamen. Als er vier war, zog man einen Sonderpädagogen zurate. Oscar schien körperlich Koordinationsprobleme zu haben. Ich hatte zwar schon von Autismus gehört, hatte aber nur eine vage Vorstellung davon und war sehr dankbar für die Hilfe von Jan, dem Pädagogen, mit dessen Unterstützung ich erst einmal abwarten und die Dinge auf uns zukommen lassen konnte.

Wenn ich mich von den damit verbundenen Sorgen lösen konnte, vertiefte sich mein Interesse an Meditation und Yoga zusehends. Zum einen lag das daran, dass es eine ziemliche Herausforderung war, mit Oscar fertigzuwerden, und Begriffe wie »Geduld« und »Mitgefühl« eine ganz neue Dimension erhielten, jetzt, da ich sie unter verschärften Bedingungen üben konnte. Häufig hing mein ahimsa an einem seidenen Faden.

Auch Julia, Oscars Kindermädchen, die mir immer noch gelegentlich aushalf, meinte, er sei ein sehr ungewöhnliches Kind. Da er mein erstes Kind war und ich auch vorher nicht viel mit Kindern zu tun hatte, hörte ich auf sie. Ich wusste, dass sie nicht ganz so von Liebe geblendet war wie ich. In den letzten Wochen der Schwangerschaft, als die Ärzte mir eröffneten, dass Oscar möglicherweise mit massiven körperlichen Einschränkungen zur Welt kommen würde, hatte ich panisch reagiert. Als dann alles an ihm normal schien, alle Finger und Zehen da waren, alle Reaktionen und Bewegungen so waren, wie sie sein sollten, hatte ich diese Sorge mit einem Seufzer der Erleichterung beiseitegeschoben. Ich wäre nie auf die Idee gekommen, dass sich vielleicht später noch Probleme zeigen könnten.

Nach einigen Tests diagnostizierte man bei Oscar eine Aufmerksamkeits-Defizit-Störung. Ich weiß, dass viele Menschen denken, das sei alles Einbildung, zumindest habe ich es so in mehreren Zeitungsartikeln gelesen, aber leider stimmt das nicht. ADHS – wieder eine Vier-Buchstaben-Abkürzung, an deren Ende das Wort »Störung« steht.

Ich erinnere mich noch, wie die Ärzte nach der Intensivbehandlung meiner PTBS meinten, es könnte aufgrund meiner Erfahrungen vielleicht schwierig werden, wenn ich Kinder haben wollte. Damals machte ich mir darüber nicht groß Gedanken. Außerdem war meine Schwangerschaft sehr stressbeladen verlaufen und die Ärzte glaubten, dies könne zum Entstehen von Oscars Störung beigetragen haben. Vielleicht wollte aber mein Buddha auch einfach nur, dass ich mir den Weg zum Glück erkämpfte, und wusste, dass man ohne Hindernisse schlicht gar nichts lernt.

Eine Zeit lang forschte ich nach dem »Warum«, aber nicht allzu lange. Ich war viel zu beschäftigt, bei der Erziehung mein Bestes zu geben. Zu lernen, wie ich Oscar helfen konnte, und die Stärke zu entwickeln, die ich für den Umgang mit ihm brauchte, waren definitiv zwei der Gründe, mein spirituelles Verständnis zu vertiefen. Ich habe geweint, gegen Wände geschlagen, geschrien, Spielverabredungen abgebrochen, eine Weile darüber nachgedacht, abzuhauen, und mich ein ums andere Mal entschuldigt. Das waren meine anfänglichen Reaktionen, doch das hat sich geändert. Wir sind miteinander gewachsen. Damals hatte Oscar zwar die Diagnose bekommen, aber man konnte ihn noch nicht medikamentös behandeln. Das kam erst später, als er sechs Jahre alt war. Die Medikamente haben Oscar sehr geholfen. Ich bin den Wissenschaftlern, die sie gefunden haben, zutiefst dankbar. Denn so schafft Oscar es, lange genug stillzusitzen, um am Schulunterricht teilnehmen zu können.

An manchen Tagen kommt es mir so vor, als wäre Oscars Zustand einfach nur eine besonders ausgeprägte Version unseres heutigen Lebens: Wir alle müssen doch ständig mit unseren Smartphones herumspielen, die alle paar Sekunden zwitschern oder vibrieren. An anderen Tagen beobachte ich, dass er Probleme mit dem Sitzen hat, dass er ununterbrochen auf etwas einschlagen möchte, dass er Schwierigkeiten hat, mit sich selbst zurechtzukommen. Dann tut es weh, ihm zuzusehen.

Anfangs war es einem Teil von mir peinlich, wenn er dieses Verhalten an den Tag legte. Das war nicht die Art von Kind, die ich gerne haben wollte. Ich war doch immerhin eine coole Yogini, warum ließ mich dieser herumwirbelnde Derwisch dann als schlechte Mutter dastehen?

So wie Oscar sich manchmal verhält, könnte man den Eindruck haben, als habe sich kein Mensch um ihn gekümmert, als habe ihm keiner je Grenzen gesetzt. Natürlich war dem nicht so, doch wenn man dann noch ADHS erwähnte, wurde man schnell verurteilt. Die Elternschaft bietet so viele Möglichkeiten, Herz und Geist weit werden zu lassen, doch viel zu häufig beschränken sich diese positiven Qualitäten nur aufs eigene Kind, nicht selten zum Schaden anderer. Ich versuche, mir dies immer bewusst zu machen, als Mutter und als praktizierende Buddhistin.

Langsam entwickelt unsere Gesellschaft ein gewisses Verständnis für die von ADHS Betroffenen, genauso wie für Asperger, Dyslexie und andere Probleme, die ihre Ursache in den unendlich komplexen Funktionen des Gehirns haben. Die Ursache für ADHS ist bis heute nicht geklärt, doch offensichtlich ist das Gehirn bei betroffenen Kindern anders strukturiert. Man forscht auch über die Zusammenhänge zwischen posttraumatischer Belastungsstörung und Aufmerksamkeit-Defizit-Syndrom. Ich möchte hier keine vereinfachende Ursache-Wirkung-Beziehung postulieren, aber beide Störungen weisen Gemeinsamkeiten auf. Und ich fragte mich natürlich, ob Yoga und Meditation nicht in beiden Fällen helfen könnten.

Man geht davon aus, dass sich bei ADHS der frontale Kortex langsamer entwickelt als der Rest des Gehirns. Damit aber sind die Steuerungsfunktionen wie Planen, Gedächtnis und Aufmerksamkeit reduziert. Offensichtlich spielen auch die Neurotransmitter, die Botenstoffe im Gehirn, bei den Betroffenen anders zusammen als üblich. Die Forschung präsentiert hier erst allmählich belastbare Ergebnisse. Es hilft, von diesen Forschungen zu wissen, aber trotzdem muss ich Oscar jeden Tag aufs Neue verstehen und mit ihm umgehen können. Meine Aufgabe ist es, ihn zu ermutigen, ihm begreiflich zu machen, welche Auswirkung sein Verhalten auf ihn selbst und andere hat. Ich liebe ihn über alle Maßen und weiß, dass er das am Ende schaffen wird. Er wird heranwachsen und das, was jetzt große Wellen schlägt, wird zum Plätschern werden. Am Ende wird auch er die Puzzleteile seines Lebens richtig zusammensetzen können.

Wenn sich das jetzt entschuldigend anhört, dann vergessen

Sie bitte nicht: Ich bin eine Löwin, die ihr Junges beschützt. Ich will, dass mein Kind überhaupt keine Schwierigkeiten hat. Ich will ihm alles, was ihm vielleicht Leid verursachen könnte, aus dem Weg räumen.

Ich konnte mehr als einmal beobachten, wie schwer Oscar es unter Menschen hat oder in der Schule. Ich habe gesehen, wie andere Menschen auf ihn reagieren. Es ist für andere – manchmal auch für mich – schwer, mit ihm umzugehen, weil niemand ein zappeliges, lautes Kind um sich haben will. Es fällt den meisten Leuten schwer, selbst ruhig und friedlich zu bleiben, wenn jemand vor ihnen herumhampelt. Oscars Unruhe macht sie selbst unruhig – scheinbar ist das ansteckend. Wie immer, wenn unser Geist durch äußere Umstände aus dem Gleichgewicht gerät, fällt es uns schwer, Güte zu praktizieren. Ich muss einen Weg finden, durch solche Situationen hindurchzusteuern, einen Weg, bei dem ich im Gedächtnis behalte, dass die Elternrolle immer schwierig ist. Wenn dem nicht so wäre, wären wir vielleicht zufriedener und weniger anfällig dafür, unseren Frust an andere weiterzugeben.

Oder wie Oscar mir einmal vorgesungen hat: »Twinkle, twinkle, little star, what you say, is what you are.« (Funkle, funkle, kleiner Stern. Was du sprichst, ist, was du bist.) Er zeigt schon in jungen Jahren erstaunliche Einsichten.

Mutter zu werden hat mich, ehe ich mich's versah, mit Haut und Haar auf den spirituellen Pfad katapultiert. Das ist schon in Ordnung so. Heißt es nicht immer, die Menschen, die man liebt, bringen das Beste in einem zum Vorschein?

Neben meinen Recherchen wegen Oscars ADHS wandte ich mich meiner Bibliothek buddhistischer Bücher zu, die mir Kraft und Führung geben sollten. Ich sehnte mich immer öfter nach Orten des Friedens, der Ruhe und der Stille. Vor allem Bhutan im Himalaja ging mir nicht mehr aus dem Kopf. Das mochte daran liegen, dass ich meine ganze Sehnsucht nach Ruhe in diese Vorstellung hineinprojizieren konnte.

Ich hatte keine Ahnung, wie dieses Land wirklich war, aber schon das Wort sprach mich an. Es hallte in meinem Herzen wider. Meine Ohrmuscheln schienen sich bei dem Klang zu weiten, als wollten sie ein Signal auffangen. Bhutan, Bhutan ... warum nur ging dieses Wort mir nicht mehr aus dem Sinn?

Es war einfach lächerlich, dass ich das Land noch nie besucht hatte, wo sein Name doch seit Jahren immer wieder an die Oberfläche meines Geistes trieb. Einerseits hatten mich die Kosten, der fehlende Reisepartner und mein Unwissen darüber, wie man eine solche Reise am besten organisieren müsste, davon abgehalten. Und natürlich war mein Leben in den letzten Jahren nicht gerade in ruhigen Bahnen verlaufen. Alles in allem hieß das: Ich war immer noch nicht in Bhutan gewesen – *noch nicht.*

Als wir um die zwanzig waren, hatten meine Schwester Lucy und ich einmal in meinem gelb gestrichenen Zimmer unter dem Dach gesessen und eine Liste unserer Lebensträume aufgeschrieben. 2011 hatten wir davon schon eine Menge verwirklicht. Lucy hatte zwar noch immer keinen Kräutergarten, und ich glaube, auf die Idee mit dem eigenen Swimmingpool werde ich wohl verzichten müssen, aber die Arbeit und meine Yogareisen hatten mich in viele Länder geführt (was damals ganz oben auf meiner Liste stand). Bhutan jedoch fehlte mir noch.

Ich hatte zwar immer wieder Menschen kennengelernt, die schon dort gewesen waren, hatte aber nie die Gelegenheit gehabt, von ihnen mehr darüber zu erfahren. Von den Leuten, die ich in Whitstable kannte, hatte niemand das Land je besucht. Es war gar nicht so einfach, Bhutan die Aura des Geheimnisvollen zu nehmen. Aber ich kaufte mir ein paar Bücher und fing an, mich einzulesen.

Bhutan ist eines der wenigen Länder, in denen der Buddhismus durchgehend Staatsreligion war. Die Fotos in meinen Büchern zeigten hohe Berge und bunte Gebetsfahnen vor einem endlosen Himmel. Klöster mit goldenen Dächern schmiegten sich an schwindelerregend hohe Berghänge. In den Reisebroschüren waren lächelnde Mönche und Nonnen in roten Roben abgebildet, die sich von den leuchtend grünen Feldern abhoben. Alle Menschen auf den Fotos lächelten. Das war also das Gesicht Bhutans, das mich ansah.

Oscar und ich machten eine Pauschalreise nach Spanien. In der Ferienanlage gab es einen tollen Klub für Kinder und für mich war der Urlaub eine Entlastung von meinen täglichen Aufgaben. Ich ließ mich also auf der Sonnenliege braten und las in den Büchern über das bhutanische Landestier, den Takin. Ich roch nach Sonnencreme und Oscar liebte das »internationale« Buffet mit den glänzenden Krabben, die so groß waren, dass man Ohrringe aus ihnen hätte machen können.

Das Buch, das ich mithatte, beschrieb einen Ort der Einfachheit und Güte, wo man einen beinahe mittelalterlichen Lebensstil pflegte, der nur erzeugte, was gebraucht wurde, und dabei die Natur schützte. Die Regierung hatte eine Verordnung erlassen, welche die prächtigen Wälder vor Abholzung schützte, damit Pflanzen, Säugetiere, Vögel und Schmetterlinge nicht ihren natürlichen Lebensraum verloren. Es gab regelmäßige Feste mit heiligen Tänzen, wunderbaren Kostümen und riesigen Bildern, die über den Häuserfronten herabgerollt wurden. Die Bevölkerung Bhutans war weitgehend buddhistisch und umfasste etwa 750 000 Menschen. Das Land hatte sich bis in die Siebzigerjahre weitgehend von der Außenwelt abgeschottet. Eine Welt wie diese hatte ich noch nicht kennengelernt.

Ich beschloss, dass es an der Zeit war. Ich musste einfach dorthin.

Natürlich wäre ein solch langer Solo-Trip unmöglich gewesen, solange Oscar noch klein war. Damals hatte sich schon das Einkaufen angefühlt, als hätte ich die Eiger-Nordwand bestiegen.

Jetzt aber war er fünf geworden, und das Ganze rückte allmählich in den Bereich des Machbaren.

Ich begann mich nach Reisebüros umzusehen, die entsprechende Angebote im Programm hatten. Das war nicht ganz einfach, denn schließlich handelte es sich nicht um einen All-inclusive-Urlaub auf den Kanaren. Ich fand ein kleines Büro, das Reisegruppen nach Bhutan brachte, geführt von Zara Fleming, einer Spezialistin für buddhistische Kunst. Diese Reise wollte ich machen.

Glücklicherweise entschieden sich zwei meiner Yoga-Schülerinnen, Karin und Bridget, mich zu begleiten. Karin war ebenfalls Buddhistin und Bridget interessierte sich stark dafür, da machte es nur Sinn, sich eine durch und durch buddhistische Kultur anzusehen. Wir buchten die Reise für den Oktober 2011. Offensichtlich kam man ohnehin nur nach Bhutan, wenn man mit einer Gruppe und einem Führer reiste.

Oscar ging damals schon zur Schule und würde während der zwei Wochen von meiner Mutter und Mark gut versorgt werden. Trotzdem begann ich in den Wochen vor der Abfahrt zu zweifeln und mich zu fragen, ob ich eine Rabenmutter sei. Ich war schon drauf und dran, die Reise abzusagen, aber meine Mutter machte unmissverständlich klar: »Nein, Emma. Es geht mir schon total auf die Nerven, dass ich mir ständig anhören muss, wie unbedingt du nach Bhutan möchtest. Bitte flieg einfach! Wir schaffen das hier locker.«

Manchmal wissen es Mütter tatsächlich besser.

Neue Höhen und Tiefen

Ich packte Unmengen verschiedenster Kleidungsstücke für jede Witterung in einen nagelneuen Koffer, dann fuhr uns Karins Mann in seinem Lastwagen zum Flughafen. Das Gefühl, hoch über allen anderen Autofahrern zu sitzen, trug zu unserer Aufregung bei: Wir waren auf dem Sprung ins Unbekannte. In Heathrow lernten wir den Rest der Gruppe kennen. Wir würden zwei Wochen unterwegs sein, zuerst nach Kathmandu in Nepal reisen, dann weiter nach Sikkim im Norden Indiens und schließlich die letzten Tage in Bhutan verbringen.

In Delhi gab es eine Zwischenlandung und wir lümmelten auf einem riesigen runden Plastiksofa herum, während andere Reisende an den Duty-free- und Coffee-Shops vorbeiliefen. Dann ging es nach Kathmandu, Nepals Hauptstadt.

Wir mussten zuerst zur Einwanderungsbehörde und kamen erst lange nach Einbruch der Dunkelheit in die Stadt. Unser Hotel hieß »Yak und Yeti«. Ein Mann saß am Klavier und erfüllte nach dem Abendessen die Hotelbar mit seinen Klängen. Vor dem Hotel reihten sich zahllose kleine Buden aneinander, an denen T-Shirts und Flipflops verkauft wurden.

Am nächsten Morgen stand eine Tour durch Kathmandu an. Vom Hotel fuhren wir mit dem Bus in die Stadtmitte.

Karin und ich plauderten angeregt und achteten nicht besonders auf unsere Umgebung. Wir hatten einen Reiseführer von Kathmandu dabei und konzentrierten uns auf die Sehenswürdigkeiten, die wir besuchen wollten. Als der Bus hielt, waren wir auf blumengeschmückte nepalesische Statuen eingestellt.

Was wir stattdessen sahen, waren Unmengen Kinder. Wir wurden auf der Stelle umringt von Scharen verkrüppelter Kinder, die auf Krücken gingen. Manche schleppten ihre versehrten Körper auf einer Art breitem Skateboard vorwärts und stießen sich dabei mit den Fäusten vom Betonboden ab. Kinder, denen die Unterschenkel fehlten, versuchten angestrengt, auf ihren Krücken mit uns Schritt zu halten. Der Anblick dieser Kinder – vor allem da ich wusste, dass mein eigenes sicher in England war – war unfassbar traurig. Mir fehlten die Worte.

Man erzählte uns, viele dieser Kinder seien ganz bewusst von ihren Eltern verstümmelt worden, damit sie beim Betteln mehr verdienten. Ich weiß nicht, ob das stimmt, doch was auch immer Gründe für diese Verwundungen waren, der Anblick war grauenerregend und hätte jeder Darstellung der Hölle zur Ehre gereicht.

Mich traf das wie ein Schlag. Da hatte ich zu Hause gesessen, es mir bequem gemacht und mich komfortabel in der Praxis des Mitgefühls geübt, während sich diese Kinder hier jeden Tag durchs Leben kämpfen mussten. Ich musste mich fragen, was mehr Bedeutung hatte: War tätiges Handeln nicht wichtiger als Hoffnungen und Worte? War das nicht die wahre Natur der Güte – nicht Mitgefühl als nettes Extra, sondern als Haltung, die den Unterschied zwischen Leben und Tod ausmacht, zwischen Leiden und Freiheit?

Natürlich erwiesen Kathmandu und Sikkim sich als wunderschön, doch dieser allererste Eindruck von den Kindern begleitete mich weiter nach Bhutan. Vielleicht hätte sich der Schock gelegt, wenn ich länger geblieben wäre und mich, wie die Menschen dort, an den Anblick hätte gewöhnen können. Ich weiß es nicht. Die Erinnerung an das ruckartige Hinken dieser Kinder ließ mich jedenfalls nicht mehr los, sie blieb mir nah. Wieder einmal hatte ich Leiden gesehen und mich völlig unfähig gefühlt, es zu lindern oder gar zu beseitigen. Das berührte einen Ort des tiefen Kummers in mir und rüttelte am noch tief schlummernden Wunsch zu helfen.

Es war eine völlig neue Erfahrung für mich, mit einer Reisegruppe unterwegs zu sein. Vorher war ich meist alleine gereist, höchstens zusammen mit Peter oder jemandem aus meiner Familie. Doch diese so fremden Orte mit völlig fremden Menschen zu erkunden war Teil des Zaubers. Ich bin sicher, jeder von uns hatte seinen ganz persönlichen Grund, auf diese Reise zu gehen. Meiner war »mit einem Mönch über Meditation reden«. Glücklicherweise teilte Karin meinen Wunsch.

Wir beide machten jeden Tag unsere Mitgefühlspraxis. Diese bestand aus einer Visualisierungsübung, einem Gebet und dem Sanskrit-Mantra *Om mani padme hung*. (Die Tibeter sprechen es: *Om mani peme hum* – also Sanskrit mit tibetischer Aussprache. Dieses Mantra soll den Geist des Praktizierenden auf die Entwicklung von Mitgefühl lenken. Dabei führt der Wunsch, anderen zu helfen, automatisch zu Glück und Freude im eigenen Geist.)

Da wir so leicht vergessen, uns in Güte zu üben, liegt der Fokus auf der *bewussten* Einübung des Mitgefühls, so lange, bis es uns zur natürlichen Haltung wird. Dadurch nimmt unser Geist eine positive Ausrichtung an und löst sich von negativen Gedankenmustern. Wir denken nicht mehr nur an uns selbst, befreien uns von unserem Leid und schaffen so ein sinnvolles Leben. Man übt also mithilfe verschiedener Methoden und Gebete das Mitgefühl bewusst ein, so wie man es mit jeder anderen Fähigkeit auch tun würde. Wir alle besitzen das volle Potenzial zu grenzenloser Güte und Weisheit, doch nur wenn wir uns darin üben und beides verstehen lernen, können wir diesen Teil unseres Selbst freilegen und als helles Licht erstrahlen lassen.

Die Konzentration auf das Mitgefühl lenkt den Geist des Praktizierenden auf die Frage nach der Motivation in seinem eigenen Leben, die darin besteht, anderen Wesen zu helfen. Und zwar nicht, weil man unbedingt ein Gutmensch sein möchte, sondern weil eine tiefe Freude darin liegt, anderen zu helfen. Das ist keine ausschließlich buddhistische Idee, ja noch nicht einmal eine rein religiöse, sondern ein grundlegendes Potenzial, das im menschlichen Herzen angelegt ist.

Daher sind Übungen in Mitgefühl in der gesamten Himalaja-Region ausgesprochen populär, sowohl in den Klöstern als auch bei Laienpraktizierenden. Man sieht ständig Menschen, die eine Mala in der Hand halten (eine Art Rosenkranz, wenn man so will). Sie lassen die Perlen zwischen Daumen und Zeigefinger der linken Hand durchgleiten und zählen damit jedes einzelne *Om mani padme hung*, das sie sprechen. Sie kennen vielleicht die damit verbundenen Texte oder Visualisierungsübungen nicht, doch sie wissen, dass diese Praxis allen fühlenden Wesen helfen soll, und so machen sie sie einfach. Sie machen das nicht etwa im Geheimen, wo niemand sie sieht. Sie tun das ganz offen, während sie vor ihrem Laden sitzen und auf Kunden warten, während sie die Stupas umrunden, in den Klöstern unterwegs sind, auf ihr Flugzeug warten oder auf den Feldern arbeiten. Sie tun es, weil jeder um sie herum weiß, was sie da tun, und weil sie glauben, dass es wirkt.

Am nächsten Tag nahmen wir das Flugzeug in den Osten Sikkims, um dann mit dem Bus weiter ins südliche Bhutan zu reisen. Wir kamen durch die Grenzstadt (wenn Bhutaner diese Stadt beschreiben, stellt man sich fast unweigerlich Cowboys und Saloons vor) Phuentsholing in das Land. Die Stadt ist das Tor zwischen Bhutan und dem südlich liegenden Indien. Die beiden Länder entwickeln immer engere Beziehungen, sodass viele Inder bzw. Bhutaner zum Arbeiten oder Einkaufen ins angrenzende Land pendeln.

Es war, als durchschritte man eine Mauer und fände auf der anderen Seite eine andere Welt: Hier das riesige Indien mit dem Wahnsinn auf den Straßen, dem Gehupe der Motorräder und den vielen Schlaglöchern, dort Bhutan mit seiner ruhigen Lebensart. In Phuentsholing marschierten Schulkinder in der farbenfrohen Nationaltracht mit fein säuberlich gepackten Lunchpaketen plaudernd zur Schule. Sie sahen sich nicht einmal um, als sie die Straße überquerten, ob sich nicht vielleicht von irgendwoher ein Auto nähern könnte. Von Phuentsholing aus fuhren wir weitere sechs Stunden, bis wir nach Thimphu kamen, der Hauptstadt Bhutans.

Karin und ich klebten an den Fenstern und sogen während dieser ersten Momente in Bhutan das Land förmlich in uns auf, all unsere Sinne waren weit geöffnet. Endlich waren wir da. Unser Traum war Wirklichkeit geworden. Kein Foto mehr: Wir waren zu 110 Prozent *in Bhutan*.

Natürlich hatte die Gruppe ihr Reiseprogramm, und wir durften den Bus nicht verpassen oder uns irgendwo verlaufen. Doch Karin und ich waren wild entschlossen, das tägliche buddhistische Leben in diesem Land kennenzulernen. Angesichts unseres vollgepackten Terminplans befürchteten wir, das könne vielleicht zu kurz kommen. Daher standen wir schon am ersten Tag in Thimphu sehr früh auf, um uns den Nationalen Chörten anzusehen. Chörten ist das tibetische Wort für »Stupa«, ein buddhistisches Bauwerk, das die Gläubigen betend umrunden. Ein Stupa (Sanskrit) hat eine quadratische Basis von etwa zwei mal zwei Metern, von der aus eine Spitze in den Himmel zeigt. Das Äußere ist – zumindest im Himalaja – meist weiß gestrichen. In der Mitte der vier Grundseiten des Quadrats steht jeweils ein kleiner Altar. Diese Stupas findet man in der gesamten Himalaja-Region und sie dienen überall ähnlichen Zwecken. Der Chörten in Thimphu gehört zu den größten Stupas. In einigen Traditionen erfolgt die Umrundung gegen den Uhrzeigersinn, hier aber umrunden die

Menschen das heilige Bauwerk andersherum, während sie leise singen oder in Gedanken versunken sind.

Wir waren ganz früh morgens dort, und es war wunderbar, zusammen mit den Bhutanern diese behutsame morgendliche Geh-Meditation zu machen. Einen Moment lang wurden wir Teil dieser vollkommen alltäglichen rituellen Zusammenkunft an jenem heiligen Ort. Alte Frauen saßen plauschend da und drehten ihre Gebetsmühlen oder säuberten die Butterlampen aus Messing. Schulkinder in ihrer gestreiften traditionellen Uniform und Männer in Anzügen besuchten den Stupa, bevor sie in die Schule oder ins Büro gingen. Einfach alle schienen dort zu sein, und wir waren ein Teil der Menge. Für uns, die wir noch nie die Gelegenheit gehabt hatten, eine durch und durch buddhistische Kultur kennenzulernen, war es überwältigend. Für die Leute dort war es vermutlich einfach normal: Sie begannen ihren Tag, wie sie es immer machten. Uns aber begeisterte das unausgesprochene Einverständnis, das zwischen den Menschen herrschte.

Als wir gingen, flog ein Schwarm Tauben vom Boden auf, auf dem sie vorher herumgepickt hatten. Sie glitten leicht durch die Luft und drehten eine Pirouette, bevor sie sich an der scheinbar selben Stelle wieder niederließen.

Ich fühle mich so sehr zu Hause …

Hatte auch ich nun Flügel bekommen, war aufgeflogen, nur um endlich dort zu landen, wo ich hingehörte?

Als wir zurück zum Hotel schlenderten, bewunderten wir die wunderschön geschmückten Holzfenster. Handgemalte Darstellungen von Vögeln und anderen Tieren aus dem Himalaja sowie aufgereckte Phalli schmückten die Rahmen. Einige der Darstellungen schienen wirklichkeitsgetreu, andere (vor allem die Phalli!) der Mythologie entsprungen. Diese Art, die Fenster zu schmücken, geht auf eine Gestalt aus der bhutanischen Geschichte zurück, den Weisen Drugpa Künleg. Man hat mir diese Geschichte erzählt, aber ich habe nicht so ganz begriffen, worin die Verbindung zwischen ihm und der Fensterdekoration bestand. Die älteren Gebäude hatten Wände aus Lehm, weiß gestrichen und mit dunklen Fachwerkbalken. An gewissen Ecken konnte man beinahe glauben, im England der Tudorzeit gelandet zu sein – mit einem Hauch von Himalaja-Flair natürlich.

Auf den Straßen tummelte sich, neben den Müttern und Mönchen, eine große Hundepopulation verschiedenster Farben und Rassen. Ich weiß nicht, wie das Verhältnis von Hund zu Mensch in Bhutan ausfällt, aber ich würde vermuten, es leben dort mehr Hunde als Leute. Es heißt dort, Hunde schliefen den ganzen Tag, und sie tun es tatsächlich – unter Autos, mitten auf der Straße, auf dem Gehsteig. Als gäbe es für sie keine Gefahr auf den Straßen, schnarchen sie gemütlich vor sich hin. Sie scheinen die Einzigen zu sein, die sich nicht die geringsten Sorgen machen über die rasanten Veränderungen, die Bhutans Hauptstadt im Moment erfährt.

Thimphu ist eine zunehmend moderne asiatische Stadt, aber es ist noch immer klein und hat sich trotz des Baus vieler leuchtend bunter Betonhäuser, die neben den alten Lehmbauten aufragen, seinen Charme bewahrt. Seine Läden bieten ein ebenso breites wie buntes Sortiment: Kunsthandwerk für die Touristen (oder chillips, wie der Bhutaner alle Nicht-Bhutaner nennt), Plastikgeschirr und Rollmatratzen für die Einheimischen, Spiderman-Pyjamas für die Kinder. Nicht zu vergessen all die Läden für Mönchsroben. Ein verrückter Mix an Waren, der sich auf den engen Gehsteigen drängt, sodass man fast auf die Straße geschoben wird und aufpassen muss, weder in den Verkehr zu geraten, noch in offene Gullys oder auf schlafende Hunde zu treten.

Karin und Bridget waren wunderbare Reisegefährtinnen, doch da Bridget sich irgendwo einen Magen-Darm-Virus eingefangen hatte, war es meist Karin, die mit mir abends die verschiedenen Sorten bhutanischen Whisky in der Hotelbar durchprobierte. Am liebsten tranken wir »K5«, einen Whisky, der nach dem aktuellen König von Bhutan benannt wurde. Ein köstliches Getränk. Man hatte uns gewarnt, dass der Alkohol bei der dünnen Luft gefährlich werden könnte, aber Karin und ich schienen das Zeug ohne größere Katastrophen wegschlucken zu können. Die meisten Hotels waren innen mit wunderbaren Holzschnitzereien geschmückt, so auch unseres. Man hatte fast das Gefühl, in einer gemütlichen Hütte in den Bergen zu sitzen.

Wir plauderten über den erlebnisreichen Tag, den wir verbracht hatten, unter anderem mit einem Besuch einer traditionellen Kunstschule, in der die Schüler in den buddhistischen Künsten ausgebildet wurden, zum Beispiel im Thangka-Malen. Diese kunsthandwerklichen Schulen wurden gegründet, um die Kultur Bhutans zu erhalten. Zunächst lernen die Schüler, die klassischen Formen der Buddhas und Gottheiten mit dem Bleistift nachzuzeichnen. Dabei hilft ihnen ein Raster, in das die Form genau eingezeichnet ist. Der nächste Schritt ist es, diese Form in einem einzigen Strich nachzuzeichnen, also ohne abzusetzen (eine interessante Parallele zum buddhistischen Geistestraining). Und schließlich lernen sie die Farben zu meistern, das Gewand, die Blüten und Schmuckstücke. Wenn das Gemälde fertig ist, wird es von geschickten Textilarbeitern auf Stoff genäht, sodass es einfach aufgerollt und transportiert werden kann. Ich kannte bis dahin nur Bilder in Holzrahmen, nicht diese wunderschönen, goldenen Brokat-Hintergründe mit ihren üppigen Blumenmustern.

Karin hatte das Institut für Traditionelle Medizin besucht, was für jeden Yogi interessant ist, weil dort eine besondere Sicht auf die drei Elemente gelehrt wird, die, wenn sie in Harmonie sind, zum Wohlbefinden des Menschen beitragen.

Vielleicht lag es daran, dass ich Oskar zu Hause gelassen hatte, oder daran, dass ich endlich das Land besuchte, das ich schon so lange hatte kennenlernen wollen, jedenfalls war diese Reise eine sehr intensive, ernsthafte Sache für mich. Ich wollte so viel herausfinden wie nur möglich und hinter all die Schleier blicken, um zu sehen, welche Wahrheiten sich dort verbargen.

Was ist es, was mich hier so ungeheuer anspricht?

Anfangs glaubte ich, es sei entweder die Kultur Bhutans oder der Buddhismus. Bald merkte ich, dass sich beides nicht trennen ließ. Der Buddhismus existiert schon seit dem 9. Jahrhundert in Bhutan. Kultur und Glaube sind dort so eng miteinander verwoben, dass man den Eindruck bekommt, die buddhistische Philosophie berühre sämtliche Lebewesen und Aspekte dieses Landes. Der offensichtlichste Ausdruck dieser Tatsache ist der, dass man in Bhutan den Erfolg des Landes nicht am Bruttosozialprodukt misst, sondern am »Bruttonationalglück«. Die Regierung wendet buddhistische Prinzipien im Alltag an und versucht, sie so umzusetzen, dass sie dem Volk in seiner wirtschaftlichen und kulturellen Entwicklung helfen.

Was den Buddhismus, aber auch ganz generelle Aspekte angeht, gehört der östliche Teil Bhutans hauptsächlich der Nyingma-Tradition an, die von Guru Rinpoche (Sanskrit: Padmasambhava) begründet wurde. Der Westen des Landes hingegen ist eher beeinflusst von der Drugpa-Kagyü-Schule, die von Shabdrung Ngawang Namgyel im 17. Jahrhundert aus Tibet nach Bhutan gebracht wurde.

Man sagte uns, wir sollten nach Statuen dieser beiden Männer Ausschau halten und hatten schon viele Dzongs, Klöster und Lhakangs entdeckt, die ihnen gewidmet waren. Dzongs sind Klosterburgen, gewaltige Bauwerke mit weißen Mauern und goldenen Dächern, die in jedem Buch über Bhutan abgebildet sind. Sie dienen meist als Sitz der Lokalregierung und als Kloster und zeigen so einmal mehr, wie wenig man Kultur, Regierung und Buddhismus in diesem Land voneinander trennen kann. Wenn es Streitigkeiten in der Bevölkerung gibt, zum Beispiel über Land, dann kommen die Menschen in den Dzong, um ihr Recht zu fordern. Erkrankt jemand aus der Familie, bittet man die Mönche um Gebete.

Lhakangs hingegen sind Tempel. Normalerweise handelt es sich um weiß gestrichene Lehmbauten mit orangefarbenen Schmuckfriesen unter dem Dach. Das Dach selbst ist immer von einem goldenen Ornament gekrönt, das signalisiert, dass es sich hier um einen Tempel und nicht um ein einfaches Bauernhaus handelt. Gerade auf dem Land sind die Lhakangs häufig von einer niedrigen Mauer umgeben und dienen auch als Flur-Gemarkung. Meist findet sich in der Nähe eine große, prächtig geschmückte Gebetsmühle von mindestens einem Meter Durchmesser. Man dreht sie, und es ertönt eine Glocke – ein hörbares Zeichen dafür, dass die darin befindlichen Gebete nun in alle Welt hinausgehen.

Der Fußboden im Innern des Lhakang besteht fast immer aus alten Holzdielen, die nur da und dort mit Beton ergänzt wurden, wo man fürchtete, die Butterlampen könnten vielleicht das Gebäude in Brand setzen. Das ist mehr als einmal passiert. Es gibt genug Raum, um sich in Ruhe hinzusetzen, Opfergaben darzubringen, seine Verbeugungen zu machen und die Rollbilder an der Wand zu studieren, die das Leben des Buddha in Indien zeigen oder andere wichtige buddhistische Lehrer aus der Himalaja-Region wie Milarepa, Guru Rinpoche, Shabdrung und die Verkörperung des Mitgefühls, Chenresig. Gerade diese kleineren Tempel werden häufig von Familien oder Einzelpersonen in Ordnung gehalten, die in der Nähe leben. Sie kümmern sich um die Gebäude, damit sie weiterhin zum Wohle der Gemeinde oder etwaiger Besucher dienen können. Diese Informationen hatte ich am zweiten Tag in Bhutan und damit nach gut einem Dreiviertel unserer Reise aus unserer geduldigen Führerin Zara herausgequetscht.

Unsere bhutanischen Führer fragte ich über buddhistische Rituale aus und wie sie das Leben der Menschen in Bhutan beeinflussten. Besonders interessierte mich, welche Rituale praktiziert werden, wenn ein Mensch stirbt. Der Tod ist für mich kein beängstigendes oder merkwürdiges Diskussionsthema, immerhin erwartet er doch jeden von uns, wir alle haben ihn gemeinsam. Für mich ist es daher faszinierend, zu erfahren, wie die verschiedenen Kulturen mit dieser unvermeidlichsten aller menschlichen Erfahrungen umgehen. Mein Vater war so unheimlich schnell aus unserem Haus verschwunden an jenem Tag. Für die Zukunft will ich besser vorbereitet sein. Ich möchte mich in aller Ruhe mit diesem Thema beschäftigen, wenigstens für meine Mutter. Ich hatte für meinen Vater nicht mein Bestes tun können, für meine Mutter aber will ich eine größere Hilfe sein.

Man sagte mir, dass man Gebete neben dem sterbenden Menschen spreche und auch nach dem Tod noch 90 Tage weiterbete. Der Körper des Kranken solle dabei bequem auf die rechte Seite gebettet werden, wie bei meiner Buddhastatue. Dann kommen Mönche und Nonnen, um Gebete zu sprechen, Opfergaben darzubringen und alles zu tun, um der Seele auf ihrem Weg zu helfen. Der Moment, in dem das menschliche Gewahrsein (was wir auch »Seele« nennen könnten) den Körper verlässt, gilt als wichtigster des ganzen Lebens. Man betrachtet ihn als Höhepunkt all dessen, was zuvor geschehen ist. Angehörige und Mönche bzw. Nonnen spielen eine wichtige Rolle in dem folgenden Prozess, der sicherstellt, dass die Seele ihren Weg in Frieden gehen kann. Ich erinnerte mich daran, wie nutzlos ich mich gefühlt hatte, nachdem mein Vater gestorben war, wie ich mich verzweifelt in alltägliche Verrichtungen gestürzt hatte. Ich wollte unbedingt im Altenheim arbeiten. Der schmerzhafte Wunsch, mich um jemanden kümmern zu können, blieb noch lange nach seinem Tod in mir lebendig, tief im Innern meiner Trauer. Neunzig Tage, ja, das hörte sich vernünftig an. Ungefähr so lange war ich im Altenheim geblieben.

Aus buddhistischer Sicht prägen die Taten, Worte und Gedanken der Lebenden entscheidend, was nach dem Tod geschehen wird. Ich denke, dieser Gedanke findet sich in vielen Glaubensformen wieder. Was man tut, sagt oder denkt, hat eine Auswirkung. Es ist weder unsichtbar noch bedeutungslos, sondern spielt für uns alle eine entscheidende Rolle. Vielleicht ist es das, was die Samen für unser gemeinsames Karma legt.

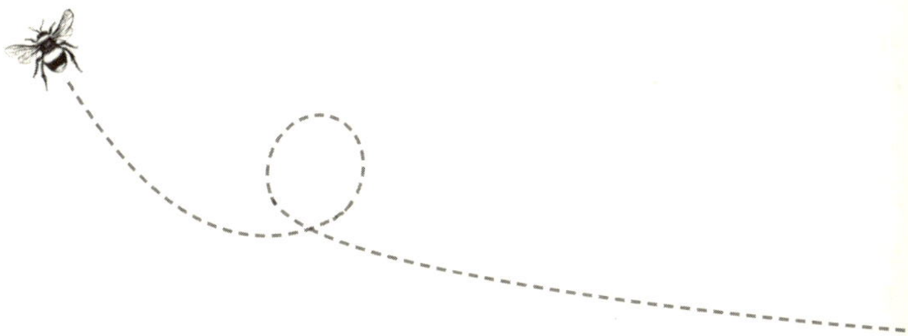

Der Höhepunkt (buchstäblich)

Viel zu früh verließen wir Thimphu, um im Bus nach Punakha weiterzureisen. Mittlerweile wirkte das Ganze immer mehr wie ein Schulausflug. Jeder hatte inzwischen seinen festen Sitzplatz und plauderte über die Rückenlehne hinweg mit den neuen Freunden. Wir alle wussten mittlerweile, wer der beste Fotograf von uns war, wer den ausführlichsten Führer mithatte und wer Zara, die vorne im Bus stand und uns Sachen erzählte, nie richtig verstehen konnte.

Unser erster Halt auf dem Weg nach Punakha war in Dochula, einem bekannten touristischen Hotspot, den wir nach etwa vierzig Minuten Fahrt erreichten. Auf einer Höhe von 3 050 Metern über dem Meeresspiegel bietet sich hier ein absolut umwerfender Blick über den Himalaja, dessen gezackte Bergketten sich weit in den klaren Himmel schieben. Dochula ist vor allem für seine 108 Chörten berühmt. Wie wir schon am Nationalen Chörten in Thimphu gesehen hatten, erfüllen diese Bauwerke in der Region eine wichtige religiöse Funktion, da sie Reliquien und heilige Schriften enthalten. Im Innern des weiß gestrichenen Chörten erhebt sich eine Säule wie die Wirbelsäule des menschlichen Körpers. Von außen wirken die Stupas wie aufrecht stehende Quader, sind also rechteckig, wie das in Bhutan häufig der Fall ist. Sie sind etwa so groß wie ein Mensch und mit Schieferschindeln gedeckt. Auch hier sahen Karin und ich viele Menschen, die die Chörten umrundeten wie in Thimphu. Jeder war in seinem eigenen Rhythmus unterwegs, aber alle im Uhrzeigersinn. Dazu wurden Mantras gemurmelt, meist das Mantra des Mitgefühls, *Om mani padme hung*. Dabei liefen die Perlen der Gebetskette durch die Finger der linken Hand. Sie hielten die Finger dabei unmittelbar vors Herz, sodass die Mala ganz nah am Körper war. Wenn die Gebetsketten nicht in Gebrauch sind, trägt man sie am linken Handgelenk oder um den Hals.

Gewöhnlich besteht eine Mala aus 108 Perlen, was in Indien und im Himalaja als heilige Zahl gilt. (Daher auch die 108 Chörten in Dochula.) In der Mitte befindet sich eine größere Perle, sodass man spürt, wann man eine Runde beendet hat. Die Perlen sind aus Holz oder Samenkörnern gefertigt und sitzen locker auf der Schnur, sodass man sie gut zwischen den Fingern bewegen kann. So können die Gläubigen ihre Praxis auf einfache Weise in den Alltag integrieren, selbst wenn nur ein paar Minuten Zeit sind. Später sahen wir alte Frauen, die auf Holzkisten vor ihren Läden in Paro saßen und Mantras murmelten. Die Perlen glitten ihnen so sanft durch Daumen und Zeigefinger, als streichelten sie ein Baby.

An jenem Tag umrundete fast unsere ganze Gruppe die 108 Chörten. Karin und ich beschlossen, die leiterartigen Stufen zum Tempel hinaufzusteigen, der auf dem Gipfel des Hügels lag. Die Aussicht vom Dochula-Pass ist berühmt. Als ich die steilen Treppen nach oben stieg, hatte ich das Gefühl, mit einem Kichern einfach in den Himmel springen zu können. Zwei große Weihrauchkessel verströmten einen intensiven Duft. In ihren Öffnungen steckten große Wacholderzweige. Wir sahen auf die Chörten hinunter, die geordnet im Kreis errichtet waren, ein wenig wie die Menhirkreise, die wir als Kinder mit meinen Eltern besucht hatten, um uns »Geschichte« anzusehen.

Die Wände des Tempels waren reich mit Fresken ausgeschmückt. Links neben dem Eingang standen drei goldene Statuen auf einem niedrigen Podest. Vor ihnen ein Tisch, auf dem verschiedene Opfergaben dargebracht waren: Kerzen, Schüsselchen mit Wasser, Blumen, Geld und Essen. Die Opfergaben dienen dazu, Anhaftung zu verringern und im Geist Großzügigkeit entstehen zu lassen. Die Statuen zeigten die zentralen buddhistischen Gestalten Bhutans: den historischen Buddha, Guru Rinpoche und Shabdrung Ngawang Namgyel, der den Buddhismus nach Bhutan gebracht hatte. Alle drei Männer haben wirklich gelebt und auf geistigem Weg ihr menschliches Potenzial voll entwickelt. Ihre Bedeutung für den Buddhismus verleiht ihnen eine nahezu mystische Aura, trotzdem waren sie einfache Menschen. Sie gelten daher als Inspiration für alle, die ihr eigenes Verständnis der Natur des menschlichen Geistes vertiefen wollen.

Links von den Statuen war ein eigener Raum, in dem Opfergaben für die Elemente dargebracht wurden. Dies hat seine Wurzeln in den vorbuddhistischen, schamanischen Kulturen des Himalaja, die – wie es häufig auch in alten Kulturen im Rest der Welt zu finden ist – die personifizierte Natur anbeteten.

Der Rest des Tempels war weitgehend leer. Es gibt in buddhistischen Tempeln keine Bänke oder Lesepulte, die Mönche sitzen auf dem Boden auf langen Webteppichen in leuchtenden Farben.

Mein Blick fiel auf einen kahlköpfigen Mönch in roten Roben, wie man sie so häufig in Bhutan sieht. Was mir am meisten auffiel, waren seine nackten Füße – in dieser Höhe und Ende Oktober. Socken wären vielleicht eine gute Idee, dachte ich.

Woher weiß man, dass jemand einen ansieht, auf einer Party zum Beispiel, im Café oder eben im Tempel? Es kam mir vor, als sähe ich plötzlich einen silbernen Schein rund um den Kopf dieses Mönches, wie ein Platzteller bei einem festlichen Abendessen.

Aber wie kann das sein?

Vielleicht war es die Wintersonne, die sich durch die Fenster stahl.

Ich ging auf den Mann zu, der mich mit seinem breiten Lächeln zu ermutigen schien. Ich sagte »Hallo«, denn damals kannte ich die bhutanische Grußformel »Kuzozangpo-la« noch nicht.

Er grüßte zurück und in diesem Moment passierte etwas höchst Merkwürdiges. Ich hörte klar und deutlich das Geräusch eines Pfeils, der von der Bogensehne schwirrt und voll ins Schwarze trifft. Genauso!

Was ist das nur für ein Gefühl?

Seine Stimme schlug mich in ihren Bann. Sie klang so unglaublich gütig. Am liebsten wäre ich geblieben und hätte immer weiter mit ihm geredet.

Wir standen auf und redeten, setzten uns hin und redeten, kreuzten die Beine auf dem Boden und redeten.

Ich vergaß, dass Karin auf mich wartete, vergaß überhaupt alles. Und die Worte, die aus meinem Mund kamen, überraschten mich selbst am meisten. Ich erzählte ihm, offensichtlich in tiefem Ernst: »Ich möchte gütig und mitfühlend zu den Menschen sein. Ich möchte Menschen helfen.« So etwas hatte ich noch nie zu jemandem gesagt. Noch als ich es aussprach, fragte ich mich, wo es herkam.

Emma, was redest du denn da? Meinst du das wirklich ernst?

Vielleicht hatte mich ja der Weihrauch benebelt.

Aber wir redeten einfach weiter – es schien ihn auch nicht zu überraschen, so ein Bekenntnis von jemandem zu hören, den er gar nicht kannte. Wir redeten über Kathmandu und das Mantra des Mitgefühls. Ich brachte das einfach nicht zusammen: den Anblick von Leid und die Mitgefühlspraxis. Wenn ich dieses Mantra sprach, würden den Kindern doch die verstümmelten Gliedmaßen nicht nachwachsen. Ich konnte nichts tun, damit eines dieser Kinder aufstehen oder mich ansehen konnte – half das Mantra überhaupt?

Ich erzählte, dass ich Schwierigkeiten habe, genug Zeit zum Meditieren zu finden, mit dem Kind und den Yogakursen. Ich erwartete, dass er mit dem Kopf nickte und mich bedauerte. Er aber meinte, das seien doch keine Hindernisse.

»Jeder hat viel zu tun«, sagte er. »Sie können sich die Zeit nehmen.« Das war eine Anweisung, kein Ratschlag.

Irgendwann fing ich an zu weinen, so sehr hatte mich das Gefühl dieser intensiven Ehrlichkeit berührt. Danach war es mir ein bisschen peinlich und ich hatte das Gefühl, dass es Zeit war, zu gehen. Ich verabschiedete mich von dem Mönch und erhob mich.

Als ich den Tempel verließ, war ich durcheinander und schniefte immer noch. Unten an der Treppe sah ich mich um. Der Rest der Gruppe war verschwunden.

Eine Führerin, die meinen Verirrter-Hamster-Blick richtig deutete, meinte, sie seien vielleicht in das nahe gelegene Café im Dochula Resort gegangen. Sie nahm mich in ihrem Bus mit und tatsächlich fand ich meine Gruppe dort wieder. Zara war der Meinung gewesen, wir sollten uns ein wenig aufwärmen.

Gemeinsam fuhren wir dann nach Punakha weiter, wo wir die berühmte Klosterburg besichtigten. Dann ging es wieder zurück nach Thimphu.

Auf dem Weg dorthin besichtigten wir das Chagri-Kloster, in dem Mönche das traditionelle Retreat von drei Jahren, drei Monaten und drei Tagen absolvieren konnten. Über die steilen Hänge rund ums Kloster verteilten sich lauter kleine Retreathäuser, in denen sich die Retreat-Mönche aufhielten. Ihre mehr als dreijährige Einsamkeit wird nur unterbrochen von gelegentlichen Besuchen, wenn sie neue Belehrungen erhalten, die sie in der Meditation zu meistern haben, oder wenn sie einen Arzt benötigen. Das Hauptgebäude des Klosters wurde im 17. Jahrhundert von Shabdrung errichtet (dessen Statue wir im Tempel von Dochula gesehen hatten). Um zum Kloster zu kommen, parkten wir an einer großen, holzgedeckten Brücke, die mit zahllosen Gebetsfahnen geschmückt war, die tanzende Schatten auf das schnell dahinschießende Wasser des Gebirgsflusses darunter warfen.

Während man über den Holzboden der Brücke geht, dröhnt das Wasser so laut in den Ohren, dass man alle geistigen Ablenkungen vergisst. Ein wunderbarer Weg, um sich auf eine spirituelle Reise zu begeben. Hinter der Brücke zieht sich ein steiler Weg im Zickzack den Berg hinauf. Es war unglaublich still, als wird dort waren, sodass ich meine Schritte auf dem Pfad hören konnte, den die Menschen schon seit Jahrhunderten gehen.

Schließlich entdeckte ich die mittlerweile wohlbekannten geschmückten Holzfenster des Klosters über mir. Ich sah einen Mönch in roter Robe auf einem Mauerabsatz sitzen und über das weite Tal blicken. Er sah besorgt drein. Ehrfürchtig näherte ich mich in der Annahme, dass er wohl tief in seine heiligen Reflexionen versunken sei. Stattdessen tippte er, als ich näher kam, etwas in sein Smartphone ein. Trotz dieser leisen Anzeichen einer gewissen Modernität erhob sich das Kloster majestätisch in aller Pracht hoch über das Thimphu-Tal. Die Bäume steckten wie Pfeile im Boden, ganz unten glitzerte still das silberne Band des Flusses. Im Haupttempel waren die Mönche gerade dabei, mit riesigen Hörnern aus Kupfer und Messing zu üben. Der traurige Klang dieser Hörner ging einem durch Mark und Bein. Er kündete von der Kostbarkeit und Vergänglichkeit des menschlichen Lebens, um sich dann in die Lüfte zu erheben, bis hinauf zu den Berggipfeln.

Vor dem Haupteingang stand ein Mönch, und ich trat lächelnd näher, um mit ihm zu sprechen. Höflich fragte ich ihn, wie lange er denn meditiere. Ich meinte damit: täglich. Es interessierte mich immer, Zahlen, Ziele und Fakten zu erfahren. Seine Antwort war ganz ruhig und überlegt: »Ein Jahr, drei Jahre, vielleicht das ganze Leben.« *Also nicht nur zwanzig Minuten täglich* – das sollte ich mir merken.

Diese kurzen Augenblicke der Belehrungen, diese Einblicke in die Tiefgründigkeit des Buddhismus und seine Modernität in Bhutan waren für mich absolut faszinierend. Ich hatte Glück, denn die Mönche, die ich angesprochen hatte, verstanden Englisch. Diese Fremdsprache wird in allen Schulen Bhutans gelehrt, sodass das Land für Besucher viel offener ist, als es die zauberhaften Fotos in den Reiseführern vermuten lassen.

Zara erklärte, dass Buddhismus in vielerlei Form praktiziert würde. Ich hörte genau zu, sog alles in mich auf. Es gab Mönche und Nonnen, aber auch Laienpraktizierende und eine Art »Zwischenform«, die sich »Gomchen« nannte. Diese Menschen hatten eine gewisse Zeit im Kloster verbracht, lebten aber ansonsten in der Gemeinde der Laienpraktizierenden. Anscheinend lebten Mönche, Nonnen, Lamas und Rinpoches in Klöstern, in den Dzongs, im Retreat oder mit der Gemeinde oder alles zusammen. Das Ganze schien mir erstaunlich flexibel. Dabei standen den Rinpoches die meisten Optionen offen. Sie prägen als anerkannte Wiedergeburten früherer buddhistischer Lehrer das Bild des Buddhismus in Bhutan.

Der Großteil der Mönche und Nonnen lebt zumindest für eine gewisse Zeit im Jahr im Kloster, die restliche Zeit reisen sie umher und geben Belehrungen oder ziehen sich ins Retreat zurück. Finanziell sind sie vollkommen vom Kloster bzw. ihrer Gemeinschaft abhängig, die ihnen Kost, Logis und eine Ausbildung bieten. Wenn ein Mönch oder eine Nonne eine gewisse Zeit des Studiums hinter sich gebracht haben, meist drei Jahre Unterweisung in buddhistischer Philosophie, dann erhalten sie gewöhnlich die Erlaubnis, ins Dreijahres-Retreat zu gehen, das entweder zusammen mit anderen absolviert wird oder allein. Vom Rest der Welt allerdings ist das Retreat hermetisch abgeschottet. Nachdem das Dreijahres-Retreat absolviert wurde, erhalten die Mönche gewöhnlich den Titel eines »Lama«. In anderen Ländern ist dieser Titel nicht unbedingt an ein Retreat gebunden, in Bhutan jedoch schon. Zara erklärte uns, dass es gerade in diesem Land viele sehr fähige weibliche Praktizierende gibt, doch eine Bhutanerin mit Lama-Titel habe sie noch nicht kennengelernt.

Ich berichtete Karin beim Abendessen eingehend von all diesen Dingen, und als angehende weibliche Praktizierende beschlossen wir, auf unserer Reise ein Nonnenkloster zu besuchen. Einfach nur, um mal eines gesehen zu haben …

Man erfüllte uns diesen Wunsch an unseren letzten beiden Tagen in Bhutan. Wir hatten beschlossen, dass wir – während der Rest unserer Gruppe ins indische Kalkutta flog – in Paro bleiben und von dort aus nach Hause fliegen würden. Bridget hingegen wollte nach Kalkutta, weil ihr Freund David dort eine Schule für behinderte Kinder leitete.

Wir fanden heraus, dass es außerhalb von Paro ein Nonnenkloster namens Kila Ani Gompa gab. Kila bedeutet »Dolch« und ani »Nonne«, während gompa das Verb für »meditieren« ist. Der Dolch steht für die Energie und Entschlossenheit, die man braucht, um alles Negative zu durchtrennen. Kila hätte aber auch »lungenzerfetzender Marsch in großen Höhen einen steilen Hügel hinauf und wie zum Teufel soll man das täglich hinkriegen?« heißen können. Wir befanden uns ja schon auf großer Höhe, ehe wir unseren Aufstieg begannen, und obwohl wir beide Yogalehrer mit viel Übung in Atemtechniken waren, hatten wir das Gefühl, unsere Lungen würden wie Alufolie zusammengeknautscht.

Oben angekommen sahen wir vier Nonnen, die in der Kälte des beginnenden Novembers ihre stark geröteten Hände immer wieder in eine Metallschüssel mit kaltem Wasser tauchten. Sie machten Ritualobjekte, sogenannte tormas, aus farbiger, weicher Butter. Sie formten sie zu Blütenblättern, Streifen und Scheiben. Diese klebt man dann an Stäbe, sodass man eine Art kleinen Totempfahl erhält, mit dem der Altar geschmückt wird.

Karin und ich ließen uns in dem kleinen Altarraum nieder. Wir wollten meditieren. Nach einer Weile kam eine der Nonnen herein und blieb bei uns stehen. Wir verbrachten eine Zeit lang in Meditation. Damit meine ich, dass Karin und ich still im Lotussitz dasaßen, die Hände in den Schoß gelegt, die rechte auf der linken, und ruhig atmeten.

Als wir unsere Meditation beendet hatten, lächelte ich der Nonne in ihrer roten Robe zu, die immer noch geduldig dastand.

»Habt ihr meditiert?«, fragte sie zögernd.

»Nun ja«, antwortete ich und linste zu Karin hinüber, überrascht vom ehrfürchtigen Ton ihrer Frage.

»Wir erhalten erst Unterweisung in der Meditation, wenn wir neun Jahre lang Mantras rezitiert haben«, erklärte sie.

Ich brauchte eine Weile, bis ich diese Information verdaut hatte, und hielt mir die Unmengen von Meditationsbüchern vor Augen, die in westlichen Buchhandlungen herumlagen: »Meditation für Dummies«, »Meditation fürs Büro«. Mit Zeichnungen der korrekten Haltung der Wirbelsäule.

Hat der Westen den Osten übernommen und auf den Kopf gestellt?

Ich wollte die Nonne keinem Verhör unterziehen, andererseits interessierte es mich schon, welche Rolle die Meditation in der klösterlichen Schulung spielte.

Karma, unser Führer während unserer beiden Extra-Tage in Bhutan, packte zum Mittagessen ein Picknick aus seinem Rucksack, der schwer an die Zaubertasche von Mary Poppins erinnerte, so viel schien darin Platz zu haben. Wir setzten uns um den Plastiktisch im Hof, der Küche, Altarraum und Unterkünfte voneinander trennte. Mit seiner Hilfe versuchten wir zu verstehen, wie es ist, als Nonne in den Bergen von Bhutan zu leben.

Die Frauen kümmerten sich um den Altarraum, sprachen täglich Gebete, kochten und aßen gemeinsam und lernten klassische tibetische Texte auswendig. Die eine Hälfte Studium, die andere praktische Tätigkeiten. Wie wir es auch schon andernorts gesehen hatten, waren die Lebensbedingungen in den Wohngebäuden, so schön und beeindruckend der Altarraum auch war, mehr als einfach. Aus der Sicht einer Engländerin, die an Zentralheizung und Waschmaschine gewöhnt war, drängte sich die Frage auf, wie die Frauen ihre Kleidung wuschen und trockneten. Aber es schien ein bisschen unhöflich, einen männlichen Führer zu fragen, wie die Nonnen dort ihre Wäsche erledigten!

Er erklärte, dass die Nonnen um vier oder fünf Uhr morgens aufstanden, je nachdem, wie kalt es war. Ihr täglicher Stundenplan, der an der Wand des Altarraums hing, zeigte, dass sie kaum Ruhezeiten hatten. Erstaunt sagte ich zu unserem Führer, dass die Frauen wohl wenig Zeit zum Schlafen hätten.

»O ja, das ist ein hartes Leben. Schließlich sind sie Nonnen«, antwortete er nüchtern.

»Und wie, glauben Sie, schaffen sie es dann?«, hakte ich stirnrunzelnd nach, weil ich es wirklich nicht begriff.

»Sie tragen das Kloster in sich.«

»Ah ja«, entgegnete ich und stellte mir vor, wie all die goldenen Statuen und wunderschönen Altäre die pulsierenden Organe ersetzten.

Karin setzte ihren grauen Wollhut auf. Mir fiel auf, dass das Licht in der Küche ständig an- und wieder ausging. Ich fragte nach, ob das normal sei. Der Führer rief eine der Nonnen, die einen Topf mit grünen Bohnen trug. Sie kam zu uns herüber und erklärte, dass sie zwar Strom hätten, aber halt nicht immer. Offensichtlich war das Flackern durchaus üblich, vor allem am Abend, wenn man das Licht am meisten brauchte. In diesem großen Holzgebäude an der Flanke eines hohen Berges bildete ich mir ein, helfen zu können.

»Vielleicht ist es die Sicherung. Sollen wir mal im Sicherungskasten nachsehen?«

»O nein«, meinte die Nonne fröhlich. »Das ist der Wind. Wenn der Wind bläst – kein Strom. Wenn er aufhört – Strom. Dieser böse, böse Wind.«

Ich war sprachlos. Dass Strom von Witterungsbedingungen abhängig sein könnte, war mir neu. Ich stellte mir vor, wie die Kabel rund um das Gebäude tanzten und im Wind schwankten, sodass der Strom mal floss, dann wieder nicht. Der harte Alltag in dieser Gemeinschaft war für mich kaum nachzuvollziehen. Ich fühlte mich an einen Bienenstock erinnert, in dem das Leben nur funktionierte, weil jeder gelernt hatte, auf das große Ganze zu achten und auf alles zu verzichten, was nicht unbedingt nötig war.

Die Einfachheit und Härte dieses Lebens wollten mir auf dem Heimweg nicht mehr aus dem Sinn.

Wie machen die das nur?

Der Abstieg war für unsere Lungen leichter zu bewältigen, für unsere Beinmuskeln eher nicht. Glücklicherweise hatten wir für die letzte Nacht die luxuriöseste Unterkunft auf der ganzen Reise gebucht, ein Tophotel namens Zhiwa Ling. Das bedeutet »Ort des Friedens«. Etwas anderes hätten wir nach dieser Wanderung auch nicht mehr verkraftet.

In diesem Hotel gab es die mittlerweile vertraute bunte Holztäfelung nicht. Stattdessen erwarteten uns eine komfortable Fußbodenheizung, wunderschöne Schnitzereien und der Blick auf das berühmte »Tigernest«-Kloster am Berghang. Karin und ich quietschten wie zwei Schulmädchen, als wir die riesigen Zimmer sahen und das keineswegs lebensbedrohliche Badezimmer. Auf dieser Reise hatten wir schon so einiges erlebt an verbrühter Haut, erfrorener Haut und gefährlich wackelnden Klobrillen.

Wir setzten uns zu einem höchst zivilisierten Abendessen, konnten uns aber nicht so richtig darüber freuen, weil dies unsere letzte Nacht in Bhutan war. Während unserer ausgezeichneten Mahlzeit, deren Höhepunkt die hausgemachte Bananen-Eiscreme war, fiel mir ein Mann mit sandfarbenem Haar und einem Namensschildchen am Jackett auf. Er ging freundlich plaudernd von Tisch zu Tisch und kam schließlich auch zu uns.

»Hallo, ich bin Brent, der GM des Hotels. Willkommen im Zhiwa Ling. Wie war Ihr Abendessen? Haben Sie es genossen?« All dies in einem traumhaften australischen Akzent.

Karin und ich schwärmten von Bhutan und davon, wie verwöhnt wir uns in diesem Hotel fühlten, sagten aber auch, dass wir leider, leider am nächsten Morgen würden abreisen müssen.

»Was hat die Damen denn nach Bhutan gebracht?«, fragte Brent.

»Wir wollten einmal eine buddhistische Kultur aus der Nähe kennenlernen und hatten von Bhutan so atemberaubende Bilder gesehen. Wir hatten uns das schon lange vorgenommen.« Karin sprach für uns beide und ich nickte, immer noch das köstliche Bananeneis auf der Zunge.

»Ich höre das häufig von den Gästen«, meinte Brent. »Bhutan ist ein besonderer Ort. Was machen Sie denn in Ihrem Heimatland?«

»Wir unterrichten beide Yoga. Eigentlich ist Emma meine Yogalehrerin.«

»Aha. Und wie ist sie so als Yogalehrerin?«, fragte Brent und lächelte mich an.

»Großartig. Einfach die Beste«, antwortete Karin mit breitem Grinsen.

»Danke, Karin. Ich werd' mich revanchieren!«, sagte ich lachend. »Was heißt denn eigentlich GM, wenn ich fragen darf?«

»General Manager. Entschuldigung, das war sozusagen Fachsprache. Ich sage das so oft! Aber jetzt möchte ich Sie nicht weiter stören. Doch wenn die Damen nachher noch Lust haben, kommen Sie doch zu mir in die Bar, dann können wir weiterreden. Unser Yogalehrer hat uns nämlich gerade verlassen, und wir bräuchten jemanden für die Weihnachtszeit. Manchmal kommen Leute hierher, um den Festtagen aus dem Weg zu gehen und Yoga zu üben.«

Das hörte sich spannend an. Außerdem waren Karin und ich für bhutanischen Whisky immer zu haben.

Und so marschierten wir nach dem Abendessen schnurstracks in die Bar, um vor dem offenen Kamin, der mit geheimnisvollen Gestalten aus der bhutanischen Mythologie geschmückt war, mit Brent zu plaudern, der – da er Dienst hatte – bei Mineralwasser blieb. Es stellte sich heraus, dass Brent aus Neuseeland kam und vom Hotelbesitzer gebeten worden war, dieses Hotel zu führen. Er lebte in einem eigenen Haus in der Nähe des Hotels und war ganz offensichtlich verliebt in Bhutan und begeistert von seinem Job. Ich kam mit ihm sofort blendend zurecht, und als er das Gespräch erneut auf den Yoga-Unterricht in den nahenden Weihnachtsferien brachte, tat ich mein Bestes, um ihn von mir zu überzeugen. Karin wiederholte noch einmal nachdrücklich, dass ich eine *großartige* Yoga-Lehrerin sei, und Brent antwortete schmunzelnd, er werde es sich überlegen. Als wir in unser Zimmer zurückgingen, dachten Karin und ich, vom Whisky wohltuend gewärmt, wir hätten ihn schon überzeugt.

Am nächsten Morgen standen wir auf und frühstückten zum letzten Mal in Bhutan. Wir hofften beinahe, dass die tiefhängenden Wolken über Paro unseren Druk-Air-Flieger am Abheben hindern würden und wir im Himalaja festsäßen. Doch es hat nicht sollen sein.

Brent verabschiedete sich von uns. Er schüttelte mir in der geräumigen Lobby die Hand und meinte: »Ich freue mich auf ein Wiedersehen.« Keine große Sache als Abschied, aber ich hoffte natürlich, es hieße: »Ich freue mich, Sie bald wieder in Bhutan zu sehen, als unsere Yogalehrerin.« Ich hatte die Nacht darüber geschlafen und war davon überzeugt, das Angebot sei ernst gemeint. Und ich war wild entschlossen, Brent beim Wort zu nehmen.

Die Wurzeln des Baumes

Ich schob meine Zukunftspläne fürs Erste beiseite und flog mit Karin nach Delhi. Die Stadt war heiß und schnell. Die grüngelben Motorräder flitzten mit quietschenden Reifen um die Ecke, ihr Gehupe drang gellend durch die gewürz- und abgasschwangere Luft. Wir verkrochen uns in einem Hotel am Flughafen vor dem Chaos und der Geschwindigkeit im Versuch, die Stille des Himalaja so lange auszudehnen wie irgend möglich.

Von dort aus flogen wir nach Nordwesten, zurück in unser Leben in England.

Es war wunderbar, Oscar wiederzuhaben und plötzlich so viele Dinge wertzuschätzen, die mir vorher gar nicht aufgefallen waren: die wunderbar ebenen englischen Straßen und die Toiletten, die man ohne besondere Vorkehrungen benutzen konnte. Ich genoss es, wieder heim nach Whitstable zu kommen, wo ich allen möglichen Menschen zulächeln kann, die ich über die Jahre kennengelernt habe. Whitstable selbst wuchs stetig. Es hatte die Aufmerksamkeit der Londoner auf sich gezogen, die an den Wochenenden der Stadt entfliehen wollten. Die Eisenwarenhändler waren verschwunden, nur Whites of Kent stellten in ihren Schaufenstern nach wie vor ihre gepflegte, formende Unterwäsche aus. Neue Menschen brachten neue Bedürfnisse mit sich. Es gab viele nette Restaurants am Strand, Cafés und Spielplätze für die Kinder. Es war wunderbar. Viel lebendiger als vorher.

In Bhutan hatte es diesen salzigen Geruch nach Meer nicht gegeben, auch nicht die tollen Cafés mit ihren Espressomaschinen, doch das Land hatte mich gepackt. Obwohl ich meine Heimatstadt liebe, vermisste ein Teil meiner selbst Bhutan jetzt schon und wollte lieber heute als morgen zurück. Vielleicht lag es daran, dass dort über allem ein Hauch von Heiligkeit liegt. Berge, Texte, Flüsse, das Land, die Bäume und die Tiere: alles galt als heilig. Ich fand das unglaublich kraftvoll. Natürlich hing ich sehr an Oscar, ebenso an meiner Familie und einigen wenigen hochgeschätzten Besitztümern. Aber heilig? War mir irgendetwas heilig?

Den Himmel und die Berge als heilig anzuerkennen und sie dementsprechend anzusehen, gab mir tiefe Freude. Es war lange her, dass ich dieses Gefühl verspürt hatte. Vielleicht hätte ich sogar zurückgehen müssen bis zu den Tagen am Strand, als mein Vater in seiner roten Badehose aus der kalten See stieg und sich – wie alle Engländer nach dem Baden in heimischen Gewässern – schaudernd trocken rieb. Es war lange her, dass das Glück sich so selbstverständlich und natürlich angefühlt hatte. Bhutan brachte es mir zurück, von irgendwoher tief in meinem Inneren.

Es hatte mir außerdem erlaubt, dieses tiefe Gefühl der Güte zu erfahren, sowohl durch meine Begegnung mit dem Mönch in Dochula als auch durch jene mit all den Menschen und Orten, die ganz dem Mantra des Mitgefühls verschrieben waren. All das war, schlicht und ergreifend, ungemein inspirierend.

Als ich 2011 nach England zurückkehrte, praktizierte ich voller Hingabe Buddhismus, wie der Mönch es mir gesagt hatte. Ich erinnerte mich vollkommen klar an den Klang seiner Stimme. Als wäre er präsent, während ich zu Hause saß. Und so stellte sich bald das Gefühl ein, dass unser Gespräch noch nicht zu Ende war. Ich musste zurück nach Bhutan und den Mann finden. Diese absolute Gewissheit sagte mir in Großbuchstaben, in roter Farbe und doppelt unterstrichen nur eines: »SUCHE DIESEN MÖNCH!«

Über Skype nahm ich Kontakt zum Hotel in Paro auf und diskutierte mit Brent die Möglichkeit, dort über die Weihnachtsferien Yoga zu unterrichten. Während der Feiertage war Oscar ohnehin immer bei Mark, und ich hatte schon ein Weihnachten ohne meinen Jungen erlebt und ihn schrecklich vermisst. Es war also höchst verlockend, etwas anderes zu tun. Brent bestätigte, dass er tatsächlich über Weihnachten eine Yogalehrerin brauchen konnte. Ich erklärte mich sofort bereit und ließ ihm keine Chance, sich das Ganze noch einmal anders zu überlegen.

Sechs Wochen nach dem Abflug aus Bhutan bestieg ich ein Flugzeug nach Bangkok und dort ein weiteres, das mich nach Paro brachte. Paro liegt im fruchtbaren Westen Bhutans, wohin die meisten Touristen reisen. Der Anflug ist aufregend, denn das Flugzeug muss im Sichtflug zwischen hohen Bergketten einfädeln und scheint dabei fast die Spitzen der Koniferen zu streifen, bevor es auf einer erstaunlich kurzen Landebahn neben Kühen und Heuhaufen zum Stehen kommt. Die Landung auf dem Flughafen von Paro gehört zu den schwierigsten weltweit. Von den Fenstern des Flugzeugs aus sieht man, wie das Kloster von Paro und der gewundene Fluss allmählich näher kommen. Es ist, als würde man von seinen Lieben in die Arme genommen.

Man könnte den Flughafenterminal ohne Weiteres mit einem Palast verwechseln, und tatsächlich zücken die meisten Besucher erst den Fotoapparat, bevor sie zur Passkontrolle gehen. Brent holte mich ab und wir fuhren die zwanzig Minuten zum Zhiwa Ling Hotel, wo ich Gästen und Mitarbeitern Yoga beibringen sollte.

Yoga mit den bhutanischen Mitarbeitern war großartig. Es fiel ihnen leicht, lange im Fersen- oder Lotossitz zu bleiben, denn genauso saßen sie ja auch zu Hause jeden Tag, und sie liebten es, ihre Kollegen bei den Yogaübungen mit den Ellbogen umzuschubsen. Für sie hatte Yoga offensichtlich viel mit Spaß zu tun – das musste ich mir merken.

Während der Übungsstunden lernte ich die Mitarbeiter immer besser kennen, sodass ich bald recht entspannt mit ihnen umgehen konnte. Meistens aß ich auch mit ihnen an dem langen Tisch in einem der Hinterzimmer zu Mittag. Brent und sein Team lachten, scherzten, aßen und lösten nebenher ihre Probleme – alles in einem Aufwasch. Wir saßen meist zu zehnt am Tisch, die Leute kamen und gingen, je nach Appetit und Aufgabenbereich. Am Ende blieben meist nur Aum Sonam, die Chef-Hauswirtschafterin, und ich übrig und plauderten über milchigem Tee und den Resten irgendeines Geburtstagskuchens.

Aum heißt in Dzongkha, der Amtssprache Bhutans, so viel wie »Mutter«. Frauen, die Kinder haben, werden immer so angesprochen, als wäre der Titel Teil ihres Namens. Kaum vorstellbar, dass man in England jemanden als »Mutter Sandra« oder »Mutter Claire« anredet (außer man macht ein Casting für The Sound of Music oder einen anderen Film, der im Kloster spielt). In Bhutan geht das.

Aum Sonam war Anfang vierzig, und ihr breites Gesicht mit den hohen Wangenknochen unterstrich ihre tibetische Herkunft. Sie stand bei den Geschichten am Mittagstisch stets im Mittelpunkt. Wenn sie da war, gab es mit Sicherheit etwas zu lachen. Sie vermittelte mir das Gefühl, willkommen zu sein, und es war so leicht, mit ihr Freundschaft zu schließen. Brent hatte mir erzählt, dass ihr Vater kürzlich gestorben war, daher wollte ich ihr mein Beileid aussprechen. Eins führte zum anderen und daraus entwickelte sich, wie das in Bhutan so üblich ist, eine längere Geschichte.

Sie war Witwe geworden, nachdem sie ihren Mann bei einem Autounfall verloren hatte, und musste nun ihren Sohn alleine großziehen. Nach dem Tod ihres Mannes hatte sie acht Jahre lang einen Freund namens Dorje gehabt. Als ihr Vater starb, musste sie sich um ihre alte Mutter kümmern. Daraufhin verließ Dorje sie und nahm einen Großteil ihres Geldes mit. Sie erzählte mir all das, und natürlich war ich entsetzt. Man hätte annehmen können, dass sie sich beschweren würde und es sicher lange dauern würde, über diese Enttäuschung hinwegzukommen. Doch ich hatte nur die eine Seite der Geschichte bedacht.

Denn Aum Sonam sagte: »Wenn er nicht glücklich ist, ist es besser, er geht.«

»Aber wie geht es dir denn?«, fragte ich. »Bist du nicht wütend, dass er dich verlassen hat, vor allem in so einer schwierigen Zeit?«

»Warum soll ich mich selbst auch noch unglücklich machen? Er ist weg, das alles ist jetzt Vergangenheit«, antwortete sie. Ich wusste nicht, was ich sagen sollte. So eine klare Belehrung über angewandten Buddhismus hatte ich in all meinen Büchern nicht gefunden.

Ich war verblüfft, als sie sich ziemlich heiter von mir verabschiedete, und machte mich auf, um eine Yogastunde für einen amerikanischen Gast vorzubereiten.

Weihnachten kam und ging leise. Brent hatte vorgehabt, eine kleine Disco für die Gäste zu arrangieren, aber niemand schien darauf Lust zu haben. Menschen, die über Weihnachten nach Bhutan fahren, sind häufig erpicht darauf, dem Weihnachtstrubel zu entgehen, denn in Bhutan feiert man kein Weihnachten. Die Bhutaner können gar nicht begreifen, dass man Bäume abholzt und ins Wohnzimmer stellt.

Da es am Weihnachtstag ruhig war und keiner der Gäste eine Yogastunde wünschte, schlug Brent vor, wir sollten doch wandern gehen. Der Himmel war von einem bestechend klaren Blau, und wir wagten den Anstieg zu einem alten Lhakang, von dem es heißt, er sei auf einem See errichtet worden. Unwillkürlich richteten wir unsere Blicke auf den Boden, als müsste gleich das Wasser zwischen den Dielen hervorquellen. Wir aßen unsere Sandwiches im Freien und sahen den Wolken zu, die über uns hinwegzogen, um sich dann im tiefen Blau aufzulösen.

Auf dem Weg nach unten hatten wir das seltene Glück, einen wilden Takin zu sehen. Das war sehr viel aufregender als ein toter Truthahn auf dem Teller. Der Takin sieht aus wie eine eigenartige Mischung aus zwei anderen Tieren, vermutlich einer Ziege und einer Antilope. Wir sahen die braune Flanke des Tiers zwischen den Blättern auftauchen, darunter ein paar stämmige Beine. Wir erstarrten förmlich und warteten, was als Nächstes passieren würde, doch da schloss sich das Blätterkleid wieder über der Flanke und der Takin war verschwunden.

Am zweiten Weihnachtsfeiertag hatte ich Zeit, meine Reise zurück nach Dochula zu organisieren, wo ich den Mönch suchen wollte. Ich vereinbarte mit Brent, dass ich am nächsten Tag noch Unterricht geben würde, für den Nachmittag aber besorgte er mir ein Auto und einen Fahrer. Ich wollte mich in Bhutan nicht selbst ans Steuer setzen. Brent empfahl mir einen jungen Bhutaner namens Tsering, der als guter Fahrer galt und auch ganz ordentlich Englisch sprach.

Einen Tag später machten wir uns auf und verließen das weite Tal von Paro, um die Höhen von Dochula zu erklimmen. Dabei kamen wir auch durch Thimphu. Zwischen Paro und Thimphu ist die Straße gut ausgebaut. Sie führt einen Gutteil des Weges durch eine Klamm, in der weit unten ein Fluss dahinströmt. An seinen Ufern kann man Familien sehen, die am Fluss picknicken. Auf den felsigen Abhängen darüber liegen viele kleine Behausungen verstreut, in denen man Meditationsretreats machen kann. Meist hat man nur den Eingang zu einer Höhle mit einer Mauer versehen. Unwillkürlich fallen einem dazu sofort die üblichen Fragen ein: »Und wo geht man dort pinkeln?« Oder: »Wie ernährt man sich da oben?« All die elementaren Fragen eben, die der Mensch beantwortet wissen will, bevor er sich entspannen und auf etwas anderes konzentrieren kann.

Im Dezember war es kalt in Dochula. Die Berge erhoben sich eisig blau über den zugefrorenen Reisfeldern. Unterwegs erzählte ich Tsering, weshalb ich nach Dochula fuhr. Ich wolle einen Mönch wiederfinden, mit dem ich mich auf meiner Reise unterhalten hatte.

»Ach«, meinte er, »und wie heißt er?«

»Keine Ahnung«, antwortete ich.

»Wie sah er denn aus?«

»Nun … er trug eine rote Robe und hatte den Kopf kahl geschoren.« Mehr fiel mir nicht ein.

Offensichtlich wunderte Tsering sich über mich. Noch so eine unergründliche Touristin! Erst da wurde mir bewusst, dass ich mich überhaupt nicht erinnerte, wie der Mönch ausgesehen hatte. Ich hatte kein Foto von ihm. Ich wusste noch nicht mal, ob er groß oder klein gewesen war. Nur seine Stimme hatte ich in Erinnerung. Dessen war ich mir sicher. Daran würde ich ihn erkennen.

Ich fühlte, wie sich Schweiß in meinen Achselhöhlen sammelte, während ich weiter erklärte. Rein formell sei ich seit mehr als zehn Jahren Buddhistin und praktiziere die Mitgefühls-Meditation. Das Gespräch mit diesem Mönch sei sehr wichtig für mein Verständnis gewesen und deshalb hätte ich den innigen Wunsch, ihn wiederzufinden, um das Gespräch fortsetzen zu können. Allmählich schien Tsering sich für das Abenteuer zu begeistern. Als wir endlich vor den Chörten in Dochula hielten, waren wir beide neugierig, wie die Geschichte wohl ausgehen würde.

Entschlossen stieg ich die Stufen zum Kloster hinauf, vorbei an den Weihrauchgefäßen, mit dem Eigensinn und der Nervosität einer Westlerin, die unterwegs war zu einem Blind Date mit einem Mönch … von dem selbiger Mönch nichts wusste.

Tsering begleitete mich, korrekt gekleidet in seinem längs gestreiften grauen Gho, dem Nationalgewand für einen Mann in Bhutan. Er hatte sein dunkles Haar glatt nach hinten gekämmt, wie die jungen Bhutaner es tun. Obwohl er so dünn war, schien die Kälte ihm nichts auszumachen.

Wir kamen an die äußeren Tempeltore mit den reich geschmückten messingfarbenen Ringen zum Öffnen. Ich atmete einmal tief durch.

Innen war alles wie damals. Ein großer Mönch stand da und kehrte mir den Rücken zu. Es war alles ganz genauso: die rote Robe, der kahl geschorene Kopf, die nackten Füße.

Tsering beugte sich zu mir herüber: »Madam, war er es?«

Ich ging nach rechts, der Mönch drehte sich um und begrüßte uns.

Ich begreife das nicht. Wie kann es sein, dass er es nicht ist? Wo kann er nur sein?

»Nein. Er ist es nicht«, antwortete ich mit kaum verhohlener Enttäuschung.

Vielleicht hatte ich einfach zu viele Meditationsbücher gelesen und automatisch angenommen, der Mönch würde irgendwie wissen, dass ich zurückkommen würde, um mit ihm zu reden. Ich sah immer wieder hinüber, doch wie oft ich den Mönch auch mustern mochte, er wurde einfach nicht zu meinem Mönch. Wir hatten nun mal Dezember, nicht Oktober.

Der Mönch, der vor uns stand, konnte kaum Englisch, doch Tsering half mir weiter. Man sagte mir, dass der Mönch, der sich damals um den Tempel gekümmert hatte, mittlerweile fürs Dreijahres-Retreat nach Punakha gegangen war.

Da setzte es in meinem Hirn für einen Augenblick aus, als hätte jemand meinen Kopf leergeblasen.

Die ganze lange Reise, von England nach Bangkok, von Bangkok nach Paro, von Paro nach Dochula und die Treppen herauf zum Tempel, stand mir unmittelbar vor Augen. Es wäre mir nie in den Sinn gekommen, dass sie damit zu Ende sein könnte. Einfach so.

»Weg? Ins Retreat? Für drei Jahre?«, hörte ich mich sagen.

Nun war die ganze Luft raus. Langsam und schweigend gingen wir die Stufen hinunter zu den 108 Chörten.

Wir fuhren ins Café des Dochula Resort.

Erst da fiel mir auf, wie kalt die Luft hier oben wirklich war. Es war Dezember und wir bewegten uns auf 3 000 Metern Höhe, weit weg von meinem üblichen »Meeresspiegel«. Im Café stellten Tsering und ich uns an ein fassähnliches Gefäß, in dem Holz verbrannt wurde. Auf dem Deckel lagen glatte, runde Steine, die wir in die Hand nahmen, um uns aufzuwärmen. Wir tranken einen sehr ungewöhnlich schmeckenden Kaffee und aßen Schokokekse. Viel zu sagen gab es nicht.

Ich fühlte mich plötzlich verloren in Bhutan und bedauerte, dass ich mir keinen Plan B zurechtgelegt hatte.

Mein Blick wanderte ziellos umher. An den Wänden hingen Bilder der königlichen Familie von Bhutan. Die Tische waren bunt lackiert. Überall standen kleine Gläser mit pinkfarbenen Servietten für den Gebrauch bereit.

Da läutete Tserings Telefon – in Bhutan hat jeder ein Handy. Wie ich schon in Cheri gesehen hatte, haben auch Mönche häufig ein Mobiltelefon. Bhutan ist eines der Länder, in denen die Phase der Festnetztelefonie einfach übersprungen wurde. Man ging sozusagen gleich zum Mobilnetz über. Da Tsering mit dem Anrufer Dzongkha sprach, bekam ich nicht mit, worum es ging.

Meine Nasenspitze wurde langsam immer kälter. Ich stampfte ein wenig mit den Füßen, um meinen Kreislauf anzuregen.

Tsering legte das Telefon weg und wandte sich zu mir um. »Das war der Mönch aus dem Tempel. Er weiß jetzt, wen Sie suchen.« Tsering klang selbst aufgeregt. »Das war kein Mönch, das war ein Lama. Sie haben mit dem Lama dieses Tempels gesprochen.«

»Ach«, sagte ich und versuchte, mich auf die neue Lage einzustellen.

»Er erinnert sich an Sie, und ja, er würde Sie gerne wiedersehen. Im Moment ist er in seinem Heimatdorf und führt Rituale durch, aber wir haben seine Telefonnummer. Sie können ihn dort anrufen.«

Nun lächelten wir beide übers ganze Gesicht. Denn das war wohl doch noch nicht das Ende dieser Geschichte.

Tsering schien beeindruckt, dass sich der Lama an mich erinnert hatte, aber wahrscheinlich hatte er noch nicht so viele Westlerinnen kennengelernt, die sich neben ihn auf den Boden gesetzt und geweint hatten. Aber wer wusste das schon? In diesem Land der Wolken und alten Mythen war alles möglich.

Also musste ich jetzt einen Mönch anrufen, der eigentlich ein Lama war und gerade irgendwo Rituale durchführte, dessen Aussehen ich nur unzureichend beschreiben konnte, und musste mit ihm einen Termin vereinbaren.

All das mit einem Mobiltelefon, das ich ganz nah ans Ohr presste, während meine Hand immer noch von dem glatten Stein aus dem Fluss gewärmt wurde. Ich brauchte einen Moment, um mich zu sammeln, dann bat ich Tsering um sein Telefon.

Glücklicherweise sagte mir der Lama, als ich ihn anrief, genau, was ich tun sollte, was für mich eine enorme Erleichterung war. Als frühere Bankerin hatte ich natürlich angenommen, ich müsse die Verantwortung für absolut alles selbst übernehmen. Aber nein. Er sagte mir, er würde am 31. Dezember nach Paro kommen, um mich dort zu sehen. Ich hatte zwar für den Jahreswechsel eine kleine Champagner-Silvesterfeier mit Brent und Freunden vorgesehen, aber das musste wohl einfach warten.

Ich hatte einen Lama, der mich sehen wollte.

Der Lama

Und so saß ich am Silvesterabend in der Hotellobby und wartete auf den Lama.

Die Eingangstür war weit weg von meinem Sessel. Ich hoffte, ich würde ihn gleich erkennen. Da ich kurzsichtig bin, hatte ich darüber nachgedacht, meine Brille aufzusetzen – diesen Gedanken aber gleich wieder verworfen, als ich mir vorstellte, wie mir die Brille von der Nase fallen würde, wenn ich mich vor ihm verbeugte.

Was soll ich ihm nur sagen? Plötzlich bekam ich kalte Füße und fragte mich, wieso ich so sicher hatte sein können, dass ich unbedingt noch einmal mit ihm sprechen musste. Worüber wollte ich mit ihm eigentlich reden? Ich konnte mich einfach nicht mehr erinnern. Ich brauchte unbedingt einen Plan, leider hatte ich keinen.

Einen Moment lang war es still, dann öffnete sich die Doppeltür und ein strahlender Mann kam herein, der über der Schulter ein orangefarbenes Tuch trug, darunter eine rote Jacke über dem Mönchsgewand. Da war er.

Von einer Sekunde auf die andere erfüllte mich Mut. Ich ging hinüber, um ihn zu begrüßen. Erneut traten mir die Tränen in die Augen, so stark war der Eindruck, den seine Person auf mich machte.

Wenn man jemanden nach langer Zeit wiedersieht, von dem man glaubt, ihn verloren zu haben, ist es da nicht normal zu weinen?

Wie war mir diese Quadratur des Kreises nur gelungen? Hätte die Szene einen musikalischen Background gehabt, wäre es vermutlich John Lennons »Instant Karma« gewesen, ein Song, der etwas beschreibt, das einen einfach aus den Socken haut. Die Möglichkeit einer Kraft, die uns erlaubt, Orte und Menschen »wiederzuerkennen«, obwohl wir sie vorher nie gesehen haben.

Da kam ein bhutanischer Mönch durch die Tür, der kaum Englisch konnte. Wieso fühlte ich mich, als sei gerade die Sonne aufgegangen?

Ich hielt ihm den langen, weißseidenen Schal entgegen, den man in den Ländern des Himalaja Respektspersonen gewöhnlich überreicht. Ich beugte mich ein wenig vor und hielt ihn wie eine Hängematte zwischen den Händen, als Opfergabe.

Er nahm ihn und erwiderte den Gruß, indem er mir den Schal um den Hals legte.

Wir setzten uns in die Sessel in der Lobby, und Brent kam, um den Lama zu begrüßen. Die Anwesenheit eines Dritten war eine gewisse Erleichterung. Wir tranken Tee, aßen Kekse und versuchten, uns auf Englisch zu unterhalten – was nicht einfach war, aber wir taten unser Möglichstes.

Ich kann mich kaum noch an den Inhalt des Gesprächs erinnern, nur dass zwischen dem, was ich empfand, und dem, was ich wusste, ein weiter Abgrund klaffte. Ich fühlte absolute Freude in der Nähe dieses Menschen. Aber ich wusste quasi nichts über ihn, nicht einmal seinen Namen. Wenn man einem Menschen gegenüber vollkommene, spontane Hingabe empfindet, ist es nicht ganz einfach, das Wesentliche zu kommunizieren. Man könnte es vermutlich vergleichen mit dem Moment, in dem man sein neugeborenes Kind zum ersten Mal sieht.

Ich fand heraus, dass er Bhutan nur einmal verlassen hatte, um zu einer buddhistischen Feier nach Nepal zu fahren. Ansonsten wusste er wenig über die Welt außerhalb Bhutans. Es war klar, dass er nicht viel Erfahrung damit hatte, mit Menschen aus dem Westen über das Leiden zu sprechen. Vielleicht hatte er ja auch die unschuldige Vorstellung, das Leben würde einfacher, wenn man erst mal die Armut hinter sich gelassen hat. Vielleicht würden wir ja beide voneinander lernen.

Nach dem Tee ging er nach oben in sein Zimmer, um sich auszuruhen – auch er wohnte im Hotel. Es ist eine Frage der Höflichkeit, dass man einen Lama als Gast in sein Hotel lädt. Es gehört in Bhutan zum guten Ton und gilt auch als glückverheißendes Zeichen. Wir sahen ihm zu, wie er in seiner roten Robe und den braunen Schuhen die Treppe hinaufging, eine kleine Reisetasche in der Hand. Da war etwas sehr Bewusstes und Bedachtsames an ihm.

Sobald er verschwunden war, setzten Brent und ich uns wieder hin.

»Na, was meinst du?«, fragte ich.

»Ja, er scheint ein guter, einfacher Mensch zu sein. Ein richtiger Praktizierender«, gab Brent sein Urteil ab.

»Er ist großartig, nicht wahr? Ich wünschte nur, wir würden uns auf Englisch ein bisschen besser unterhalten können«, gestand ich mit einem Grinsen.

»Aber das ist doch ganz gut gelaufen. Mach dir keine Sorgen«, versicherte er mir. »Und wie geht es jetzt weiter? Wie soll dein Silvester aussehen?«, fragte er und wechselte das Thema.

»Nachdem er sich ausgeruht hat, will er zum Abendessen runterkommen. Was dann wird – keine Ahnung!« Ich lächelte entspannt. »Aber ich weiß nicht, ob ich zur Party komme.«

»Naja, du wirst doch wohl Zeit für ein Glas Champagner zwischendrin haben? Bella und ein paar Freunde von ihr kommen so gegen zehn Uhr.«

Es war nett, dass man mich zur Feier mit ein paar anderen Expats eingeladen hatte, die in Bhutan arbeiteten, aber ich überlegte bereits, was ich den Lama später fragen wollte. Ich war immer noch nervös. Hoffentlich würden sich im Gespräch mit ihm keine peinlichen Pausen ergeben!

Um sieben Uhr abends kam er in die Lobby und wir aßen zusammen im Hotelrestaurant, am selben Tisch, an dem Karin und ich noch vor wenigen Wochen gesessen hatten. Wir redeten nicht sehr viel.

Am Ende der Mahlzeit meinte er: »Also gut. Ich sehe dich am Morgen wieder, um sechs Uhr früh im Altarraum.«

»Ist gut.«

»Dann gute Nacht«, sagte er und stand auf.

Ich erhob mich ebenfalls, und wir verließen das Restaurant.

Brent stand an der Rezeption und kam herüber. »Alles in Ordnung, Lama? Alles okay mit Ihrem Zimmer?«

»Ja, ja, sehr schön. Danke. Jetzt muss ich aber gute Nacht sagen.« Er verlor wirklich nicht viele Worte.

Wir wünschten ihm also eine gute Nacht und sahen zu, wie er gemessenen Schrittes die Treppen hinaufstieg.

»Alles erledigt?«, fragte Brent. »Bereit für den Champagner?«

»Lieber Himmel, ich bin wirklich bereit für irgendwas zu trinken«, meinte ich. »Ich habe noch nie mit einem Lama getafelt!«

Wir ließen uns auf einem der bequemen Sofas nieder, die in der Hotelbar vor dem offenen Kamin standen.

»Und?«, wollte Brent wissen.

»Ja, nein, alles in Ordnung«, sagte ich und deckte damit alle Möglichkeiten ab, wie man es macht, wenn man nicht wirklich zuhört. »Er sagte mir, ich solle ihn um 6 Uhr früh im Altarraum treffen. Ich frage mich, was das heißt?«, überlegte ich laut.

»Na, viel Zeit hast du nicht mehr, das herauszufinden. Komm schon, Bella und Richard werden bald da sein. Lass uns einen Drink nehmen, um das neue Jahr zu feiern.«

Später im Bett brachte ich die letzte Nacht des Jahres 2011 damit zu, ständig ängstlich auf die Uhr zu blicken, ob ich auch ja nicht den Weckruf um 5 Uhr 40 verpasst hatte. Ganz aufgeregt wachte ich alle paar Stunden auf. Ich war so neugierig, was als Nächstes passieren würde. Und so rutschte ich ins Jahr 2012.

Ich stand pünktlich auf und ging in den Altarraum hinunter. Dort setzte ich mich auf eines der quadratischen, festen Kissen, die auf dem Boden liegen. Ich hatte meine Mitgefühls-Gebete dabei, ein Notizbuch und keine Ahnung, was mich erwarten würde.

Normalerweise hat ein Hotel keinen eigenen Altarraum, das Zhiwa Ling aber bot seinen Gästen diesen Luxus. Es war sehr warm dort, ich hörte eine Uhr laut ticken. Die Statuen blieben ungerührt. Nichts, was sie nicht schon gesehen hätten.

Wieder hörte ich den Klang langsamer, gemessener Schritte. Der Lama erschien und lächelte mich breit an. Er entzündete drei Butterlampen auf dem Altar und setzte sich neben mich auf eines der Kissen. Dann unterwies er mich etwa eineinhalb Stunden in der Mitgefühls-Meditation, wobei er seinem Englisch mit Gesten auf die Sprünge half.

Bei dieser Mitgefühls-Meditation ist es wichtig, sich den heiligen Klang des Mitgefühls-Mantras – *Om mani peme hung* – als Ring von Silben vorzustellen, die um das eigene Herzzentrum kreisen.

Zunächst stellt man sich eine Mondscheibe vor, die horizontal in der Mitte der Brust liegt. Darüber erscheinen die Buchstaben des sechssilbigen Mantras. Sie stehen aufrecht auf der Scheibe und bewegen sich wie ein langsamer Kreisel. Das ist sozusagen die innere Version dessen, was die linke Hand tut, wenn sie die Malaperlen durch Daumen und Zeigefinger gleiten lässt. Dabei spricht der Mund leise das Mantra nach. Körper (Aktion), Rede und Geist vereinen sich im Mitgefühl.

OM MA NI PE ME HUNG – sechs Silben, die als konzentrierter Ausdruck des Mitgefühls gesehen werden.

Während der Lama mir dies alles erklärte, schrieb ich eifrig mit und versuchte einerseits mitzukommen, andererseits die Erfahrung in mich aufzunehmen, wie es ist, neben einem so erfahrenen Meditierenden zu sitzen.

Sobald wir meine restlichen Fragen durchhatten, meinte der Lama, er würde »nun ein Rauchopfer« darbringen. Währenddessen sollte ich meditieren. Ich packte die rechteckigen Blätter der Gebetstexte zusammen, die vor mir lagen, und rezitierte still die Gebete. Dann übte ich die Visualisierung und sprach die Mantras mit meiner Mala.

So saßen wir Seite an Seite im Altarraum. Ich wollte nicht hinübergucken, also wusste ich nicht genau, was er gerade tat. Am Ende beugte er sich zu mir und nahm meine Mala.

»Diese nicht gut«, sagte er. Er nahm die dunkelbraune Gebetskette ab, die er ums linke Handgelenk trug, und drückte sie mir in die Hand. »Diese besser. Du musst viel bezahlen, wenn kaufen. Für mich, einfach.«

Das hörte sich vielleicht so an, als würde Tarzan zu Jane sprechen, doch damit war alles entschieden. Es war so weit. Er war mein Lehrer, und ich war seine Schülerin.

Sonnenschein

Damals wusste ich, dass ich jemanden kennengelernt hatte, der für mich wichtig sein würde, aber ich hatte nicht den Hauch einer Idee, was die Zukunft bringen würde.

Nach dem Frühstück am nächsten Tag reiste der Lama ab. Wir verabschiedeten uns am Eingang des Hotels. Als ich zur Rezeption zurücklief, bat ich die Rezeptionistin, mir doch noch einmal ganz langsam den Namen meines Lehrers vorzusprechen. In Dzongkha ist es nicht so ganz einfach, Namen zu verstehen, wenn sie schnell ausgesprochen werden. Sie meinte, das sei Lama Nima Tsering. Das bedeutet: »Lehrer langwährende Sonne«. Seine Adresse kannte ich schon: der Dochula-Tempel bei Thimphu in Bhutan. Er hatte mir eine Telefonnummer gegeben mit dem Hinweis, dass diese für Anrufe meist funktioniere, aber das Verschicken von SMS sei damit nicht möglich. Und natürlich hinge alles davon ab, ob es in dieser Höhe gerade Empfang gab, wenn man anrief.

Ein paar Tage später kehrte ich nach England zurück und setzte meinen kunterbunten Lebensstil einer Mutter/Yogalehrerin/buddhistischen Praktizierenden fort. Es war genau die Art von Gleichung, die ich am liebsten hatte: ein bisschen was von allem.

»Osc, brauchst du heute ein Lunchpaket?«, fragte ich ihn, während er in seinem Zimmer irgendeine lebenswichtige Lego-Figur suchte.

+ »Okay, wir legen uns flach auf den Rücken. Konzentriert euch ganz auf das Gefühl des Ein- und Ausatmens in eurem Körper. Spürt die Erde unter euch und lasst alles los, was euch heute passiert ist, bis ihr hier, in diesem Raum, angekommen seid.« Meist sprach ich ruhig und leise, während meine Yogaschüler sich im Raum um mich positionierten.

+ »Mögen alle Wesen Glück erfahren und die Ursachen von Glück. Mögen alle Wesen frei sein vom Leid und den Ursachen des Leides.« Über diese Worte nachzudenken war Teil meiner täglichen Praxis, die der Lama mir aufgetragen hatte.

= Ich war viel glücklicher als vorher.

Das hört sich vielleicht ein bisschen so an, als würde ich wie früher versuchen, alle möglichen Bälle in der Luft zu halten, doch es fühlte sich einfach nicht mehr so an. In meinen Augen begannen die verstreuten Teile meines Lebens sich langsam zu einem vollständigen Bild zu verbinden.

Im März 2012 nahm ich Oscar zum ersten Mal ins Kloster Samye Ling in Schottland mit, wo ich vor Jahren formell Buddhistin geworden war. Oscar saß im Altarraum auf meinem Schoß, während um uns herum die Nachmittagsgebete mit Trommel- und Zimbelschlag gesprochen wurden. Ich dachte, er würde vielleicht quengelig werden, stattdessen wurde er ganz ruhig und schlief ein. Ich spürte ihn auf meinem Körper, während die Gebete immer tiefer gingen. Danach gingen wir in den Shop, wo Oscar alle Hand-Gebetsmühlen ausprobierte und beschloss, dass er so etwas auch haben musste. Wir zogen uns in den tibetischen Teeraum zurück, und Oscar probierte unermüdlich, die Gebetsmühle rund im Uhrzeigersinn laufen zu lassen. Er liebte die Herausforderung, und das schon mit fünf Jahren!

Da wir ganz allein waren und Oscar glücklich und versorgt, beschloss ich, den Lama anzurufen. Ich hatte bislang noch nicht den Mut aufgebracht, mich bei ihm zu melden, wusste auch nicht so recht, was ich sagen sollte. Jetzt aber hatte ich das dringende Bedürfnis, mit ihm zu sprechen. So wählte ich die endlos lange Nummer und wartete, während durch die Leitung ein lustiger Singsang-Ton erklang. War dies vielleicht der Rufton in Dzongkha?

»Hallo«, ertönte die ferne Stimme. Selbst dies klang ungeheuer nüchtern.

»Hallo, Lama. Emma am Apparat, Ihre Schülerin in England«, sagte ich in der Hoffnung, dass der Satz für sein spärliches Englisch nicht zu lang war.

»Ach, schön, das zu wissen. Wie geht es dir?« Die Wortwahl war perfekt, nur tanzte die Stimme dabei hin und her wie ein Slalomfahrer im Himalaja.

»Mir geht es gut, Lama«, sagte ich, froh darüber, dass ich ihn telefonisch erreichen konnte. »Ich wollte Ihnen nochmals danken für die Belehrungen und für meine Mala. Ich kann Ihnen gar nicht genug danken.«

»Nicht der Rede wert. Nicht der Rede wert.«

Und dann sagte ich plötzlich nach einer winzigen Pause: »Lama, Sie sind in meinem Herzen.« Ich sagte das einfach so, weil ich wirklich das Gefühl hatte, als sei er eben genau dort. Das Gespräch mit ihm hatte dieses Gefühl an die Oberfläche steigen lassen, doch als ich es dann aussprach, fürchtete ich, die Worte könnten sich vielleicht komisch anhören. So als wäre ich in den Mönch verknallt.

»Danke«, antwortete er mit einer Ruhe, die mir sagte, dass es in Ordnung war. Er hatte verstanden.

Später habe ich meinen Lama gefragt, was der Titel »Lama« eigentlich konkret bedeutet. »Das ist der Mensch, der dich lehrt, der dich zu den Erleuchteten führt«, waren seine exakten Worte. In Büchern liest man meistens, der Titel bedeute »höchster Lehrer« und entspreche dem Begriff »Guru« im Sanskrit.

»Erleuchtung« ist ein Begriff, den man in Bhutan häufig hört, aber auch in Yoga- oder Buddhismus-Belehrungen. Damit ist ein Zustand vollkommener Weisheit gemeint, ein geistiger Zustand vollkommenen Lichts jenseits der offensichtlichen Begrenzung des physischen Körpers. Ein Zustand, der sich nicht in einem Buch beschreiben lässt! Und da ich ihn ohnehin noch nicht erreicht habe, wäre ich die letzte Person, die sich diesbezüglich an eine Definition wagen würde. Ich gebe hier nur weiter, was mir selbst gesagt wurde oder was ich gelesen habe. Vielleicht gelingt es auch nur, wenn man das Wagnis des Glaubens eingeht oder das, seinem Lehrer zu vertrauen.

In der Himalaja-Region gilt das Streben nach diesem Zustand als ausgesprochen sinnvolle Art, sein Leben zu verbringen. Als Nonne ist die Erleuchtung sozusagen mein Aufgabenbereich.

Die Lehren, die in Ländern des Himalaja weitergegeben werden, gehören zur Mahayana-Tradition des Buddhismus, deren Ursprünge in der indisch-buddhistischen Philosophie liegen, wie sie in Nalanda und an anderen großen Klosteruniversitäten gelehrt wurde, lange nachdem Shakyamuni Buddha, *der* Buddha, im 6. Jahrhundert v. u. Z. gelebt hatte.

Während sich diese Form des Buddhismus über ihren Ursprungsort hinaus verbreitete, nahm sie häufig bestehende lokale religiöse Traditionen in sich auf, so auch in Bhutan. Die Bedeutung des Mitgefühls als Motivation gilt als eines der zentralen Momente für den Prozess der Wandlung, den man auf dem Weg zur Erleuchtung durchläuft.

Sieben Monate lang war ich Fernstudentin des Lamas und übte mich gemäß seinen an Weihnachten gegebenen Anweisungen im Mitgefühl. Im Juli 2012 flog ich wieder nach Bhutan. Diesmal fuhr ich in ein Nonnenkloster in Bumthang, einem der zentralen Täler von Bhutan. Einer von Brents Freunden hatte vorgeschlagen, dass ich den Nonnen dort beim Yoga helfen könne, das um fünf Uhr morgens auf ihrem Stundenplan stand. Es ging das Gerücht, dass ich eine gute Yogalehrerin sei, die sich ernsthaft für Buddhismus interessiere. Solch eine Person suchte man, um den Nonnen in ihrer täglichen Praxis neue Inspiration zu schenken.

Wieder einmal chauffierte mich Tsering, der mir mittlerweile zum lieben Freund geworden war. Die Fahrt von Paro nach Bumthang war beeindruckend – wie meine Reiseübelkeit während der sechs Stunden Fahrt auf Serpentinenstraßen. Auf dem Weg dorthin wollten wir bei meinem Lama vorbeischauen. Tsering wusste allerdings nicht, dass ich für mein nächstes Treffen mit dem Lama einen Plan hatte: Ich wollte ihn bitten, mir den Kopf zu scheren.

Die Vorstellung, mir den Kopf kahl rasieren zu lassen, war keine große Sache für mich. Ich hatte es ja mit zweiundzwanzig schon einmal getan. Damals hatte ich keinen irgendwie gearteten religiösen Anlass – es war einfach nur ein Impuls gewesen, der sich richtig angefühlt hatte. Ich hatte die Freiheit geschätzt, die es einem gibt, und tue das noch heute. Die Bhutaner nennen das »einen frischen Kopf bekommen«, und genauso würde ich das auch beschreiben. Für einen Buddhisten hat der kahl geschorene Kopf zudem eine tiefe Bedeutung als Zeichen für den Verzicht auf alle äußerlichen Wünsche und Belange. Meist tun Praktizierende das, wenn sie die Weihen genommen haben oder sich darauf vorbereiten.

Wir saßen zu dritt im kleinen Heim des Lamas beim Tempel. Tsering übersetzte für mich. Nachdem der Lama und ich verschiedene Punkte des Dharma (buddhistische Lehren) besprochen hatten, hielt ich kurz inne. Dann sagte ich, ich hätte eine Bitte an ihn. Im nächsten Augenblick schoss mir durch den Kopf, ob ich damit nicht vielleicht irgendwelche Gelübde verletzen würde, die der Lama abgelegt hatte – vielleicht durfte er den Kopf einer Frau gar nicht berühren. Ich wusste es einfach nicht.

Ich war nicht sicher, wie ich es am besten formulieren sollte, also sagte ich einfach: »Lama-la, ich hätte auch gerne solche Haare wie Sie.« Natürlich hatte ich darauf geachtet, die korrekte Höflichkeitsform – la – zu verwenden, als ich ihn ansprach.

Verwirrt sah er mich an.

Tsering hakte nach, was denn eigentlich meine Bitte wäre und was er übersetzen solle.

Und so sagte ich langsam und fest, dass ich ihn bitte, mir das Haar abzuschneiden und es als Opfergabe an ihn, meinen Lehrer, zu betrachten. Dabei bewegte ich Zeige- und Mittelfinger wie eine Schere um den Kopf, um das Ganze zu veranschaulichen.

Ungerührt sah der Lama mich an. Tsering hingegen wirkte ein wenig besorgt.

Tsering warf ein: »Das ist gar nicht nötig. Der Lama schneidet nur ein bisschen von Ihrem Haar ab.« Dabei machte er eine Geste, als zöge er seinen Kopf an einem Faden hoch.

Aber ich wollte, dass der Lama mir den ganzen Kopf scherte, und wiederholte das. Ein paar Strähnen waren einfach nicht genug.

Glücklicherweise schien mein Lama das ganz in Ordnung zu finden: »Fein, fein«, sagte er.

Als Tsering sah, dass alles gut war, entspannte er sich wieder.

Wir besprachen, wie alles vor sich gehen sollte. Der Lama musste den glückverheißendsten Tag für das Ereignis auswählen. Es war wichtig, den richtigen Tag zu erwischen. Er sah in einem gerollten Manuskript nach, das sich an vorne angebrachten Rädern drehen ließ, und setzte den Zeitpunkt fest. Dann meinte er, er würde einen Mönchsfreund in Thimphu besuchen, um die Haarschneidemaschine zu holen. Ich bat darum, dass die Prozedur im Freien stattfinden solle. Der Lama sah mich an und antwortete, dass wir für die Haarschneidemaschine Strom bräuchten.

Am richtigen Tag setzte ich mich nachmittags in einen Korbsessel in einem der Innenräume des Klosters und neigte mein Haupt. Der Lama fing an, mir den Kopf zu scheren. Ich hatte ein

Blatt bhutanisches naturgeschöpftes Papier auf meinem Schoß, auf dem der Lama die einzelnen Haarsträhnen platzierte. Ich spürte förmlich, wie er sich konzentrierte, wie er es richtig machen wollte. Was gar nicht so einfach war, denn ich hatte eine merkwürdige Beule auf dem Kopf, mit der die Haarschneidemaschine so ihre Schwierigkeiten hatte.

Ich hatte langes, eher blondes Haar, von dem man mir später sagte, dass es hübsch ausgesehen habe. Die Haarsträhnen, die leicht und fluffig in meinen Schoß gefallen waren, faltete Tsering ins Papier. Dann betastete er meine Haut an Kopf und Hals. Mein Kopf fühlte sich frei an wie eine frisch gegossene Glocke, die aus der Gussform herausgelöst worden war, bereit, ihren ersten klaren Ton erklingen zu lassen.

Ah ... Ich konnte den Seufzer der Erleichterung in meinem Inneren förmlich hören.

Dann fuhren wir zu einer Brücke, die man ebenfalls als leicht und fluffig hätte bezeichnen können. Als wir in der Mitte standen, gab sie ein klein wenig nach, und wir schwangen mit ihr im Wind. Der Lama öffnete das Paket an einer Seite und kippte es. Meine Haarsträhnen fielen ins Wasser. Wir gingen auf die andere Seite der Brücke hinüber, doch wir sahen die Strähnen nicht mehr. Sie waren schon auf dem Weg zurück nach Thimphu.

Es tat sich keine Treppe hoch in die Wolken auf. Es erschien kein Regenbogen, den ich hätte betreten können. Nur der Lama, ich und Tsering, die wir auf der Brücke standen und ins Wasser hinunterguckten. Rundherum flatterten die Gebetsfahnen und erinnerten uns daran, dass wir auf einer bhutanischen Brücke standen. Der Himalaja erstreckte sich hinter uns, Indien vor uns. Der Raum war so riesig, dass ich das Gefühl hatte, ich hätte einfach hineinspringen können, schwerelos wie ein Schmetterling, der von Blüte zu Blüte fliegt.

Danach fuhren wir zurück zum Haus des Lamas, um Tee zu trinken. Tsering und er hatten sich vors Haus gesetzt und plauderten.

Ich erklärte dem Lama, dass ich möglicherweise meine Tonsur nicht behalten könne. Wenn Oscar seine Mutter so nicht akzeptieren würde, müsse ich mir die Haare wieder wachsen lassen. Der Lama verstand. Er schenkte mir eine locker sitzende, safrangelbe Hose, wie tibetische Praktizierende sie beim Yoga und bei den Niederwerfungen tragen. Dann fuhren wir los, um rechtzeitig ins Nonnenkloster zu kommen.

Auf der langen Fahrt sprachen Tsering und ich über viele Dinge. Der Lama hatte mir ein Mantra gegeben, das ich lernen sollte. Es hieß das »Hundert-Silben-Mantra«. Ich begann damit gleich im Auto und lernte es Zeile für Zeile, wobei jede Zeile acht Silben umfasste. Die hundert Silben des Mantra stammen aus dem Sanskrit, der »Gelehrtensprache« des Yoga, werden jedoch tibetisch ausgesprochen. Ein Mantra wie das *Om man pemme hung* besteht aus sechs Silben. Sich hundert solcher Laute zu merken war also eine echte geistige Herausforderung!

Während ich still das Mantra übte, fragte Tsering, ob der Lama von Dochula mein »Tsa wä lama« sei, mein »Wurzel-Lama«. Darüber hatte ich noch gar nicht nachgedacht, kam aber schnell zu dem Schluss, dass er es sein musste. Im Buddhismus der Himalaja-Region ist der Wurzel-Lehrer ein geistiger Lehrer, zu dem man schon in früheren Existenzen eine Verbindung hatte. Ihn in diesem Leben wiederzufinden galt als unglaublicher Glücksfall.

Ich erinnerte mich daran, wie ich damals in meinem Erdloch gesessen und die Wurzel angeschaut hatte, die aus dem Erdreich auftauchte und wieder darin verschwand, während der silberne Mond oben am Nachthimmel stand.

Rein optisch war ich nun ein kurioser Mix aus Westen und Osten. Ich hatte einen geschorenen Schädel, trug aber immer noch eine silberne Halskette und einen Perlmuttring am Finger. Ich hatte einfache Sandalen und westliche Kleidung an, trug aber keine Nonnengewänder. Wer meinen kahlen Kopf über den westlichen Klamotten sah, dachte vermutlich, ich hätte eine Chemotherapie hinter mir. Es war vielleicht merkwürdig, aber ich war glücklich damit, mit einem Fuß im Osten verwurzelt zu sein und mit dem anderen im Westen.

Eine Woche brachte ich mit den sechsundneunzig Nonnen in der großen Ani Gompa, dem Nonnenkloster, in Bumthang zu. Die Gebäude bildeten ein Quadrat mit einem großen Hof in der Mitte, in dem die Nonnen sich gelegentlich ein Badminton-Match lieferten. Dabei liefen sie in ihren Roben hin und her und ließen Dampf ab, ganz frei von ihren alltäglichen Pflichten des Studiums und des Gebets.

Jeden Tag plante ich eine lange Unterrichtsstunde für sie, die in dem großen Gemeinschaftsraum unterhalb des Altarraums an der Südwand gehalten wurde. Das Nonnenkloster hatte eine Bhutanerin namens Dawa engagiert, die für all jene Nonnen übersetzen sollte, die in Englisch noch nicht so weit waren, dass sie hätten folgen können. Auch sie übte mit, doch meist musste sie, wenn sie aus der Vorwärtsbeuge hochkam, erst die Übersetzung der Anweisung in Dzongkha wiederholen, bevor sie wieder nach unten gehen konnte.

Weitab von jedem männlichen Blick trugen die Nonnen bei den Yoga-Stunden lockere Hosen. Anfangs waren sie recht zurückhaltend, aber das legte sich bald. Sie fingen an lauter zu werden, mit ihren Nachbarinnen zu schnattern und beim Ausprobieren der ein oder anderen Yoga-Stellung laut zu stöhnen, wie das jeder Yoga-Übende manchmal tut.

Man hatte mich gebeten, mich nach talentierten Schülerinnen umzusehen, die – wenn ich wieder fort war – die Gruppe unterweisen sollten. Also teilte ich am Ende der Woche die Nonnen in Gruppen ein und ernannte für jede eine Leiterin. Diese hatte die Aufgabe, mit ihrer Gruppe bestimmte Yoga-Übungen zu machen, die wir unter der Woche gelernt hatten, damit diese Techniken auch weiter geübt wurden.

Die Kameradschaft, die dabei zwischen den Nonnen herrschte, trat immer wieder offen zutage. Sie fühlten sich erkennbar als große Familie, die einen ganz bestimmten Zweck verfolgte. Es war schön, ein Teil dieses großen Ganzen zu sein, wenn auch nur für eine Weile. Am Ende unseres Aufenthaltes erzählte Tsering ihnen, dass ich ein Kind hatte. Das schien sie zu interessieren und so zeigte ich ihnen auf dem Smartphone ein Foto von Oscar. Man umringte mich und zwitscherte »So süß, so süß!«, während die vorne Stehenden den Frauen weiter hinten erklärten, was vor sich ging. Mir war durchaus klar, dass die meisten dieser Frauen wohl kein Kind hatten und auch nie eines haben würden. Es war ein rührender Moment, denn ich hörte von vielen von ihnen immer wieder einen leisen Seufzer.

Nach einer Woche hatten sie enorme Fortschritte gemacht und es tat mir leid, sie verlassen zu müssen, doch mich riefen meine Mutterpflichten nach England. Als ich abfuhr, schenkte mir eine der älteren Nonnen ein kurzes Stück roten Stoff, eine Art Schal, wie die Novizinnen ihn verwenden. Zusammen mit den safrangelben Hosen meines Lamas war dies der Grundstock einer völlig neuen Ausstattung für mich. Ich kaufte mir auf dem Weg durch Thimphu ein ärmelloses rotes T-Shirt und stopfte meine engen schwarzen Leggins tief in meinen Rucksack. Meine neue Kleidung war jedenfalls eine deutliche Verbesserung, verglichen mit der etwas merkwürdigen Kombination aus meinem geschorenen Kopf und den Jeans; nun passten Kopf und Körper zusammen.

Auf dem Weg zurück nach Paro hielten wir kurz beim Lama in Dochula an. Ich hatte das Hundert-Silben-Mantra geübt und wollte noch einmal mit ihm reden, bevor ich es vollkommen vergaß. Denn ich war mir sicher, dass das passieren würde.

Wir hielten vor seinem Haus, und nachdem wir alle auf dem Boden sitzend Tee getrunken hatten, ging Tsering, um mich mit meinem Lehrer allein zu lassen. Ich sagte, ich hätte eine Opfergabe für ihn, und rezitierte nach bestem Wissen und Gewissen das Mantra. Er hörte mir schweigend zu und ich meinte, ein angedeutetes Kopfnicken gesehen zu haben.

Wir kehrten nach Paro zurück und ich packte. Einmal mehr würde ich Bhutan nach einem kurzen, aber intensiven Aufenthalt verlassen. Ich beschloss, auf der Heimreise meine neuen, bunten Sachen anzuziehen. Ich nahm westliche Kleidung im Handgepäck mit, meine weiße Jeans zum Beispiel, einen silbernen Gürtel und mein lila LK-Bennett-Wickeltop. Ich überlegte, ob ich mich in der Toilette des Flugzeugs umziehen sollte, als wir London anflogen, entschied aber dann, dass das nicht nötig war. Ich würde genauso in England ankommen, wie ich Bhutan verlassen hatte.

Als ich in Heathrow durch das Ankunfts-Terminal ging, rannte mir Oscar ganz aufgeregt entgegen. Mark hatte ihn netterweise zum Flughafen gebracht, und ich würde ihn nun mit zu mir nach Hause nehmen.

Nach einer langen, festen Umarmung fragte ich Oscar: »Und, was meinst du, Osc? Meine Haare – ist das okay?«

»Toll, Mammi«, sagte er und umarmte mich wieder.

»Und die komischen gelben Hosen?«, hakte ich nach und drückte ihn an mich.

»Toll, Mammi«, wiederholte er und lachte glücklich.

»Na gut. Wenn es für dich in Ordnung ist, dann bleibe ich so.« Seine Bestimmtheit erstaunte mich ein bisschen. »Ich liebe dich, Oscar.«

»Ich liebe dich, Mammi.«

Er hatte Sommersprossen, ich hatte Grübchen. Wir wussten, wir waren ein tolles Team.

Jede Blume hat einen Samen

Vielleicht wächst ja,
wann immer wir etwas loslassen,
eine Blume.
Stell es dir vor.
All der Duft, all der Nektar.

Von einem Lama lernen

So weit dazu. Die haarlose Frisur würde also bleiben. Ich machte mich auf die Suche nach meinem eigenen Haarschneidegerät.

Obwohl ich ganz anders aussah als die anderen Mütter auf dem Schulhof, war ich viel zufriedener als vorher. Es fühlte sich so gut an, endlich die Gewohnheit ablegen zu können, alle paar Minuten mein Aussehen zu überprüfen, sicherzustellen, dass ich attraktiv war und etwas fürs Auge bot. Zwar wollten einige der Mütter anfangs wissen, weshalb ich keine Haare hätte, aber bald hatte sich jeder daran gewöhnt und niemand stellte mehr Fragen; wir waren alle Mütter, die versuchten, ihren Alltag zu meistern. Oscar sagte, ich sehe aus wie die glücklichste Mutter von allen, und wenn ihn jemand fragte, antwortete er bloß, sie sollten doch im Internet mal nachgucken, wer der Dalai Lama sei!

Zu meinem kahl geschorenen Kopf trug ich die safrangelben Hosen, die mein Lama mir gegeben hatte, das rote Tuch und mein ärmelloses rotes Oberteil. Ich war bereit eine ganze Reihe alter Gewohnheiten abzulegen, nicht nur das Anziehen und Schminken und Dinge wie Haarbürsten und alles, was dazugehörte.

Es fühlte sich wie ein Stück echte Freiheit an. Endlich.

Oscar war sechs und ich sechsundvierzig. Ich war bereit.

Alkohol und Sex lagen hinter mir. Ich war meiner alten Gewohnheiten müde. Mein ganzes Leben lang war ich ziemlich hart zu mir gewesen. Ich hatte es versucht und versucht und konnte mich kein bisschen entspannen. Immerzu hatte ich das Glück gesucht – beim Malen, im Geldverdienen, in Beziehungen. Dabei hatte ich den Blick stets nach außen gerichtet und es nie gefunden.

Vor allem wusste ich, dass ich keine Lust mehr hatte, auf Hochzeiten oder Partys zu gehen und die halbe Zeit damit zuzubringen, nach dem Einen zu suchen, der Person, die mich vervollständigen würde. Ich wollte den ganzen mentalen Stress einfach aufgeben und schlicht ein menschliches Wesen sein, das zu jenem tiefen Mitgefühl fähig ist, welches ich bei meinem Lehrer wahrgenommen hatte.

Ich war bereit zu einem anderen Leben. Ich hatte meinen Aha-Moment, der mir zeigte, was es für mich bedeutete, ein Mensch zu sein, und welche Werte ich für den Rest meines Lebens vertreten wollte. Pratyahara – der Geist richtet sich nach innen. Praty-AHA-raaaaaa! Es war lange her, seit ich dieses Wort zum ersten Mal über dem Wellenrauschen an einem australischen Strand vernommen hatte. Jetzt kehrte es zu mir zurück.

Yoga zu unterrichten war ein wichtiger Teil meines Lebens im Westen. Ich konnte mich ja nicht einfach auf die Unterstützung eines Nonnenklosters verlassen, wie das in Bhutan möglich gewesen wäre. Zwar hatte ich zu jener Zeit glücklicherweise keine Hypothekenraten mehr zu zahlen (dafür bin ich meinem Bankerjob heute noch dankbar) und Mark war als Vater eine echte Unterstützung – aber trotzdem musste ich unterrichten. Auch wenn meine Lebenshaltungskosten deutlich niedriger waren als früher (keine Friseurbesuche mehr, keine schicken Sachen und so weiter), so würde es mich doch Geld kosten, zu weiteren Belehrungen nach Bhutan zu reisen.

Glücklicherweise machte mir das Unterrichten Spaß. Die Kurse veränderten sich, vermutlich auch aufgrund meines inneren Wandels. Wir machten alles langsamer, ruhiger und mit viel Witz, was meinen Schülern half, sich tiefer zu entspannen. Außerdem flocht ich immer öfter Aspekte der Meditation und der Philosophie in die Stunden ein, wobei ich mich auf die Belehrungen stützte, die ich selbst erhalten hatte. Ich wollte meinen Schülern helfen, dem Druck des Alltags im Westen standzuhalten. Ich empfand ein tiefes Gefühl der Fürsorge für meine Studenten und zwischen uns wuchs ein tieferes Vertrauen. Sie redeten viel offener mit mir als zuvor und ich versuchte mein Bestes, um ihnen von Nutzen zu sein.

Ich unterrichtete in meinen Yogakursen mit Freundlichkeit, Humor und in dem Bemühen, dass meine Schüler sich wohlfühlten. Das waren ganz andere Methoden als die meines Lamas in Bhutan.

Die Belehrungen, die ich erhielt, hatten etwas Geschäftsmäßiges. Small Talk oder Erklärungen hatten da keinen Platz. Sie waren knapp auf den Punkt gebracht und eher wie die Sutren, die ich kannte. Zu Anfang mochte das auch daran gelegen haben, dass wir uns in einer Mischung aus verschiedenen Sprachen verständigten, wobei mein Lehrer ständig ein Lexikon oder eine Zeichnung zur Hand hatte, während ich mich auf eine total übersteigerte Mimik und Gestik verließ. So fand ich heraus, dass Gespräche selten lange dauern, wenn man das Blabla weglässt.

Wenn der Lama und ich zwei Tage am Stück miteinander verbringen sollten, würden uns wohl recht schnell die Gesprächsthemen ausgehen. Seine Aufgabe ist ja nicht, mit mir übers Wetter zu plaudern, sondern mir präzise Erklärungen zu geben, damit ich mir ein Verständnis buddhistischer Sichtweisen erarbeiten kann und eine gewisse geistige Stabilität und Einsicht. Nach den Belehrungen sagt er gewöhnlich: »Gut. Jetzt musst du dich ausruhen.« In der Lama-Sprache heißt das: Man ist entlassen. Wenn es in seinen Augen genug ist, dann ist es eben genug. Geplauder gibt's da nicht. Einmal schliefen wir beide am Ende der Sitzung einfach ein. Ein andermal zog sich ein Abendessen elend in die Länge, weil mein Lama nichts mehr zu sagen hatte, und ich nervös wurde, weil diesem geselligen Ereignis jeder gesellige

Anstrich fehlte. Wir hatten die Belehrungen an jenem Tag einfach vorgezogen, was also blieb da noch zu sagen? Meine Aufgabe ist es zu praktizieren, mich um Verständnis zu bemühen und das umzusetzen, was ich in meinen Sitzungen mit dem Lama lerne.

Mein Lama tadelt mich, wenn ich auch nur einen Hauch Anhaftung an ihn erkennen lasse. Er ist nicht daran interessiert, ein Groupie heranzuziehen. Das ist gut. Es gibt mir die Gewissheit, dass seine Motivation, mich zu unterrichten, aufrichtig ist.

Da ich aus dem Westen komme, bin ich gewöhnt, Fragen zu stellen. Für die Bhutaner gelte ich als ausgesprochen neugierig, womit sie nicht auf Anhieb etwas anfangen können. »Immer fragst du und fragst du«, ist ein Kommentar, den ich von meinen bhutanischen Freunden häufig zu hören bekomme. Bhutaner behalten Privates gerne für sich, daher empfinden sie die Begeisterung der Westler mitunter als aufdringliches Herumstochern. Diese Dinge lernt man mit der Zeit.

Mein Lama lacht dann und schlägt die Hände vors Gesicht: »Du machst mich noch wahnsinnig mit all deinen Fragen.«

Ich fragte ihn einmal, ob er im Augenblick noch andere Schüler habe.

»Nein, nein, noch mehr Fragen, das halte ich nicht aus – mit dir habe ich genug zu tun.«

Er hat mir einige kleine Sätze gegeben, die ich mir merken soll. Wenn ich mir nur merken könnte, mir all diese kleinen Dinge zu merken, hätte ich bestimmt schon große Fortschritte gemacht. Man denkt einfach nicht immer daran. Wie unser Interesse an der »Achtsamkeit« zeigt, begreifen wir allmählich, wie leicht wir zurückfallen und zu einer Biene im Marmeladenglas werden; ein Rückfall in jene Gewohnheitsmuster, die wir mit unserem wahren Selbst verwechseln. Wissen Sie nun, weshalb Yogis unser Leben häufig mit dem Bild der Biene beschreiben, die in einem Glas gefangen ist – und warum es Freiheit ist, den Weg herauszufinden?

Den Großteil der prägnanten Belehrungen meines Lamas habe ich in seinem kleinen Haus hinter dem Tempel in Dochula erhalten. Ich sage »sein« Haus, aber es gehört ihm nicht. Er wohnt dort nur, wenn er sich um die Tempelbewohner kümmert. Es ist ein traditionell errichtetes Haus im Fachwerkstil, viel Holz und Lehm. Man betritt es über ein paar Stufen, das Erdgeschoss liegt also nicht auf einer Ebene mit dem Boden. Die Eingangstür befindet sich exakt in der Mitte der vorderen Wand. Gleich dahinter hängt ein dickes Stück Stoff, das man mit einer Hand anhebt, um sich dann darunter hinwegzuducken. Und schon steht man in dem kleinen »Wohnzimmer«, das recht spärlich eingerichtet und immer kalt ist. Heizung gibt es dort keine. Rechts liegt ein kleiner Korridor, in dem die Küche untergebracht ist und von dem ein Extrazimmer abgeht für einen anderen Mönch oder Helfer. Durch die Küche hindurch gelangt man ins Badezimmer, dessen Boden stets nass ist.

Links vom zen-artigen »Wohnzimmer« liegt das Zimmer des Lamas. Gewöhnlich sitzen wir dort zusammen. Das Zimmer ist etwa 2,5 Meter breit und fast ebenso lang. Meist sitzen wir neben dem Radiator, weil dies das einzige Heizgerät im ganzen Gebäude ist und es durch die Holzfenster ziemlich zieht.

Linker Hand steht der Altar. Darüber sind auf einem Sims goldene Opferschalen angeordnet. Daneben sind feinsäuberlich die charakteristischen, länglich-rechteckigen buddhistischen Texte aufgestapelt. An der gegenüberliegenden Wand Sitzkissen und zusätzliche Decken. Rechts steht das Bett des Lamas, eine Art Etagenbett ohne Füße. Darauf eine Decke und ein mit einem Handtuch bedecktes Kissen. Ich glaube, er macht das, damit er nicht den ganzen Kissenbezug waschen muss, sondern nur das kleine Handtuch für den Kopf. Hinter dem Bett stehen Bücher im Regal, einige Bilder und viele Fotos von Lehrern und Freunden.

Vor dem Bett steht ein kleines Gebetstischchen, wie man sie so häufig in Klöstern sieht. Es hat genau die richtige Höhe, wenn der Betende auf dem Boden sitzt. Der Praktizierende sollte immer möglichst niedrig sitzen oder liegen, um der Lehre seine Demut zu bezeugen und sich besser auf die Praxis konzentrieren zu können. Auf dem Tischchen stehen die üblichen Gegenstände, die man für die Praxis braucht, wie Gebetsbücher, Glocken, Reis und so weiter.

Normalerweise sitzt der Lama auf seinem niedrigen Bett und trägt sein Mönchsgewand. Wenn ich Fragen stelle, greift er nach den Textbüchern auf dem Tisch oder dem Regal. Er hat mir für unsere Sitzungen einen ähnlichen Gebetstisch besorgt, der seitlich von ihm steht. Wir sitzen also in L-Form beieinander.

Im Zimmer des Lamas finden sich nur wenige persönliche Objekte. An der Wand hängt ein Foto von seinem Großvater, der ihm offensichtlich sehr am Herzen lag. Das Bild zeigt einen aufrecht stehenden alten Mann mit sanftem Gesicht, barfuß und mit einem flachen Strohhut auf dem Kopf.

Mein Lama redet nur selten über sich. Ich weiß, dass er im Alter von fünfzehn Jahren Mönch wurde, nachdem seine Eltern sich getrennt hatten. Sein Großvater meinte, er solle doch ins Kloster gehen. Dort würde sich jemand um ihn kümmern und er würde eine gute Erziehung erhalten. Auch heute noch gehen in Bhutan Kinder, die in Schwierigkeiten geraten, gerne ins Kloster. Der Lama ist etwa acht Jahre jünger als ich, obwohl er nicht weiß, wann genau er geboren wurde. Das ist für Menschen seines Alters, die in ländlichen Gegenden zur Welt kamen, durchaus üblich. Dort maß man die Zeit nur an den Zeiten für Aussaat und Ernte.

Er ist kleiner als ich, recht stämmig und er lacht viel. Vor allem in Gegenwart seiner Freunde und in Gruppen. Wenn er mich unterrichtet, wird zwar auch gelacht, aber im Großen und Ganzen läuft das ziemlich ernsthaft ab. Obwohl er jünger ist als ich, hat er bereits gut dreißig Jahre im Kloster verbracht, davon lange Zeit im Retreat. Er ist mir also an Erfahrung überlegen, was für jeden Lehrer gelten muss. Wie sollte man sonst auch in ihre Fußstapfen treten können?

Ich bin sicher, dass sein Leben und seine klösterliche Ausbildung zum Teil ziemlich schwierig waren, sowohl was die Lebensbedingungen angeht als auch in emotionaler Hinsicht. Schließlich lebte er weit entfernt von seiner Familie. Als ich ihn einmal danach fragte, sagte er nur, es sei »hart« gewesen. Aber das hörte sich vollkommen entspannt an. Er bestätigte einfach die Tatsache, ohne emotional an ihr anzuhaften. Für mich war das eine eindrucksvolle Belehrung. Ich benutzte das Wort »hart« häufig, wenn es um Oscars Erziehung ging, aber ich verwendete es nicht mit diesem Anflug von Freiheit.

Immer wieder stellte ich nebenbei Fragen zu seinem Leben, bis ich es mir ansatzweise ausmalen konnte. Er übernahm den Tempel in Dochula im August 2011, ein paar Wochen vor meinem ersten Besuch in Bhutan. Vorher war er in anderen Klöstern oder im Retreat gewesen. Wäre ich also früher nach Bhutan gekommen, hätte ich ihn nie kennengelernt. So war das Timing also doch perfekt, obwohl ich diese Reise eigentlich schon seit Jahren hatte machen wollen.

Der Wegweiser

Wenn es nach mir gegangen wäre, hätte dies schon das Happy End meiner Geschichte sein können. Alles lief einfacher als früher. Die angstgetriebene Hektik, mit der ich mich durchs Leben gepeitscht hatte, löste sich auf wie eine Wolke am Himmel.

Ich entdeckte, dass ich immer noch mehr loslassen konnte. Ich war weniger in der Außenwelt unterwegs, eher innen – und diese Innenwelt machte mich glücklicher.

Der Lama unterrichtete mich weiter. Wir unterhielten uns häufig am Telefon, mindestens einmal im Monat. Unsere Gespräche drehten sich meist um Fragen, die sich aus meiner täglichen buddhistischen Praxis ergaben. Manchmal bezogen sie sich auf die Technik – auf die richtige Aussprache oder die Anzahl der Wiederholungen einzelner Zeilen. Meist aber ging es darum, wie ich das Gelernte im Alltag anwenden konnte. Der Lama war für mich wie ein Spiegel. Seine Antworten machten mir meine eigenen Denkmuster transparent, sodass ich sie mir ansehen konnte. An diesem Punkt war mir die Praxis wirklich hilfreich, am Schultor wie in der Schlange im Supermarkt. Alles lief einfacher, leichter und viel stabiler.

So weit, so gut. Ich war wieder auf die Beine gekommen und wusste nun, was mir im Leben wichtig war. Ich konnte mich also entspannt zurücklehnen – zumindest geistig –, selbst wenn das Leben mit Oscar mir wenig Gelegenheit gab, zum passiven Sofaschmuck zu werden.

Aber da hatte ich mich geirrt.

Im November 2012 sagte der Lama mitten in einem unserer knappen Telefongespräche plötzlich: »Jetzt ist es Zeit, dass du dein Gewand änderst.«

»Entschuldigung, wie war das, Lama?«, antwortete ich.

»Jetzt ist es Zeit, dass du dein Gewand änderst«, wiederholte er ruhig.

Trotz des merkwürdigen Satzes hatte ich eine Ahnung, was er damit sagen wollte. *Sagt er mir jetzt, ich solle Nonne werden?*

Wenn ja, dann wäre das etwas vollkommen Neues, denn große Belehrungen gibt er mir für gewöhnlich nur von Angesicht zu Angesicht.

»Wirklich, Lama?« Ich war mir nicht sicher, was ich darauf sagen sollte, daher nahm ich Zuflucht zur Frage: »Woher wissen Sie das?«

Er hielt inne und antwortete dann: »Meine innere Stimme hat es mir gesagt.«

So war das also. Nun, ich würde mich nicht mit seiner inneren Stimme streiten, von der ich bislang allerdings noch nichts gehört hatte.

Er sagte mir, ich solle meine Laienkleidung (und davon hatte ich so einiges!) gegen das Nonnengewand tauschen. Ich war baff vor Erstaunen und vor Freude. Tränen traten mir in die Augen, ich wusste nicht, was ich sagen sollte. Er hielt mich also für fähig, Nonne zu werden!

»Vielen, vielen Dank, Lama-la«, sagte ich und hängte ein, immer noch geschockt und hingerissen zugleich.

Als ich in Ruhe darüber nachdachte, begannen sich Zweifel in meine Gedanken einzuschleichen: Was hat er damit eigentlich gemeint? Hatte er mir wirklich gerade gesagt, ich solle Nonne werden? Es hatte sich so angefühlt, aber ich hatte ihm die direkte Frage danach nicht gestellt. Es war wohl besser, das zu klären. Oder eine zweite Meinung einzuholen. Ich rief Brent in Bhutan an, der mir mittlerweile zum guten Freund und wertvollen Ratgeber geworden war. Da er schon drei Jahre dort lebte, besprach ich vieles, was die bhutanischen Sitten und Gebräuche anging, mit ihm. Ich war mir sicher, dass er wusste, was da vor sich ging.

»Nein, nein«, sagte Brent mit fester Stimme. »Er meint nicht, du sollst Nonne werden. Besorg dir nur eines von diesen Schürzendingern.«

Schürzendingern? Ich hatte keine Ahnung, was er meinte.

Ich fragte mich, ob vielleicht der Gedanke aus dem Dzongkha nicht den richtigen Weg ins Englische gefunden hatte, und da ich nichts falsch machen wollte, rief ich meinen Lama zurück.

»Lama, ich muss jetzt doch noch mal genau fragen: Was meinten Sie, solle ich tun?«

»Geh in den Laden für Mönche in Thimphu und besorg dir die richtige Kleidung für eine ani, okay?«

Er schien ein wenig genervt, dass er mir das nochmals erklären musste. Mein Lama macht nicht gerne überflüssige Worte. Ich denke, in seinem Kopf war alles klar.

»Gut. Ich habe verstanden.« Jetzt, wo alles klar war, beeilte ich mich aufzulegen.

Dann aber musste ich mich doch hinsetzen, in meinem kleinen Haus in Whitstable.

Es war also wirklich so, wie ich gedacht hatte. Mein Lama wollte, dass ich Nonne würde.

Ich saß ganz ruhig da und ließ das Glücksgefühl in mir aufsteigen, das allmählich das Erstaunen verdrängte. Er hatte Vertrauen zu mir. Ich konnte es einfach nicht fassen.

Aber das heißt doch kein Sex … mit niemandem … nie wieder.

Ich dachte an den Zyklus der Beziehungen in meinem Leben und betrachtete sie, als würde das Wasser sie unter einer Brücke flussabwärts mitreißen. Ich erinnerte mich an das Gefühl der

Lust, des Begehrens nach jemandem. Ich wusste, wie sich das anfühlt, diese Sehnsucht. Wenn ich eine glückliche Nonne werden wollte, würden die lustvollen Seufzer und ich künftig getrennte Pfade gehen. Ein Teil meines Selbst war sich darüber klar, dass dies ein Riesenschritt war, doch ein sehr viel größerer fühlte sich dafür bereit und machte sich überhaupt keine Sorgen.

Dann kümmerte ich mich ums Praktische. Ich würde mir Nonnenkleidung besorgen und lernen müssen, wie sie anzulegen war. Beides würde sich in England nicht ganz einfach gestalten. Schließlich waren hier Geschäfte für buddhistische Nonnengewänder bzw. Nonnen, die mir hätten sagen können, wie ich diese tragen musste, dünn gesät. Ich würde die vier Wochen bis zu meinem nächsten Besuch in Bhutan warten müssen, dort ließe sich das machen. Man hatte mich zur ersten Konferenz der bhutanischen Stiftung für Nonnen eingeladen, die von zahlreichen buddhistischen Nonnen aus aller Herren Länder besucht werden würde. Ich würde also mein neues Habit gerade rechtzeitig bekommen!

Als ich im Dezember in Bhutan ankam, ging ich sofort zu dem Bekleidungsgeschäft für Ordinierte in Thimphu, das gleich am Verkehrskreisel in der Stadtmitte liegt. Es gibt da tatsächlich noch einen Verkehrspolizisten mit weißen Handschuhen, der die Autos dirigiert. Vor dem Laden stand eine westlich aussehende Schaufensterpuppe in Mönchsrobe, gut einen Kopf größer als die meisten Bhutaner. Sie sah ein bisschen aus wie die Puppen bei Selfridges oder anderen großen Kaufhäusern, nur dass sie natürlich keine Perücke trug. Der Laden bestand aus nur einem Raum, an dessen drei Seiten sich in offenen Regalen Kleidungsstücke in Rot, Orange, Gelb und Safrangelb stapelten. Die dicken roten Mönchsjacken, die im Winter so nützlich sind, hingen an einer Stange an der Decke. Ich erstand alles, was ich brauchte.

Ich fragte die Dame, die mich bediente, ob ich noch ein Exemplar von dem runden Stoffstück haben könnte, das künftig meine untere Körperhälfte bedecken würde, aber die Idee schien sie zu verblüffen. Wozu sollte ich zwei davon brauchen? Natürlich dachte ich daran, dass ich ja auch mal waschen müsste, aber freilich, im Grunde reicht eines aus. Dieses runde Stoffstück, das man um den Körper faltet und mit den Ellbogen hält, während man einen gewebten »Gürtel« um die Taille windet, der den Stoff halten soll, ist das wichtigste Stück einer buddhistischen Robe in der Himalaja-Region. Der Gürtel hat keine Ösen oder eine Schnalle, wie man es als Westler vielleicht erwarten mag. Es handelt sich einfach um ein dicht gewebtes Stück Stoff, das man um sich wickelt. Die Enden werden dann unter den Gürtel gestopft. Es brauchte ein bisschen Übung, bis ich das Ganze hinbekam. Meine Freunde in Bhutan mussten mir noch lange helfen, aber jetzt kriege ich es ganz gut alleine hin.

Über dem »Rock« trage ich ein ärmelloses T-Shirt oder ein formelles, »thong gak« genanntes Oberteil in Rot. Quer über meinem Körper trage ich das sogenannte »zen«, ein großes Stück burgunderrotes Tuch, das ich unter der rechten Achsel durchziehe und über die linke Schulter werfe. Durch das ärmellose Top und die Position des zen bleibt mein rechter Arm nackt. Diese Tradition hat ihre Wurzeln in den allerersten Anfängen des Buddhismus. Sie soll zeigen, dass man friedliebend ist und keine Waffe trägt.

Ich wurde oft gefragt, ob die Anweisung meines Lamas, »mein Gewand zu ändern«, mich in Konflikte gestürzt habe. Habe ich mir alles genau überlegt, die Vor- und Nachteile abgewogen, Listen geschrieben und alles wieder und wieder durchgespielt? So habe ich es früher gemacht, wenn ich in anderen Bereichen meines Lebens Entscheidungen getroffen habe. Hier war das nicht so. Ich weiß, es wäre dramatisch, wenn seine Anweisung mich in einen tiefen Zustand der Verwirrung gestürzt hätte, aber so war es nicht. Es war eigentlich alles sonnenklar. Wenn mein Lama fand, ich wäre dazu fähig, dann ja, jederzeit. Ich wusste, ich wollte diese Veränderung.

Die Entscheidung, sich ordinieren zu lassen, ist ein schwerwiegender Schritt. Trotzdem fühlte sie sich für mich ganz leicht an. Wie eine Wolke am Himmel. Eine Wolke, die Vorwärts- und Rückwärtsbeugen macht, herumhüpft und kichernd ihren Raum genießt, so hoch oben am Himmel.

Die Güte meines Lamas hatte mich inspiriert. Ich brachte den Mut für diesen Schritt auf. Ich wusste, dass dies der richtige Weg war.

Meine Überraschung zu Anfang bezog sich eher darauf, dass ich diese Möglichkeit überhaupt erhielt. Ich hätte nicht gedacht, dass ich die Anforderungen erfüllen würde. Erstens hatte ich ein Kind und glaubte, das mache diesen Schritt ohnehin unmöglich. Zweitens konnte ich kaum Tibetisch, ganz bestimmt nicht genug, um die Gebete richtig lesen zu können. Drittens hatte ich stets daran gezweifelt, dass ich genug Disziplin oder Konzentration aufbringen würde. War ich nicht allergisch gegen jede Verpflichtung?

Ich sprach darüber mit meinem Lama. Ich bat ihn um Bestätigung: Konnte ich Nonne sein, wenn ich ein Kind großzuziehen hatte? Seine Antwort war: »Ja, natürlich. Wenn du ihn im Stich lässt, verursachst du ihm Leiden. Wer würde sich sonst so voller Hingabe um ihn kümmern? Also hast du schon den Geist einer Ani.«

Den Geist einer Ani?

»Ani« ist das klassische tibetische Wort für »Nonne«, wobei es verschiedene Erklärungen für seinen Ursprung gibt. Mir gefällt diese am besten: ཨ(A) ནི(Ni) bedeutet »Vollkommenheit der Leerheit«. Dabei versteht man unter »Leerheit« jenen Geisteszustand, der die Vernetztheit absolut aller Dinge und Wesen erkennt. Das Thema ist komplex, daher sei hier nur so viel gesagt: Wer diese

Vernetztheit erkennt, diesen Zustand der Vollkommenheit erreicht, der hat einen hoch entwickelten Geist, fast so wie ein Buddha. Aber »ani« könnte auch vom tibetischen Wort für »Tante« abstammen. In diesem Zusammenhang stünde es, mit einem leichten Beigeschmack, für eine unverheiratete Frau. Man kann den Begriff also mit der höchsten Verwirklichung in Verbindung bringen oder ihn unten auf der Erde lassen.

Wenn ich das Wort in England gebrauche, denken die Leute immer automatisch an den Vornamen, so wie im Musical »Annie Get Your Gun«. Ich mag den Begriff, deutlich lieber jedenfalls als »nun«, das englische Wort für »Nonne«, das in unserer Sprache klingt wie »none«, »nichts«, was wiederum nichts mit der buddhistischen Idee von der Leerheit zu tun hat.

Ich kann gar nicht deutlich genug sagen, dass es für mich eine ausgesprochene Erleichterung war, plötzlich Nonnenkleidung zu tragen statt meiner alten westlichen Sachen. Ich fühle mich jetzt viel wohler in meiner Haut. Auch wenn ich gewöhnlich als recht attraktive Erscheinung galt, war die Bewertung meines Körpers auf einer Skala von 1 bis 10 immer etwas, dessen ich mir sehr bewusst war. Ich verschwendete einen viel zu großen Anteil meiner Energie und Zeit darauf. Dies loslassen zu können war für mich Entspannung pur. Keine Haare, kein Make-up, keine hohen Schuhe – das war eine echte Befreiung. Dieses Gefühl der Entspannung und des Glücks lässt mich viel öfter lächeln. Den meisten Leuten ist jemand, der Jeans und T-Shirt trägt und ununterbrochen lächelt, vielleicht ein bisschen suspekt – aber wenn man in einer Robe steckt, ist das okay. Das ist definitiv ein Vorteil.

Eine Zeit lang war es ein bisschen merkwürdig, wenn ich im Westen zu buddhistischen Veranstaltungen ging, denn ich war ja mit geschorenem Kopf und in Nonnenkleidung unterwegs, nannte mich aber nach wie vor »Emma«. Im Alltag ist das kein Problem, bei formellen buddhistischen Veranstaltungen aber schon, denn gewöhnlich bekommen buddhistische Ordinierte einen Dharma-

Namen, der sie inspirieren soll. Daher musste aus »Emma« etwas anderes werden. Ich hatte zwar den Namen, den man mir bei der Zufluchtnahme in Samye Ling gegeben hatte, doch jetzt übte ich in bhutanischer Tradition unter einem anderen Lehrer, daher wollte ich meinen neuen Namen in Bhutan bekommen.

Dazu muss man sagen, dass die Bhutaner meinen englischen Namen immer sehr lustig fanden. »Emma« heißt in Dzongkha nämlich »Chili« und ist ein wesentlicher Teil des Nationalgerichts ema datsi, Käse und Chili mit rotem Reis. Eine Zeit lang war ich also die Chili-Nonne.

Ich bat meinen Lama um einen buddhistischen Namen, der irgendwie mit der Praxis einer Ani zu tun hatte.

»Ja«, meinte er. »Das ist okay. Wir werden Rinpoche fragen.« (Mit »Wir« meinte er natürlich sich.)

»Wie? Den Rinpoche?«

»Ja. Rinpoche«, sagte er ruhig wie immer.

»Ach. In Ordnung. Großartig«, antwortete ich, während ich bei mir dachte: »Wow!« Aber das wollte ich natürlich nicht auf unangemessene Weise zeigen!

Ich hatte gedacht, mein Lama würde mir den Namen geben, aber er wollte mir den bestmöglichen Namen geben, der meine Praxis stärken sollte. Also ließ er für mich seine Beziehungen spielen. »Rinpoche« ist ein Titel, der im Buddhismus darauf hinweist, dass jemand eine besondere Meditationserfahrung hat. Solch ein Mensch erinnert sich zum Beispiel an Details aus einem (oder mehreren) früheren Leben als buddhistischer Praktizierender. Insofern unterscheidet sich ein Rinpoche von einem Lama.

Ich hatte das Glück, mehrere Rinpoches getroffen zu haben, im Westen gibt es dazu mittlerweile immer mehr Möglichkeiten. Der Rinpoche, den mein Lama meinte, lebt in Bhutan. Er residiert in Tango, der wichtigsten buddhistischen Universität in den Hügeln oberhalb von Thimphu. Tango heißt hier: »Kopf des Pferdes« und hat nichts mit dem südamerikanischen Tanz zu tun!

Und so nahm mein Lama mich eines Sommernachmittags mit, um dem Rinpoche einen Besuch abzustatten. Für mich war das ein sehr tiefgründiges Treffen. Wenn ich »tiefgründig« sage, hört sich das für manche vielleicht ein bisschen abgehoben an, aber Sie werden schon sehen.

Ich hatte versucht, im Internet etwas über diesen Rinpoche herauszufinden, war aber erfolglos geblieben. Ich hatte also keine Ahnung, was mich erwartete.

Wir fuhren früh von Dochula aus los und hielten in Thimphu an, um einen einfachen runden Kuchen und frische Milch zu kaufen. Beides würden wir als Gastgeschenk für die Mönche mitbringen, wie es die Tradition gebot. Wir fuhren gut zwanzig Minuten weiter, bis wir unten am Klosterhügel angekommen waren. Dort parkten wir den Wagen. Der Lama lächelte ein paar Leuten aus dem Ort zu, während er einen farbigen Schirm aus dem Kofferraum holte. Er hatte mittlerweile ein kleines silbernes Auto indischer Herkunft, das ihm erlaubte, öfter in sein Heimatdorf zu fahren, um dort seine Pflichten als Lama zu erfüllen.

Der Schirm erwies sich auf dem Weg nach oben als ausgesprochen nützlich. Es hatte zwar nicht geregnet, doch der Weg war steil. Ich stützte mich damit auf dem Pfad ab, sodass mein Körpergewicht weniger schwer wog. Auf dem Weg begrüßten uns immer wieder goldene Zeichen auf rotem Grund, die man in Holzrahmen gespannt und auf Augenhöhe an den Bäumen befestigt hatte. Sie waren ein willkommener Anlass (man könnte auch sagen: eine gute Ausrede), um eine kleine Atempause einzulegen.

Wenn du etwas über deine Vergangenheit erfahren möchtest,
betrachte, wer du heute bist.
Wenn du etwas über deine Zukunft erfahren möchtest,
betrachte deinen heutigen Geist.

Diese Worte leuchteten uns aus einem Baum mit silbrigen Blättern entgegen. Ich las den Spruch zweimal, um ihn mir besser merken zu können, das zweite Mal langsam und laut.

Nach etwa zwanzig Minuten Fußmarsch kamen wir an eine große Gebetsmühle und setzten uns, einander gegenüber, an ihren Seiten nieder, wo praktische Holzbänke standen.

Während dieser Ruhepause übertönte der Gesang der Vögel allmählich meine Atemgeräusche, und mein Lama begann mir zu erklären, was es bei der Begegnung mit einem Rinpoche zu beachten gab. Wir würden nach Betreten des Raumes drei Niederwerfungen ausführen. (Dabei lässt man sich aus dem Stand zunächst auf die Knie nieder, dann lässt man sich nach vorne gleiten, bis die Stirn den Boden berührt, um sogleich wieder aufzustehen.) Dann würde man uns vermutlich bitten, Platz zu nehmen, aber ich sollte nicht damit rechnen. Ich fand es ein bisschen schade, dass man sich nach so einem langen Weg nicht einfach setzen und ein wenig plaudern konnte, doch der Lama hatte meine Erwartungen diesbezüglich geschickt reduziert, sodass ich keinesfalls eine Enttäuschung erleben würde.

Nach dem steilen Aufstieg endlich im Kloster anzukommen war wirklich eine Befreiung. Die Mönche am Eingangstor begrüßten meinen Lama ehrfürchtig. Er hatte in Tango studiert, bevor man ihn zum Tempel von Dochula geschickt hatte. Die Mönche zeigten ihren Respekt, indem sie die Hand vor den Mund hielten, wenn sie mit ihm sprachen. Ich hielt mich ein wenig hinter ihm und sah zu, während sich mein Atem allmählich beruhigte. Er drehte sich nach mir um, dann gingen wir durch das Tor ins Hauptgebäude des Klosters.

Ich trabte hinter ihm her, lächelte so viel wie möglich und versuchte, mir alles Gesehene einzuprägen. Weiße Wände mit eingelassenen goldenen Gebetsmühlen flankierten den Weg zum Hauptgebäude. Am Ende des Korridors traten wir durch das Tor und fanden uns in einem großen Raum wieder, in dem lange

Tische mit glänzenden Plastikdecken und ebenso lange Bänke standen. Der Speisesaal. Wir tranken mit den Mönchen Tee aus Plastikbechern und nahmen uns cremegefüllte Kekse aus einer großen Schale. In Bhutan wird Buttertee gereicht, süßer Tee oder Milchtee. Rundherum wuselten Mönche ebenso wie Laiengläubige. Vielleicht waren sie im Kloster zu Besuch, auf Pilgerfahrt oder wollten ihre Verwandten besuchen, die dort als Mönche lebten. Wir setzten uns zu drei anderen Mönchen, und mein Lama plauderte fröhlich auf Dzongkha mit ihnen. Er freute sich, alte Freunde wiederzusehen. Ich blieb stumm, trank meinen Milchtee und sah mir die Bilder der großen Lehrer an, die die Wände schmückten. Ich dachte, dass man mich angesichts meiner Größe vielleicht für einen Mönch halten würde, wenn ich mich nur ruhig genug verhielte, und ich so weniger auffallen würde.

Am Ende stand der Lama auf, sah mich an, lächelte und sagte auf Englisch zu mir: »Time to go«, Zeit zu gehen.

Wir durchquerten den inneren Hof des Klosters, wo Rinpoches Räume lagen. Im holzgetäfelten Vorraum war sofort alles ein bisschen leiser, Botschaften wurden von Ohr zu Ohr geflüstert. Wir überreichten den Kuchen und die Milch einem Assistenten. Dann wartete ich ruhig. Selbst der Lama wurde sehr ernst und feierlich, wie er es sonst nie war. Dann bedeutete er mir, ich solle ihm folgen. Ich neigte den Kopf und trat durch die niedrige Tür.

Dort machten wir Seite an Seite unsere drei Niederwerfungen. Das war gar nicht so einfach. In der linken Hand hielt ich den traditionellen weißen Begrüßungsschal, gleichzeitig lockerte ich den roten Schal um meinen Körper. Während einer Niederwerfung nimmt man den Schal ab, dann bückt man sich, bis man mit der Stirn den Boden berührt, und wenn man wieder aufsteht, wird der Schal wieder umgewickelt. Ich fingerte etwas ungeschickt herum und tat mein Bestes, um mit dem Lama, der diese Bewegung äußerst elegant meisterte, Schritt halten zu können.

Auf keinen Fall wollte ich über meine Füße stolpern und auf der Nase landen, wie es mir im Schulturnen bei Miss Dingle ergangen war.

Ich hielt den Kopf gesenkt und steuerte eine Gestalt an, die weiter vorne saß. Dabei überfiel mich plötzlich das Gefühl, die Holzdielen würden sich unter meinen Füßen heben und senken, als schritte ich über rollenden Donner.

Was um Himmels willen geht hier vor?

Mein ganzer Körper begann unwillkürlich zu beben, wie ein Flugzeug, wenn es durch Turbulenzen fliegt und das Handgepäck fast herunterfällt. Ich konnte meinen Kopf nicht heben, um aufzublicken.

Der Lama ging weiter, ich folgte. Es sah so aus, als würden wir am Ende doch einen Sitzplatz angeboten bekommen. Ich hielt den Kopf immer noch gesenkt und ließ mich nieder. Der Lama unterhielt sich mit dem Rinpoche leise auf Dzongkha. Das Zittern hörte auf und ich wurde ruhiger. Endlich schaffte ich es, aufzublicken. Ich sah einen jungen Mann in leuchtend gelbrotem Gewand mit einer runden Brille auf der Nase. Da war er, ein außergewöhnliches Wesen in einem menschlichen Körper. Ich hätte ewig in seiner Nähe sitzen können. Wenn ein Mensch eine so starke Ausstrahlung hat, muss man all seine inneren Groupie-Tendenzen wirklich zurückhalten. Ich glaube, John Lennon, der eine ganz ähnliche Brille trug, kannte das.

Ich war wie vom Donner gerührt und sprachlos. So sehr, dass ich ihm nur eine Frage stellen konnte. Ich fragte ihn nach der Natur des Ärgers, ein Thema, das ich noch immer besser verstehen wollte, da es mir im Alltag wirklich nützlich sein würde. Er gab mir eine Antwort, die viel mit Leerheit zu tun hatte. Wieder dieses Wort.

Leerheit.

Alles, was ich nach dieser Begegnung zu meinem Lama sagen konnte, war: »Wow!«

Er wusste, was ich meinte. Manche Dinge erfordern einfach keine ganzen Sätze. Stellen Sie sich einen Ball aus vollkommen reinem Licht vor, das ununterbrochen seine Strahlen in den grenzenlosen Raum sendet. Vielleicht war Rinpoche der beste Beweis für die Physik des Segens. Vielleicht würde er, wenn er sich in Seitenlage begab, aussehen wie meine Statue des liegenden Buddha.

Dies war also jener Rinpoche, von dem der Lama einen Namen für mich erbeten hatte.

Zurück in England wartete ich auf eine Nachricht und ein paar Tage später erreichte mich eine SMS vom Lama (was jetzt möglich war, denn Bhutan näherte sich mit Riesenschritten der modernen Welt): »Rinpoche hat dich Pema Deki genannt. Das bedeutet Segensreicher Lotus.«

Ich rief ihn an, weil ich mehr wissen wollte.

Mein Lama brach in Kichern aus.

»Haha, er hat dich Pema genannt. Und vorher hast du Emma geheißen. Emma Pema.«

Das fand er besonders witzig, weil er ja dem Rinpoche meinen früheren Namen nicht genannt hatte. Wir einigten uns darauf, dass meine Mutter um Haaresbreite den richtigen Namen für mich erwischt hatte. Für eine Wiedergeburt war es ein ziemlich kurzes Gespräch.

Emma wurde Pema. Chili zu Lotus. Es war ein ganz schöner Weg vom einen zum anderen.

Wegbeschreibung

Nun, da ich dieses Buch schreibe, fällt mir auf, dass meinen Lesern meine Entscheidungen vielleicht ein bisschen merkwürdig vorkommen könnten. Da hatte ich mir also den Kopf geschoren, ein Nonnengewand angelegt und einen klösterlichen Namen bekommen, und doch kaufte ich immer noch im Supermarkt ein und füllte Glasreiniger in die Scheibenwischanlage meines kleinen Autos. Aber es fühlte sich so richtig an und all die Veränderungen, die ich durchlaufen hatte, gaben mir das Gefühl, ein ganzheitliches Leben zu führen.

Ich genoss es, eine Nonne zu sein. Ich fühlte mich lebendiger als je zuvor. Es war eine ungewöhnliche Chance, die ich da erhalten hatte und die ich einzig dem aufgeschlossenen Denken meines bhutanischen Lamas verdankte. In der Himalaja-Tradition der Praxis gibt es durchaus Beispiele für Praktizierende, die Kinder hatten und dann ins Kloster gingen. Doch im Normalfall waren dies Männer und die Kinder waren älter, als sie diesen Schritt taten. Es erfordert viel Einsatz, ein Kind zu erziehen und die Anforderungen des Nonnenlebens zu erfüllen. Ob die Elternschaft ein wertvoller Teil des spirituellen Pfades sein kann, wird im Buddhismus heftig debattiert. Daher gibt es auch kaum Vorbilder.

Vielleicht bin ich zu westlich orientiert und zu modern, aber ich glaube, dass aus der Kenntnis sowohl des weltlichen wie des klösterlichen Lebens wichtige Einsichten für die Praxis erwachsen können. Beide Rollen unter einen Hut zu bekommen war eine echte Herausforderung. Wie alle Eltern bestätigen können, sind Geduld und Güte für die Kindererziehung ganz zentrale Eigenschaften. Es wäre ein leichterer Weg gewesen, Oscar zu verlassen und in ein Kloster oder ein Retreat zu gehen. Das wäre vielleicht auch »angemessen« gewesen. Aber wie mein Lama so deutlich gemacht hat, hätte es Oscar auch viel Kummer verursacht. Ich bin seine Mutter und ich liebe ihn über alles. In dieser Phase seines Daseins sind meine Anwesenheit, meine Liebe und Unterstützung für ihn entscheidend.

Manchmal ist es mir peinlich, dass ich so ein Doppelleben führe. Ich zweifle nicht daran, dass es womöglich einfacher und vermutlich auch akzeptabler wäre, nur eins von beidem zu machen. In manchen buddhistischen Ländern würde man die dauerhafte Präsenz Oscars in meinem Leben als negativ sehen, da sie mich davon abhält, die reine Form der Sammlung zu entwickeln, die für das Studium des Buddhismus wesentlich ist. Doch darüber habe ich gar nicht erst nachgedacht, als mein Lama mir diesen Vorschlag machte.

Hätte ich nicht zu schätzen gewusst, wie viel lebendiger mich das Leben als Nonne gemacht hatte, wie viel ich auf der menschlichen Ebene dazugelernt hatte, hätten die Zweifel über meine Rolle mich vermutlich aus der Bahn geworfen. Doch ich merkte, wie mein Geist allmählich ruhiger und stabiler wurde und sich dadurch neue Chancen und Möglichkeiten auftaten.

Zunächst einmal entwickelte ich die Entschlossenheit, zu praktizieren und ein tieferes Verständnis zu erlangen. Dadurch wuchs auch der Wunsch, anderen zu helfen, anfangs nur im Geist, dann aber immer stärker auch in der Tat.

Täglich zu praktizieren erfordert nämlich Entschlossenheit. Es ist wie in der Arbeit, nur dass Sie dafür nicht bezahlt werden und am Ende nur Sie wissen, was Sie getan haben oder nicht. Sie müssen also wirklich ehrlich zu sich selbst sein – nur Sie wissen, ob sich Ihr Geist tatsächlich wandelt. Viele Menschen sind erstaunt, wenn sie hören, wie viel Zeit ich für die formale Praxis aufwende – für »nichts«! Ich weiß, dass es – von außen betrachtet – so wirkt, als würde man Nabelschau betreiben oder die Flucht in die Innenwelt antreten. Das ist nicht der Fall. Für mich ist grundlegend: Es funktioniert.

In den Stunden der formalen Praxis (Gebete und Meditation) wird mein Geist nicht immer wieder aufs Ego zurückgeworfen, auf die Frage, was ich jetzt möchte oder nicht. Er wandert nicht dahin und dorthin. Diese menschliche Gewohnheit ist für den Geist furchtbar anstrengend. Tage, Wochen, Jahre der formalen Praxis geben uns Zeit, auf andere Weise zu sein. Allein dies ist ein starkes Mittel, unsere neuronalen Netzwerke im Gehirn neu zu verdrahten, sodass wir positiver und weiser denken können.

In England praktiziere ich in meinem kleinen Haus. In Bhutan fahre ich gerne in einen schönen Lhakang bei Paro, von dem Brent mir erzählt hat. Er wusste ja, dass ich seit Langem Mitgefühls-Meditation mache, daher empfahl er mir, den Dungtse Lhakang zu besuchen. Er wurde – vermutlich im 15. Jahrhundert – von einem berühmten tibetischen Meister errichtet. Als Bauwerk ist er ungewöhnlich, denn er ist rund und besteht aus drei Ebenen – wie ein Hochzeitskuchen. Man erreicht die drei Ebenen im Inneren jeweils über eine alte Holzleiter. Da es drinnen sehr dunkel ist, sollte man sich unbedingt mit einer Taschenlampe oder Kerze ausrüsten. Wenn Sie nicht daran gewöhnt sind, im Dunkeln eine Leiter mit einigen fehlenden Sprossen hinaufzusteigen und gleichzeitig eine Kerze zu halten, nehmen Sie besser die Taschenlampe. Ich habe Frauen aus Paro gesehen, die diese Leitern mit der Kerze in einer Hand und einem Kind auf dem Rücken erklommen haben.

Ich bleibe meist unten, wenn ich den Lhakang besuche. Ich sitze im Erdgeschoss vor einem wunderschönen, gut zweieinhalb

Meter hohen Wandgemälde Chenresigs, der Verkörperung des Mitgefühls. Man hat ihn mit tausend Armen dargestellt, um zu unterstreichen, dass er allen Wesen ohne Unterschied tätig beispringt. Im Winter ist es natürlich kalt, im Lhakang auf dem Betonboden zu sitzen – doch der Beton ist angesichts der Kerzen und der Dunkelheit eine weise Entscheidung. Ich bin bekannt dafür, dass ich im Winter immer eine dicke Decke dabeihabe. Im Sommer ist es einfach nur angenehm kühl und erholsam.

Ich schätze es, dass ich in Bhutan eine enge Verbindung zu einem heiligen Ort habe, an dem ich praktiziere. Das bedeutet, dass ich die Menschen, die dort ihre meditativen Umschreitungen machen, gut genug kenne, um sie zu grüßen. Wenn es kalt ist und ich lange sitze, bringt mir die Familie, die sich um den Lhakang kümmert, immer Milchtee in einer geblümten Plastiktasse und cremegefüllte Kekse mit dicken Zuckerkristallen darauf, damit ich mich besser konzentrieren kann. Im Frühling zieht der Orangenbaum im Vorgarten eine solche Menge Vögel an, dass man den Eindruck gewinnt, der Baum selbst würde schrille Schreie in den blauen Himmel schicken.

Diese Orte, an denen lokaler Brauch und Glaube vollkommen lebendig sind, schenken einem Kraft. Ich bin dafür sehr dankbar. Sie haben mir ermöglicht, mich mit meiner Praxis zu entspannen, denn sie verringern einfach das Gefühl, die Praxis sei vom normalen Leben getrennt. Ich mag eine hochgewachsene, weiße Frau in der roten Robe der Nonnen im Himalaja sein, aber innerhalb des Lhakang fühle ich mich bei meiner Praxis vollkommen zu Hause.

Die formale Praxis kann die verschiedensten Übungen umfassen, zum Beispiel die Rezitation des Mantras *Om mani padme hung*, die Karin und ich auf unserer ersten Bhutanreise übten. Dann gibt es da noch die sogenannten »Vorbereitenden Übungen« oder Ngöndro. Das ist jene Praxis, die ich kurzzeitig schon in Erwägung gezogen hatte, als meine Beziehung zu Peter in die Brüche ging.

Der Ngöndro-Praxis folgen die Mahamudra-Belehrungen. (Der Sanskritbegriff heißt wörtlich übersetzt »Große Geste«. In Tibetisch nennt man dies Chagya Chenpo.) Möglicherweise erhalte ich diese Mahamudra-Belehrungen eines Tages von meinem Lama. Ich nehme an, dass es sich dabei um fortgeschrittene Übungen für das Geistestraining handelt, doch da ich sie noch nicht selbst praktiziere, kann ich sie nicht aus eigener Erfahrung beschreiben. Das Ngöndro jedenfalls ebnet den Pfad zu diesen Lehren.

Nach einigen Monaten intensiver Mitgefühls-Praxis fragte mein Lama mich, ob ich interessiert sei, Ngöndro zu üben. Ich wusste, dass dies eine wichtige, aber auch sehr zeitaufwendige Praxis war, die man für Ordinierte als wesentlich erachtet. Daher stimmte ich zu.

Der Vorschlag war von meinem Lama gekommen. Trotzdem meinte er jetzt: »Aber das ist wirklich schwierig. Sehr schwierig, gerade für dich, glaube ich.« Er lachte. »Selbst Bhutaner finden es hart. Und du, du bist schließlich aus dem Westen.«

Wahrscheinlich wusste er, dass dies die beste Art war, mich zu motivieren.

»Nein, nein, ich will es wirklich machen, Lama. Bitte bringen Sie es mir bei«, sagte ich fest.

»Ok, Ok. Ich besorge dir ein Buch.«

»Gibt es vielleicht eines mit englischer Übersetzung?« Ich bedachte eben immer die praktische Seite des Ganzen.

»Vielleicht. Vielleicht. Ich glaube, ich habe mal eines gesehen.«

Wir hatten also einen Plan.

Aber natürlich würde ich es sein, die ihn umsetzen musste. Es hatte nur dieser wenigen Worte bedurft, aber ich hatte mich innerlich verpflichtet, dieses Riesenstück Praxis durchzuführen. Ich wusste, dass Ngöndro meine Einsicht ebenso stärken würde wie meine Fähigkeit, mich von schädlichen geistigen Gewohnheiten wie Ärger und Begehren zu lösen. Mir war auch klar, dass ich Tag für Tag viel Zeit würde aufwenden müssen. Das hieß, dass ich nur unter Aufbietung höchster Disziplin die Praxis würde abschließen können, wenn ich gleichzeitig Oscar eine gute Mutter sein und unseren Alltag bewältigen wollte. Und ich würde häufiger zu Belehrungen nach Bhutan müssen, was eine enorme finanzielle Herausforderung darstellte. Ich wusste all das, und doch hatte ich keinerlei Zweifel, dass ich genau das machen wollte.

Bei meinem nächsten Besuch vier Monate später gab mir der Lama das Buch: der Text der Ngöndro-Praxis in Tibetisch mit einer zeilenweisen Interlinear-Übersetzung ins Englische darunter. Ich dachte, er würde mir gleich Belehrungen dazu geben, doch er bat mich zunächst nur, das Buch einmal durchzulesen und mich mit den Schlüsselelementen vertraut zu machen. Ich scharrte zwar schon mit den Füßen, aber ein Berg in Form eines Lama lässt sich nun mal nicht versetzen.

Also kehrte ich nach England zurück, las den Text immer wieder und schrieb meine Fragen dazu auf. Bei meinem nächsten Besuch in Bhutan sang mein Lama mir den Text in hoher Geschwindigkeit vor. Diese Art der mündlichen »Übertragung« ist ein ganz wesentlicher Punkt in der Überlieferung der Vajrayana-Methoden vom Lehrer auf den Schüler. Man kann es quasi als Form des Segens betrachten. Danach, so glaubte ich, würden wir mit den Anweisungen dazu beginnen. Aber nein. Wir besprachen meine Fragen und beließen es dabei. Wieder sagte mein Lama: »Es ist sehr schwer. Ich denke, du wirst es als schwierig empfinden.«

Ich machte Pläne für die Rückkehr nach Bhutan und unterstrich einmal mehr, dass ich wirklich im Ngöndro unterwiesen werden wollte. Es kostete ja schließlich Geld, nach Bhutan und zurück zu fliegen, jedesmal mit einem orangefarbenen Büchlein in der Hand, für das ich auf grünes Licht wartete. Ich war nicht sicher, wie lange mein Bankguthaben für Bhutan noch reichen würde.

Im November 2013 kehrte ich zurück. Oscar war für ein paar Tage bei Mark und es wäre ziemlich teuer gewesen, zu zweit hinzureisen. Ohnehin hatte ich mir angewöhnt, meine Bhutanreisen auf die Termine zu legen, die Mark mit seinem Sohn verbrachte.

Brent bot an, mir ein Zimmer in seinem Haus zur Verfügung zu stellen, in dem der Lama mir die ersten Ngöndro-Belehrungen geben könnte. Aum Sonam errichtete dort einen kleinen Altar und stattete diesen mit Butterlampen und Weihrauch aus. Wer mit einer neuen Praxis beginnt, braucht alle Hilfe, die er kriegen kann. Solche Elemente gelten für die Übungen als ganz wesentlich. Auch Aum Sonam war mittlerweile zu einer engen Freundin geworden. Zu Anfang stand sie meiner Begeisterung für den Buddhismus ja ein wenig skeptisch gegenüber, doch nun sah sie, dass dies keine bloße Laune war.

Mein Lama entstieg seinem kleinen silbernen Auto.

Nach der üblichen Begrüßung kam ich sofort auf den Punkt.

»Wie schön, Sie zu sehen, Lama. Ich freue mich so, dass ich endlich meine Ngöndro-Anweisungen bekomme.«

»Ach ja«, gab er zurück. »Nein, ich glaube, für heute werden wir nur darüber reden.«

Fast hätte ich mich auf die Stirn geschlagen.

»Nein, Lama. Nein. *Bitte* geben Sie mir die Belehrungen.« Ich war vollkommen klar. Schluss damit: Ich war bereit.

Er lachte fröhlich. »In Ordnung, in Ordnung. Du hast ja recht. Lass uns anfangen.«

Er folgte Brent und Aum Sonam, die ihn zum Haus führten, wo alles für uns bereit war. Wir gingen durch die Hintertür des Hotels, einen staubigen, von Hundekacke beschmutzten Weg hinunter. Mir war das egal. Ich trabte ihm hinterher wie ein kleiner Pudel. Ich war glücklich: Endlich würde ich mit dem Ngöndro beginnen.

Dabei ist diese Praxis kaum das, was die Leute mit einem Hauptgewinn im Lotto vergleichen würden, denn es handelt sich dabei um wirklich harte Arbeit. Nicht zu vergleichen mit einem Tag im Wellness-Hotel. Wie die Mitgefühls-Praxis, die ganz bewusst auf die Entwicklung von Mitgefühl ausgerichtet ist, haben die Übungen des Ngöndro das Ziel, den Geist von seinen schädlichen Gewohnheiten zu lösen, vor allem von der Anhaftung ans Ich, von Ärger und Stolz. Wenn man diese geistigen Wolken aus dem Weg geräumt hat, kann der Geist sich öffnen und neue Gewohnheiten entwickeln: Güte anderen Wesen gegenüber, Großzügigkeit, Geduld und innere Sammlung. Im Buddhismus spricht man von »Geistesgiften«. Diese beginnen mit der Anhaftung ans Ich und sind ansonsten vergleichbar mit der Vorstellung von den Todsünden, die es in anderen Glaubensrichtungen gibt. Jedenfalls unterstützt Ngöndro den Praktizierenden dabei, sich selbst von den Geistesgiften zu befreien.

Außerdem gilt Ngöndro als Grundlage für weiterführende Meditationstechniken. Es ist, als würde man den Boden bereiten, um dort später eine kostbare Pflanze einzusetzen. Zuerst bereitet man die Pflanzstelle vor, gräbt um und entfernt die Steine, sodass sich das Wasser nicht staut.

Die Vorbereitenden Übungen sind sehr intensiv und zeitraubend. Man macht vier verschiedene Übungen je 110 000 Mal. Das bedeutet, man macht 440 000 Wiederholungen.

Die erste dieser Übungen sind die Niederwerfungen (wie jene, die wir vor Rinpoche im Kloster Tango gemacht haben). 110 000 Mal niederwerfen, dabei Visualisierungen aufbauen, Gebete sprechen und sich bestimmte Gedanken vergegenwärtigen. Das sollte neun Monate in Anspruch nehmen, wenn ich jeden Tag sechs Stunden übte. Man könnte diese Übung vielleicht am ehesten mit dem Sonnengruß im Hatha Yoga (Yoga des Körpers und des Atems) vergleichen.

Manchmal stand ich um vier Uhr morgens auf, während Oscar noch schlief, und machte meine Niederwerfungen. Manchmal machte ich sie, wenn Oscar bei Mark war oder in der Schule. Ich machte meine Niederwerfungen täglich, aber ich musste ein wenig flexibel sein, was den Zeitpunkt anging.

Es war alles andere als leicht. Gegen Ende hatte ich dicke und vollkommen ermüdete Armmuskeln. Ich weiß noch, wie ich meinen Lama anrief und mich beschwerte, ich fühle mich wie eine Ameise, die den Mount Everest erklimmen wolle! Aber ich vollendete diesen Teil der Übungen gerade rechtzeitig vor meinem nächsten Flug nach Bhutan. Ich wusste, dass der Lama mir die Anweisungen für den nächsten Teil des Ngöndro nicht übers Telefon geben würde, also achtete ich darauf, dass ich die Niederwerfungen beendet hatte, bevor ich ihn wieder zu Gesicht bekam. Ich dachte, wir würden vielleicht ein längeres Gespräch über die Übung und ihre Auswirkungen haben, aber weit gefehlt. Alles, was mein Lama von mir wissen wollte, nachdem ich die Niederwerfungen hinter mir hatte, war: »Schätzt du dich selbst?«

Ich fand die Frage merkwürdig. Was meinte er damit bloß? Ich überlegte: Schätze ich mich selbst?

Vielleicht war das ja eine Fangfrage, weil er wissen wollte, ob bei mir noch Reste von Stolz oder Ego vorhanden waren.

»Ähm, ich weiß eigentlich nicht recht, Lama.«

»Du musst dich selbst schätzen. Das ist nicht ganz einfach.«

»Aha. In Ordnung, Lama.«

Danach bekam ich die Einführung in den nächsten Teil der Ngöndro-Praxis, dem Hundert-Silben-Mantra, das genau 110 000 Mal wiederholt wird, auch dies begleitet von Visualisierungen, Gebeten und Reflexion. Dieses lange Mantra wirkt in erster Linie auf die tieferen Schichten von Körper und Geist, unter anderem durch die Schwingungen, die es auslöst. In gewisser Weise könnte man dies mit Bhakti-Yoga (Yoga der Hingabe) oder Jnana-Yoga (Yoga des Studiums der Schriften) vergleichen. Der Lama hatte mich ja schon vor einiger Zeit gebeten, dieses Mantra auswendig zu lernen, während ich den Nonnen in

Bumthang Yoga-Unterricht gab. Also hatte ich das schon mal erledigt. Aber es 110 000 Mal zu wiederholen, dauerte wieder neun Monate.

Der dritte Teil der Praxis sind Mandala-Opferungen. Man häuft einen Berg Reis oder Weizen auf einem Metallteller auf und wäscht diesen dann mit Safranwasser weg. Auch hier unterstützten Gebete, Visualisierungsübungen und entsprechende Reflexionen die 110 000 Wiederholungen. Diese Praxis lässt sich am ehesten mit Karma-Yoga vergleichen (Yoga der selbstlosen Tat), aber auch mit Bhakti-Yoga (Hingabe). Diese Übung erwies sich als besonders hart: Man hält dabei den Mandala-Teller stundenlang vor sich hin, während man den Berg 110 000 Mal aufbaut und wieder wegwischt. Diese Praxis hilft, Selbstlosigkeit zu entwickeln, doch die Muskeln meiner linken Schulter waren glücklich, als ich sie hinter mir hatte.

Das Schlussstück des Ngöndro ist Guru-Yoga. Auch hier werden 110 000 Mal Mantras und Gebete gesprochen, Visualisierungen geübt und bestimmte Reflexionen vergegenwärtigt. Diese Praxis wirkt auf die subtileren Schichten des Bewusstseins und erinnert an Raja-Yoga (Yoga des Geistes) und Bhakti-Yoga (Hingabe). Die Zeit für diese Praxis verging wie im Flug, doch ich werde sie weiter üben, vor allem, weil der tibetische Text lang ist und ich die Aussprache üben muss.

Es gibt verschiedene Möglichkeiten, diese Übungen auszuführen, aber so, wie ich es gelehrt bekomme, ist es einfach: Ich muss die Übung, an der ich gerade arbeitete, jeden Tag machen, bis ich sie 110 000 Mal ausgeführt habe. Erst dann darf ich zu den nächsten 110 000 übergehen. Wenn ich einen Tag auslasse, verliere ich alles, was ich bis dahin geschafft habe. Das ist tatsächlich ein enormer Ansporn, wirklich täglich zu praktizieren! Man zählt die Wiederholungen mit seiner Mala und hält sie in einem Büchlein schriftlich fest – wobei man die Zahl, die man erreicht hat, ohnehin nicht vergisst!

Die enorme Anzahl der Wiederholungen trägt dazu bei, die neuronalen Pfade des Gehirns neu zu verschalten, wie die Neurowissenschaft uns gelehrt hat. Natürlich lassen sich all diese Übungen auch mechanisch ausführen, doch wenn man sie mit der entsprechenden inneren Beteiligung macht, ermöglichen sie uns einen Blick auf den eigenen Geist und damit verändert sich die eigene Motivation. Ich jedenfalls finde sie sehr hilfreich.

Ngöndro ist eine Praxis, die man häufig im Retreat macht, wo man sie innerhalb weniger Monate abschließt. Außerhalb eines solchen Umfelds und verknüpft mit unseren täglichen Pflichten, so wie ich sie gemacht habe, dauert das wesentlich länger. Ich brauchte gut vier Jahre, um die 440 000 Übungen zu absolvieren. 2016 war ich fertig. Es war ein bisschen, wie ein Loch in die Erde zu graben, nur dass es diesmal tiefer und tiefer durch die einzelnen Schichten des Geistes ging. Wer weiß, was sich am Boden findet? Wer weiß, was wir sehen werden, wenn wir den Blick wieder nach oben richten? Ich weiß aus Erfahrung, dass das, was unten wächst, nicht immer das ist, was sich an der Oberfläche zeigt.

Die Ordination

Ende 2013 hatte ich meine Nonnenkleidung ein gutes Jahr getragen, den kahlen Kopf hatte ich schon viel länger. Zu jener Zeit erwarteten die Leute von mir nichts anderes mehr. Ich hatte das Ngöndro halb zu Ende gebracht und fing langsam an, die Vorzüge eines Geistes zu erfahren, den man sanft, aber entschlossen weg vom Negativen lenkt.

Meine Familie hatte sich mit meinen Lebensentscheidungen angefreundet, da sie mich so offensichtlich viel glücklicher machten. Oscar sagte, er sei stolz auf mich, und behauptet immer noch, unter den Müttern, die ihre Kinder nach der Schule abholten, wirkte ich absolut am glücklichsten. Er hat seiner Klasse auf der Landkarte gezeigt, wo Bhutan liegt, und allen erzählt, dass Lamas nicht nur spuckende Vierbeiner sind.

Anfangs haben sich den Leuten in Whitstable immer ein bisschen die Nackenhaare gesträubt, wenn ich vorüberging. Mein Freund Richard meinte mal, er fände es toll, mit mir spazieren zu gehen, weil dabei unweigerlich an jeder Kreuzung die Autos hielten und uns vorbeiließen! Nach einem Jahr aber schenkte man mir nicht mal einen zweiten Blick, wenn ich des Weges kam. Meine roten Nonnengewänder waren Teil des Stadtbilds geworden. Das war ein tolles Gefühl.

Ich kannte schon durchs Yoga viele Menschen und lernte durch Oscar, der auf eine kleinere Schule gewechselt hatte, die seinen Bedürfnissen eher entgegenkam, noch mehr Leute kennen. Und viele Menschen grüßten mich einfach, weil ich freundlich aussah oder anders oder beides. Damals wurde mir zum ersten Mal klar, dass ich mich zu Hause und dazugehörig fühlte, ganz egal, wo ich war. Immer. Ich war nicht nur in Bhutan glücklich. Und das freute mich, denn sonst wäre das Leben in Whitstable schwierig geworden.

Dabei war mir durchaus klar, dass es – obwohl ich die Nonnengelübde befolgte – für mich noch keine offizielle Zeremonie gegeben hatte, die es rechtfertigen würde, die Bezeichnung »Ani« zu tragen. Ich fragte meinen Lama, ob ich meine Gelübde in irgendeiner Weise formell machen sollte. Ich war nicht ganz sicher, wie das vor sich gehen sollte oder ob es dafür gewisse Regeln gab. Die Bhutaner hatten dafür kein Handbuch und auch meine Internet-Recherchen brachten mich kein bisschen weiter.

Mein Lama meinte, er würde Dorje Lopön fragen, die Nummer zwei der Klöster in Bhutan, ob er mich die nötigen Weihen nehmen lassen würde. Ich wusste gar nicht, wer dieser Dorje Lopön war, denn auch über ihn fand sich nichts im Internet. Ich sollte später feststellen, dass er neun Jahre im Retreat verbracht hatte und überhaupt eine faszinierende Persönlichkeit war.

Im Januar 2014 verließ ich Bhutan wieder und wartete auf die Nachricht meines Lamas. Ob Dorje Lopön wohl zustimmen würde?

Da mein Lama sich nicht meldete, rief ich ihn etwa eine Woche später selbst an.

Und er sagte mir, als wäre das gar nichts, dass Dorje Lopön zugestimmt hatte.

»Großartig«, kommentierte ich. »Und wann?«

»Ach, das weiß ich noch nicht.«

Hmm. Kein eindeutiger Plan? Eigentlich sollte ich mich daran ja schon gewöhnt haben. Vielleicht war es ja schwierig für meinen Lama gewesen, Dorje Lopön auf einen bestimmten Termin festzulegen. Versuchen Sie mal, Ihren Boss organisatorisch an die Kandare zu nehmen.

Ich beschloss, mir noch ein bisschen Geld auszuleihen und im Februar 2014 mit Oscar eine Woche in Bhutan zu verbringen. Der Februar gilt im Buddhismus als glückverheißende Zeit, weil Losar, das buddhistische Neujahrsfest, auf den Februar fällt.

Nach mehrmaligem Umsteigen kamen wir mit einer sechsstündigen Zeitdifferenz in Bhutan an. Es war schön, Brent mit seinen Hunden wiederzusehen, aber auch Aum Sonam und meine anderen Freunde in Paro.

Kaum waren wir im Hotel angekommen, sackte Oscar quasi weg und schlief wie ein Stein. Ich rief meinen Lama an, um ihm unsere Ankunft mitzuteilen und ihn zu fragen, ob die Zeremonie nicht vielleicht schon in dieser Woche stattfinden könnte.

»Ich weiß nicht. Ich rufe dich an«, war seine Antwort.

Um zehn Uhr abends läutete dann das Telefon, und ich sprintete schleunigst hin, um Oscar nicht zu wecken. Er schnarchte wie ein alter Mann, wie er das immer macht, wenn er wirklich müde ist.

Es war mein Lama. »Wir fahren morgen. Es ist für Mittwoch angesetzt.«

»O, das ist toll, Lama. Danke sehr.«

Ich hatte nicht erwartet, dass es so schnell gehen würde – schließlich war es zehn Uhr abends am Montag. Im Kopf war ich immer noch in einer anderen Zeitzone und in einem anderen Land.

»Sollen wir uns dann morgen in Dochula treffen, Lama?«

»Ja, komm her. Dann sehen wir uns.«

»In Ordnung. Auf Wiedersehen, Lama.«

Immer noch benommen versuchte ich, telefonisch ein Auto, einen Fahrer und eine Unterkunft in Punakha zu organisieren – alles ab nächsten Morgen um 9 Uhr –, während gleichzeitig Oscars Schnarchen mich auf dem Boden der Tatsachen hielt.

Dann verließ ich den abgedunkelten Raum und rief übers Handy meine Mutter an. »Mama, es ist so weit. Die Zeremonie wird am Mittwoch sein, nach englischer Zeit um vier Uhr morgens.«

Sie teilte meine Freude. »Das sind doch tolle Neuigkeiten, Emma. Ich freue mich so für dich. Gratuliere!« Es war gut zu wissen, dass sie hinter mir stand.

»Danke, Mama. Ich kann es kaum glauben.«

Ich hätte gerne noch mehr Leute angerufen, aber ich brauchte dringend noch ein bisschen Schlaf. Also legte ich mich mit einem breiten Lächeln auf dem Gesicht hin und starrte noch eine Weile in die Dunkelheit.

Als ich am Morgen aufwachte, erzählte ich Oscar alles.

»Osc, weißt du, was passiert ist, während du geschlafen hast? Der Lama hat angerufen«, sagte ich. Ich merkte gar nicht, dass ich meine Frage gleich selbst beantwortet hatte.

»Super«, meinte Oscar. »Kriegst du die Beförderung?«

»Ja«, lachte ich. »Der Lama meinte, ich würde befördert. Deshalb müssen wir jetzt aufstehen, junger Mann. Wir werden frühstücken und dann losfahren.«

Wir hatten ein Auto mit einem anderen Fahrer organisiert, da Tsering im östlichen Bhutan unterwegs war. So kamen wir nach Dochula. Der Lama erwartete uns bei den 108 Chörten, hinter denen sich blau und weiß der Himalaja türmte. Wir stiegen in sein kleines silbernes Auto um, und er brachte uns nach Punakha. Anfangs, als er sein Auto bekommen hatte, fuhr er noch sehr langsam. Mittlerweile ist er ein guter Fahrer geworden. Und er hat im Kofferraum immer ein paar der weißen Zeremonienschals und ein extra Mönchsgewand dabei – man weiß ja nie!

Oscar war total aufgeregt, weil er vorne sitzen durfte. Ich meldete mich von hinten immer mal wieder zu Wort. Der Lama suchte auf dem Autoradio westliche Popmusik, und prompt ertönte Elton Johns »Candle in the Wind – Goodbye Norma Jean«.

»Ach, Lama, das kennen Sie doch sicher.«

Er lächelte: »Nein.«

Ich dachte an Marilyn Monroe, ihren Rock, ihr Haar und an John F. Kennedy. Also probierte ich es andersrum.

»Lama-la, Sie wissen doch sicher, wer Elvis Presley ist oder?«

Wieder lachte er. »Nein, warum?«

Ich hätte im Leben nicht geglaubt, dass es einen Menschen auf der Welt gab, der noch nie von Elvis Presley gehört hatte.

In Bhutan hängt man häufig ein »la« an, wenn man eine Person direkt anspricht. Es ist sozusagen die Höflichkeitsform, daher versuche ich in Bhutan immer alle Menschen mit einem »la« anzureden.

Punakha, die alte Hauptstadt von Bhutan, liegt etwa eineinhalb Stunden Autofahrt von Dochula entfernt. Aus den kalten Höhen Dochulas rollten wir durch die immer grüner werdende Landschaft, durch die terrassierten Hügel, auf denen Reis angebaut wurde. Von etwa 1850 Höhenmeter fuhren wir hinab auf etwa 1200 Meter über den Meeresspiegel. Oscars Ohren blieben danach noch eine ganze Weile taub, bis wir uns an den höheren Luftdruck gewöhnt hatten. Er fand es lustig, hatte er so doch die Möglichkeit, theatralisch herumzuschreien – ein bisschen wenigstens.

Auf der Reise fragte ich den Lama, von wem er denn seine Getsül-Weihen erhalten hatte.

»Von Dorje Lopön«, antwortete er.

Selbst auf dem Rücksitz hörte ich, dass er dabei breit lächelte. Seine Ohren bewegten sich.

»O Lama, das war mir nicht klar.«

Mir bedeutete das viel. Ich würde meine Getsülma-Gelübde also bei demselben Menschen ablegen, bei dem mein Lehrer die seinen genommen hatte. So gab es eine direkte Verbindung von seinem Lehrer zu ihm und weiter zu mir. Irgendwie waren wir also so etwas wie eine Familie.

Die Getsül-Gelübde sind Novizengelübde. Es ist die häufigste Form des Gelübdes, das Frauen, welche nach der Himalaja-

Tradition praktizieren, ablegen. Dabei spricht man gewöhnlich von der »Getsül-ma«, weil »ma« signalisiert, dass es sich um eine weibliche Form handelt.

Still saß ich hinten auf der Rückbank und versuchte, all das zu verdauen. Ich ließ die strahlend grünen Felder und den wolkengespränkelt Himmel auf mich wirken, bis wir in Punakha ankamen.

Diese alte Hauptstadt ist ein wirklich beeindruckender Ort. Zu ihr gehört eine der größten Tempelburgen in Bhutan. Wo sie errichtet wurde, treffen zwei Flüsse aufeinander, von denen einer als männlich gilt, einer als weiblich. An solchen Orten hält man es für sinnvoll, die Möglichkeit zur spirituellen Praxis zu schaffen. Anfangs dachte ich, das hier sei ein glückverheißender Ort und deshalb habe man einen Dzong errichtet, um dies gebührend zu würdigen. Aber nein: Eben weil der Ort nicht als glückverheißend gilt, hat man dort einen Dzong errichtet, um ein Gegengewicht zu schaffen.

Der Lama fuhr mit uns zu einem kleinen Hotel an einem geschlechtlich nicht näher determinierten Fluss. Dann fuhr er weiter in den Dzong, um Vorkehrungen für den nächsten Tag zu treffen. Oscar und ich legten mit den Steinen am breiten, trockenen Flussufer runde Kreise.

Nach einer Weile begann Oscar, sich eine Detektivgeschichte auszudenken, die an eben diesem Ort spielte. Er sah sich nach Hinweisen um, um den blutigen Mord zu lösen, und plauderte munter vor sich hin. Ich sah den Vögeln zu, die sich auf den grauen Steinen am Flussufer niederließen. Orangefarbene Enten mit dickem Bauch, die dort elegant landeten und wieder abhoben.

Die Sonne setzte das Wasser in Flammen und die leuchtenden Rücken der Enten. Ich lehnte mich entspannt zurück und ließ meinen Geist in die Vergangenheit wandern. Ich erinnerte mich an eine andere Emma, die eilig im Hosenanzug und mit hohen

Absätzen dahinstöckelte, die Firmenberichte unter den Arm geklemmt auf dem Weg vom Hongkonger Büro zu einer Präsentation beim Mittagessen. Ich sah in ihrem Gesicht die Hektik und das Bemühen, auch ja alles zu begreifen. Hätte ich damals nach ihr gerufen, sie hätte mich nicht gehört. Hätte ich versucht, sie zum Hinsetzen zu bewegen, um sich ihre Zukunft anzusehen, sie hätte mich zur Seite gestoßen, so wild entschlossen war sie, ihren Stundenplan abzuarbeiten. Sie tat mir irgendwie leid mit ihrer ganzen Mühe, ihrer Anspannung, weil ich wusste, dass sie nicht glücklich war. Ja, ich empfand tatsächlich Mitleid mit ihr. Ich freute mich, dass sie die Chance erhalten hatte, aus diesem Leben auszubrechen. Danke, Jakarta! Danke, Michael! Wenn dies Karma war, dann sollte es eben so sein. Ich spürte ein wortloses Gebet in mir für all die Jahre, die diesem Augenblick vorausgegangen waren, an dem ich an diesem Fluss in Bhutan saß und übers Land schaute. Und ich fragte mich, wohin die Reise mich wohl als Nächstes führen mochte.

Später am Nachmittag besuchte uns der Lama im Hotel und wir tranken Tee zusammen. Er bestätigte, dass für morgen um 9.30 Uhr alles bereit wäre. Er würde uns um 9 Uhr abholen kommen.

»Toll«, meinte ich. »Aber wie kann ich mich darauf vorbereiten, Lama-la? Geben Sie mir vielleicht etwas zu lesen und zu üben? Sie wissen ja, dass mein Tibetisch noch nicht besonders gut ist.«

»Ah ja. Und Dorje Lopön nuschelt auch meistens«, antwortete er.

Nun wurde ich allmählich nervös. Außerdem wunderte ich mich, woher mein Lama Wörter wie »nuscheln« kannte.

»Aber nein«, meinte er. Er könne mir nichts geben, was mich auf die Gelübde vorbereiten würde.

Also musste ich ins kalte Wasser springen.

Am nächsten Morgen packte Oscar sein Modell vom Tower of London ein. (Ich hatte ihm ein Modell des Londoner Wahrzeichens zum Ausschneiden und Zusammenkleben gekauft, damit er sich während der Zeremonie beschäftigen konnte.) Der Lama brachte uns zum Dzong, einem riesigen, weiß gestrichenen, fenstergeschmückten Bauwerk am Zusammenfluss von Männlich und Weiblich. Locker stehender Baumbewuchs und große Gebetsfahnen an hohen Masten grenzten das Gebäude vom Umfeld ab. Der Lama hatte meinen neuen safrangelben Zen-Schal mitgebracht, eine Opferschale mit Geld und Reis sowie einen weißen Zeremonialschal und ein rotes Stück Stoff, auf dem ich sitzen sollte. Er trug alles in einer großen Tasche mit sich und schritt entschlossen vorwärts. Oscar und ich folgten ihm an diesem hellen Spätwintertag, an dem so früh am Morgen immer noch wenige Menschen unterwegs waren.

Wir stiegen die breiten Holztreppen hinauf, ließen die großen Gebetsmühlen am Eingang hinter uns und hielten uns dann links. Als wir den großen Innenhof durchquerten, kamen wir an einem Baum vorbei, in dem Krähen saßen. Sie nisteten in den Dachspalten des Tempels. Jetzt aber verstreuten sie sich mit Gekrächze über den Himmel. Ich musste lächeln, als ich daran dachte, wie ich damals auf einem warmen Balkon in Griechenland gesessen und mich als Vogel erlebt hatte.

Dann stiegen wir die hölzerne Außentreppe hinauf zu den Gemächern des Lopön. Wir ließen Oscar mit seinem Papiermodell bei zwei Mönchen im Vorraum, dann ging ich mit dem Lama einen Korridor hinunter, um Dorje Lopön zu treffen. Ein Gefühl stiller Begeisterung erfasste mich. Ich stand kurz davor, einen bedeutsamen Schritt zu tun. Ich ging auf ein Versprechen zu, mit dem ich gelobte, mich für den Rest meines Lebens an die Nonnen-Regel zu halten.

Als wir angekommen waren, blieb mein Lama einfach stehen. Ich setzte mich mit gekreuzten Beinen auf das Stück Stoff, das der

Lama mitgebracht hatte. Vor mir saß Dorje Lopön hinter einem Tischchen mit verschiedenen Gegenständen und einem dicken Exemplar der klassisch buddhistischen Texte. (Diese sind nicht gebunden, sondern bestehen aus lose übereinanderliegenden Einzelblättern im Format 22 x 5 cm.) Ich registrierte seine Robe, die von seinem hohen Rang kündete, sein sanftes Gesicht und den Oberarm, auf dem sich wie bei vielen Männern seines Alters sanfte Grübchen zeigten. Ich fragte mich, ob er sein Retreat wohl in einer Höhle abgehalten hatte oder in einem Retreathaus.

Ich saß also vor ihm, mein Lama zu meiner Linken, und Dorje Lopön fing an, mir in Dzongkha zu erklären, dass er diese Weihen noch nie einer Frau gegeben hätte und dass ich mir dessen immer bewusst sein sollte. Mein Lama übersetzte für mich.

Erinnern Sie sich vielleicht noch an den Tom-und-Jerry-Film, in dem der Kater ein Sofa verschluckt und seine Augen fast aus den Höhlen quellen, weil er es nicht im Stück verdauen kann?

Genauso fühlte ich mich.

Ich konzentrierte mich so gut ich konnte. Dorje Lopön merkte schnell, dass er die tibetischen Sätze langsam und stückweise sprechen musste, wenn ich sie richtig wiederholen sollte, wie das Ablegen des Gelübdes es erfordert.

Ich sah zu, wie er die länglichen Seiten des Textes umblätterte und sie auf den vorderen Stapel legte. Nun gab es also zwei Stapel, den gelesenen und den ungelesenen Text. Allmählich wurde der hintere Stapel kleiner, der vordere größer. Dorje Lopön las mir vor, manchmal musste ich ihm nachsprechen, um das Nehmen der Gelübde zu bestätigen. Nach jedem Nachsprechen schnippte er einmal kurz mit den Fingern, um das Gelübde sozusagen zu versiegeln.

Während die Zeremonie fortschritt, konnte ich die Wärme der Sonne fühlen, die durch die mit geschnitzten Verzierungen besetzten Holzfenster zu uns hereinschien und auf die rechte Seite meines Gesichts fiel. Unter uns lag der Fluss, der am Dzong vorbeiströmte. Meine Knie schmerzten schon leicht und meine Achselhöhlen fühlten sich zunehmend feucht an, so sehr musste ich mich konzentrieren, um im Tibetischen nicht allzu viele Fehler zu machen. Ich habe zwar nie geheiratet, aber ich denke mir, dass es ein ähnliches Gefühl sein muss: Auch bei einer Hochzeit wollen die Menschen, um die es geht, nichts mehr, als genau in diesem Moment an genau diesem Ort zu sein und dieses Gelübde abzulegen. An bestimmten Stellen erhob ich mich und machte Niederwerfungen oder sprach zusammen mit Dorje Lopön die Gebete. Am Ende wurde mein Name bestätigt: Pema Deki. Dann lächelten wir uns alle an. Es war vollbracht.

Wir gingen den Korridor wieder hinunter und holten Oscar ab. Dann fuhren wir in einen kleinen Park am Flussufer. Es war vermutlich der männliche Fluss, denn er strömte schnell dahin, über zahlreiche Felsen. Da es fast Mittag war, war es schrecklich heiß. Der Sonnenschein brach sich glitzernd auf der Wasseroberfläche.

Oscar brachte dem Lama bei, wie man Steinkreise legt: drei äußere Ringe und in die Mitte kommt ein stehender Stein. Der Lama holte einen Zweig herbei und steckte ihn in der Mitte in den Boden. So wurde der Steinkreis eine Kreuzung zwischen Festung und Mandala. Ich lächelte immer noch beseelt vor mich hin.

Ein orangefarbenes Schlauchboot mit wildwasserraftenden Touristen kam an uns vorüber und machte Fotos von diesem bhutanischen Lama mit der westlichen Nonne und dem Kind, das am Fluss mystische Steinkreise legte. Die Leute standen in ihrem Boot auf, um uns besser sehen zu können. Vielleicht dachten sie, sie beobachteten gerade einen merkwürdigen buddhistischen Brauch, typisch für die Himalaja-Region.

Unmittelbar nach der Zeremonie fühlte ich mich unglaublich stark, nahezu unbesiegbar, und das Gefühl hielt noch einige Tage an. Die Zeremonie und die formelle Bestätigung durch die Gelübde machten für mich klarer, was ich da eigentlich tat. Ich werde meinem Lama ewig dankbar sein, dass er mich bis zur offiziellen Bestätigung dieser Verbindung begleitet hat. Es musste ihn eine Menge Mut gekostet haben, diese Bitte zu stellen.

Was aber war daran so wichtig? Hat es irgendetwas geändert? Die Zeremonie ließ mich winzig klein werden wie ein Körnchen Sand und gleichzeitig unendlich weit wie die offene See. Das Glücksgefühl, das ich empfand, lässt sich nicht in Worte fassen.

Ich kann mich noch an das Gefühl erinnern, wenn ich als kleines Mädchen alle Randstücke eines Puzzles zusammenhatte. Der nächste Schritt war das Ausfüllen der Mitte. Den Himmel allerdings sparte ich mir bis zum Schluss auf, weil er am schwierigsten war. Ich genoss es, wenn ich das letzte Puzzlestück in das Bildermosaik hineinlegte, wenn all die Einzelteile plötzlich ein ganzes Bild ergaben. Das Licht tauchte die geschlossene Oberfläche in silbrigen Glanz, der auch auf mich abzufärben schien. Einfach perfekt.

Der Pollen der Blüte

Geh mit mir bis zum Gipfel.
Komm, stell dich neben mich.
Hier, oberhalb der Baumgrenze,
wo die Luft vollkommen klar ist.
Spitz deine Lippen und puste die Wolken fort.
Fertig?
Komm, lass uns von Bergspitze zu Bergspitze springen
und ein Lied der Freude anstimmen.

Mutterschaft – nah und fern

Ich hatte geglaubt, dass von nun an alles einfacher würde, und in gewisser Weise war das auch so. Ich hatte nun nur noch meine Nonnengewänder. Alles andere hatte ich verschenkt. Ich hatte viele Hobbys oder andere Dinge aufgegeben, die ich als Nicht-Ordinierte regelmäßig gemacht hatte, was hieß: Ich hatte mehr Zeit für das Leben, für das ich mich entschieden hatte.

Ich tat mein Bestes, um das Prinzip des Ahimsa umzusetzen, des Nicht-schaden-Wollens, welches Mitgefühl für alle Wesen voraussetzt. Es gelang mir nicht immer, vor allem, wenn ich am Abend wirklich müde war. Aber ich versuchte es Tag für Tag, ganz egal, wie der vorhergehende Tag gelaufen war. Ich stand morgens auf und rief mir den innigen Wunsch ins Gedächtnis, Güte zu entwickeln. Schließlich war ich deshalb Buddhistin geworden.

In anderer Hinsicht hatte ich das Gefühl, dass die Dinge nicht unbedingt einfacher wurden, sondern eine eigene Dynamik entwickelten. Es erinnerte mich ein bisschen daran, wie Oskar die »Todesrutsche« auf den Abenteuerspielplatz heruntersaust: Je geschickter und mutiger er wird, desto schneller ist er. Je schneller er ist, desto geschickter und mutiger wird er …

Im Februar 2015, ein Jahr nach meiner Ordination, reiste ich in den Südwesten Bhutans, in ein kleines Dorf namens Meritsemo. Der dortige Lama hatte mich eingeladen und gebeten, sein Kloster zu besuchen. Er wollte, dass ich die kleine Gemeinde junger Mönche kennenlernte, die wirklich Probleme hatte, ihr Überleben zu sichern. Er hoffte, dass ich ihm helfen könne.

In den vielen Jahren, die ich Bhutan besuche, habe ich immer mal wieder Menschen vor Ort geholfen, auf eine persönliche, wenig offizielle Art. Es macht mir einfach Spaß. Ich hatte den Lama bei einem früheren Besuch in Thimphu kennengelernt und ihm erklärt, dass ich viel zu tun hätte und vielleicht nicht viel ausrichten könne. Dass ich vielleicht 400 oder 500 Pfund aufbringen könne, wenn ich in England einen Yoga-Tag veranstalten und ihm die Einnahmen schicken würde. Mehr aber könne ich nicht tun. Mit einem Lächeln auf den Lippen sagte ich zu ihm: »Ich bin ja nicht Bill Gates, wissen Sie!« Er starrte mich verständnislos an. Er kannte Bill Gates nicht.

Ich war also überzeugt, dass ich nicht viel würde tun können, wollte mir aber trotzdem das Kloster ansehen, und so fuhr ich im Februar hin. Die Reisegesellschaft hatte mir einen Fahrer namens Norbu besorgt, einen Führer namens Rinzin und dazu einen Geländewagen. Rinzin war für einen Bhutaner wirklich sehr hochgewachsen, ein höflicher Mann von guten Manieren. Er war ebenso hilfsbereit wie persönlich in seinem Umgang, was für viele Bhutaner gilt. Norbu hingegen war ein Schlingel. Er behauptete ständig, kaum Englisch zu verstehen, grinste aber bei meinen Scherzen mit Rinzin, wenn ich versuchte, diesen ein wenig aus der Reserve zu locken und sein Vertrauen zu gewinnen.

Wir verbrachten zwei heitere Tage miteinander, bevor wir uns in den Süden nach Meritsemo aufmachten. Ich nahm mir noch die Zeit, im Dungthse Lhakang ein paar Gebete zu sprechen. Währenddessen spielte Norbu auf seinem Samsung Galaxy herum und Rinzin blieb beim Auto stehen, um Freunde aus Paro zu begrüßen, die den Hügel hinunter in die Stadt gingen.

Achtundvierzig Stunden später, als ich mich an die Höhe und den Zeitunterschied gewöhnt hatte, traten wir die sechsstündige Fahrt von Paro nach Meritsemo an. Es sollte der ländlichste und abgelegenste Teil von Bhutan werden, den ich bis dato gesehen hatte. Es war gar nicht so einfach gewesen, auf dem Weg dorthin Unterkünfte zu organisieren. Wir verbrachten die Nacht in einem College in Gedu, das Zimmer zu vermieten hatte. Es war kalt. Rinzin trug seinen Strickhut, Norbu alles, was er hatte, und ich fühlte mich ausgesprochen haarlos, als wir in der Kantine der College-Angestellten lachend unseren Reis verzehrten. Unser Atem schlug sich in kleinen weißen Wölkchen nieder, so kalt war es bis zum Abend geworden. Danach hatten wir uns mehr oder weniger aneinander gewöhnt. Selbst Norbu trug hin und wieder einen Satz zu unserer Unterhaltung bei. Ich mochte seine Einwürfe, denn mit seinem freundlichen Singsang hörte er sich an, als habe er sein Lebtag lang noch kein böses Wort gesprochen. Sein Tonfall erinnerte mich an die Abzählreime, die man kleinen Kindern vorsagt, damit sie sanft einschlafen.

Am nächsten Morgen verließen wir das College und fuhren die mit Schlaglöchern gespickte Straße zum Dorf hinunter. Glücklicherweise waren am Straßenrand kleine Steinhaufen platziert, die angaben, wie viel Wegstrecke wir jeweils zurückgelegt hatten. Nach etwa eineinhalb Stunden näherten wir uns einer Anhöhe inmitten eines grünen Tals. Von dort schallten uns die flehenden Klänge klösterlicher Hörner entgegen, als rufe der Hügel selbst um Hilfe.

Als wir das Auto auf dem Parkplatz neben dem kleinen Lhakang abstellten, sahen wir junge Mönche mit ihren Instrumenten, die ihr Bestes gaben, um ihnen Töne zu entlocken. Ich bin ja sowohl Mutter als auch Nonne, daher rufen diese Szenen bei mir immer gemischte Gefühle hervor. Ich wollte mit den kleinen Mönchen einzeln sprechen, weil ich mir ein genaues Bild der Situation machen wollte. Ich wollte meine Gedanken klären. Wie so oft in ländlichen Gegenden der Fall, waren diese Jungs ins Kloster gegangen, um Buddhismus zu studieren, aber auch weil ihre Eltern nicht die Mittel hatten, sie zu ernähren, geschweige denn, ihnen eine gewisse Bildung angedeihen zu lassen. Der Lama aus Meritsemo erklärte mir, ein paar der Jungen seien sozusagen Scheidungskinder, die der neue Partner nicht hatte haben wollen. Es waren traurige Geschichten, doch mittlerweile konnte ich mit der Trauer anders umgehen. Ich spürte, wie sie mich berührte, und die Reaktion darauf war stark: Ich spürte die unerschütterliche Entschlossenheit in mir, diesen Jungen zu helfen.

Ich kam von Meritsemo zurück nach England und konzentrierte mich ganz darauf, was ich für die Jungen tun konnte. Ich war tatsächlich vollkommen fokussiert. Die Jahre der disziplinierten und hingebungsvollen Ngöndro-Praxis zahlten sich nun aus. Ich brachte viel mehr Energie auf als vorher. Adrienne, eine meiner Yogaschülerinnen und Mutter von zwei Mädchen, wollte mir helfen. Ich war so dankbar für ihre Unterstützung. Meine Erfahrungen im Finanzwesen und mein analytisches Denken ergänzten sich mit ihrer künstlerischen Art und ihren Erfahrungen als Fotografin. Gemeinsam begannen wir, Pläne zu schmieden. Wir nannten unser Projekt »Opening Your Heart to Bhutan« und überzeugten Simon, einen befreundeten IT-Spezialisten, uns eine Webseite zu erstellen und einen Flyer zu entwerfen, den er auch noch auf seine Kosten drucken ließ. Zunächst einmal wollten wir genug Geld sammeln, um die Schlafsäle der jungen Mönche zu renovieren und eine Kaltwasser-Dusche sowie zwei Toiletten samt nötiger Klärgrube zu bauen.

Es wurde ein voller Erfolg. Wir brachten in wenigen Monaten genug Geld auf, um alle diese sinnvollen Einrichtungen zu finanzieren. Rinzin überwachte die Arbeiten, und alles lief ganz erstaunlich glatt. Es war kaum zu glauben, dass ich von Whitstable aus das Anlegen einer Klärgrube in Bhutan koordinieren konnte – aber genauso war es.

Langsam dämmerte mir, dass meine Verbindung zu Bhutan sich noch weiter vertiefen würde. Das hieß, dass ich genug Geld für die Flüge und die Unterkunft auf weiteren Hilfsexpeditionen in den Himalaja zusammenkratzen musste. Ich wusste zwar, dass ich, wenn ich eingeladen wurde, nicht den vollen Preis bezahlen musste, doch Geld würde sicher immer vonnöten sein. Man musste das im Hinterkopf behalten – aber zurückhalten würde mich das nicht.

Adrienne und ich überlegten, wie wir weiter helfen könnten. Ich hatte mich durch gründliche Recherchen mit der Armut in Bhutan vertraut gemacht. Wir beschlossen, unsere Arbeit auf Projekte auszudehnen, die dem ganzen Dorf helfen würden: den jungen Mönchen, der Grundschule des Dorfes und den ärmsten Familien. Die Lebensbedingungen der Mönche waren hart, aber das galt auch für ganze Familien aus dem Dorf. Es schien also klüger, sich ums ganze Dorf zu kümmern, damit alle Kinder etwas von unserer Arbeit hatten. Das würde zudem sicherstellen, dass zwischen der Mönchsgemeinde und dem Dorf kein böses Blut aufkam.

Und so organisierte ich eine zweite Reise nach Meritsemo. Ende Mai 2015 hatte ich einen gewissen Geldbetrag für das Dorf gesammelt. Also lieh ich mir Geld von meiner Mutter (was mit 48 Jahren schon ein bisschen peinlich ist!), um zusammen mit Oscar nach Bhutan zu reisen. Er hatte gerade Schulferien, daher beschloss ich, die Gelegenheit beim Schopf zu packen und die fertiggestellten Bauten zu überprüfen und mit dem Schulvorsteher über den Bedarf für die Schule zu sprechen. Es war zwar ganz schön anstrengend, Bauarbeiten zu besichtigen, mit einzelnen Leuten zu sprechen und immer auf Oscar Poscar (wie Norbu ihn mittlerweile nannte) ein Auge zu haben, doch ich wollte, dass Oscar das Dorf kennenlernte und begriff, dass manche Kinder unter ganz anderen Bedingungen aufwuchsen als er.

Nach der Landung in Paro kauften wir Matratzen, Bettzeug, Bücher, Eimer, eine Zinkbadewanne und andere Dinge. Wir packten sie in einen offenen Lastwagen, und natürlich wollte Oscar unbedingt während der Fahrt auf der Ladefläche sitzen. Er posierte wie ein Model auf dem Matratzenstapel, bevor ich den Zauber brach und er sich zwischen mich und das Extragepäck auf den Sitz des Lasters klemmen musste. Norbu fuhr und Rinzin half mit allem anderen.

So ratterten wir über die Buckelpiste von Gedu nach Meritsemo. Nach dem, was Oscar eine »so lange Fahrt« nannte, kamen wir im Dorf an. Wieder erklommen wir mit dem Auto die kleine Anhöhe und parkten neben dem Lhakang.

Auch diesmal begrüßte uns der Lama des Tempels mit den jungen Mönchen, und wir fingen sofort an, die Vorräte abzuladen. Ich sah mich nach Oscar um, doch der war schon fort, auf zur Dorfschule, wo er an einzelnen Unterrichtsstunden teilnehmen und die Kinder kennenlernen sollte. Norbu sauste hinter ihm her und holte ihn auf der Spielwiese der Schule ein. Oscar war genauso erpicht darauf, Bhutan kennenzulernen, wie ich!

Das Dorf erinnerte mich ein bisschen an jenes berühmte Dorf mit den unbesiegbaren Galliern aus den Asterix-und-Obelix-Comics, die mein Bruder als Kind so geliebt hatte. Auch dieses bhutanische Dorf war hufeisenförmig angelegt und gruppierte sich um die Spielwiese der Schule herum, der Lhakang lag ein wenig höher. Die strohgedeckten Häuser waren aus Holz, Hunde streunten herum und beschnupperten interessiert den Boden. In den Comics gab es neben Asterix und Obelix einen Häuptling, einen Musiker und natürlich den zaubermächtigen Druiden. Da das Dorf mich so sehr daran erinnerte, hatte ich fast das Gefühl, als müsse gleich eine dieser Gestalten hinter einem Busch hervorspringen. Auf dem Weg zur Schule kamen wir an einer spärlich behaarten Ziege vorbei, deren Augen seitlich zu sitzen schienen, fast wie bei einem Fisch. Wir begegneten unzähligen Hunden, Hühnern und Schmetterlingen. Die Menschen im Dorf waren hauptsächlich Bauern, die Nahrungsmittel für den eigenen Bedarf produzierten, aber auch Orangen und Kardamom für den Verkauf nach Indien. Viele der Erwachsenen trugen Hackmesser oder Macheten im Gürtel, um sich jederzeit einen Weg zu den Feldern bahnen zu können. Meist waren sie barfuß und trugen einen konisch geformten Strohhut auf dem Kopf, was ihnen das Aussehen kleiner Kegel verlieh. Die charakteristische Form des Strohhutes lässt den Regen besser ablaufen. Diese Bauern waren ernsthafte, schwer arbeitende Menschen, die in den frühen Morgenstunden aufstanden und abends müde und schlammbespritzt wieder nach Hause kamen. Die Schule erfüllte daher eine doppelte Funktion: Sie brachte den Kindern nicht nur grundlegende Bildung bei, sondern stellte auch sicher, dass sie tagsüber beaufsichtigt waren, wenn die Eltern auf den Feldern waren. Abgesehen von den Kindern, ein paar alten Männern und den herumwandernden Tieren war das Dorf dann verlassen.

Norbu erzählte mir später, die Kinder in der Schule hätten vor Überraschung aufgeschrien, als sie Oscar zu Gesicht bekamen, der eine sehr helle Haut und rote Locken hat, sicher aufgrund seiner teils schottischen Herkunft. Oscar schien das nicht weiter zu kümmern. Bald folgte ihm eine kleine Gruppe bhutanischer Kinder getreulich nach. Die Kinder schubsten ihn sogar an, wenn er sich auf die Schaukel setzte, die wie ein alter Kahn ächzte und quietschte, während sie auf- und niederschwang. Die Frage nach Gesundheit und Sicherheit schien hier nicht unbedingt im Vordergrund zu stehen.

Mein Verdacht, dass wir hier im bhutanischen Gegenstück zum berühmten Gallierdorf gelandet waren, fand definitiv Bestätigung, als Oscar mich am Ärmel zupfte: »Schau, Mama, schau nur – ein wilder Eber.« Tatsächlich schnüffelte so ein Exemplar mit dem charakteristischen Haarkleid um eine der Hausecken. Nur wenig später kam uns auf einem der Wege ein junges Kalb entgegen, hinter dem zuerst ein Seil auftauchte und dann ein Junge.

Oscar brachte Stunden auf der Schaukel zu – und ließ sich von der halben Schule immer höher hinauf in den Himmel schubsen.

Ich ging zur Spielwiese hinunter und sah ihnen zu. Dabei hörte ich ihn etwas rufen wie: »Piiipiiii, Piiipiiii.« Wie alle kleinen Kinder liebt Oscar Wörter, die mit den Körperfunktionen zu tun haben.

»Also bitte, Oscar. Jetzt hör aber auf«, tadelte ich ihn.

»Nein, Mammi. Das ist Dzongkha. Ich spreche Dzongkha. »Piii« heißt »schubsen«.«

Während er also um die kulturelle Integration bemüht war, verbrachte ich den Großteil meiner Zeit mit dem Schulleiter. Ich hörte zu, als er mir erklärte, wie das Leben hier im Dorf verlief und wie wir durch Fundraising praktisch von Nutzen sein könnten. Er wollte, dass ich Kinder kennenlernte, die wirklich in Armut lebten. Meist handelte es sich dabei um Kinder, die nur noch einen Elternteil hatten. Und er erläuterte mir seine Vision einer qualitativen Verbesserung für seine Schule. Ich hatte geglaubt, hier gehe es hauptsächlich um Schulbücher und Stifte und all so was, aber was er sich wirklich wünschte, war ein Rasentrimmer, damit die Kinder das Gras auf der Spielwiese nicht mehr mit Messern schneiden mussten. Als der Rasentrimmer ankam, war dies für alle in Meritsemo ein großer Tag.

Mit der Hilfe von Rinzin – der sich immer mehr zu einer höchst engagierten rechten Hand entwickelte – machten wir Fotos, sprachen über Bauvorhaben und stellten dann einen Plan für unsere künftigen Ziele auf. Rinzin nahm seine Rolle als Vertreter seines Landes sehr ernst. Norbu hingegen sorgte für den Spaß dabei.

Oscar und ich genossen unseren Besuch im Dorf. Wir hatten kein Bad. Wir aßen ständig Reis und hörten in der Morgendämmerung mehr Hahnenschreie als je zuvor. Wir campierten auf Behelfsbetten im Haus einer Lehrerin und wurden schon in den frühen Morgenstunden von den Äxten der Dorfbewohner geweckt, die Holz hackten und es auf dem Rücken nach Hause trugen.

Das Leben im Dorf war hart und hatte so gar nichts mit dem ununterbrochenen Sonnenschein im Gallierdorf zu tun. Doch es war schön, dass wir ein Teil davon sein durften, und so waren wir bei der Abreise beide traurig. Als wir nach England zurückreisten, hatten wir die Gewissheit im Gepäck, dass die Dorfbewohner uns brauchten. Und natürlich unsere dort geschlossenen Freundschaften.

Ich war selbst überrascht von der Richtung, die mein Leben plötzlich nahm. Irgendetwas wuchs stark in mir wie der lange, glatte Stängel eines Lotus, der sich aus dem Schlamm erhebt, über die Wasseroberfläche hinaus ins Licht, um sich zu einer Blüte zu öffnen, die unfassbar schön ist. Und im Herzen dieser Blume saß die unerschütterliche Entschlossenheit, anderen zu helfen. Ich hatte immer geglaubt, dass ich nur wenig tun könne, aber zusammen mit meinen Freunden und Yogaschülern brachten wir mehr zuwege, als ich je gedacht hätte.

In meinem Schlafzimmer liegt immer noch der goldene Buddha auf der Seite und lächelt mich an, während ich mein neues Leben aufbaue. Ich bin überrascht, zu welchem Menschen ich geworden bin – aber vielleicht hat er all dies kommen sehen.

Nach dem zweiten Besuch im Dorf beschloss ich, dass es Zeit war für eines meiner tiefschürfenden Telefongespräche mit Brent. Er lebte mittlerweile in Neuseeland und führte dort ein Hotel, aber wir hatten immer noch häufig Kontakt. Und es war gut, mit jemandem reden zu können, der Bhutan so gut kannte.

»Es ist so viel zu tun, und ich fühle mich so erschöpft«, erzählte ich ihm. »Oscar macht mir in letzter Zeit auch wieder ordentlich zu schaffen.«

»Ja, aber das ist bei dir ja immer so. Du lässt dich einfach mitreißen«, meinte Brent. »Lass' es einfach gut sein. Du hast die Toiletten gebaut und der Schule geholfen. Vergiss nicht, dass du eigentlich Nonne bist. Du solltest dich auf deine Praxis konzentrieren. Du musst das Ngöndro beenden (damals war ich beim dritten Teil der Praxis) und außerdem wird auch danach noch viel Neues auf dich zukommen.«

»Ja, da hast du vermutlich recht«, hörte ich mich mit einem leisen Seufzen sagen. »Aber ich praktiziere ja trotzdem jeden Tag. An manchen Tagen ein bisschen weniger, aber immerhin täglich.« Was ich nicht sagte, war, dass ich wollte, dass auch andere Menschen etwas von meiner Ordination hatten und dass mein Engagement im Dorf ein guter Weg war, dies zu bewerkstelligen.

»Wenn du so weitermachst mit deiner Wohltätigkeitsorganisation, dann bist du wieder dort, wo du am Anfang als Bankerin warst: Vor lauter Organisieren wird dir keine Zeit mehr bleiben«, warf Brent ein.

»Hmmm.«

»Du hast dir gerade einen Hochleistungsjob aufgehalst, nur ohne Bezahlung«, argumentierte er weiter.

»Hmmmm. Vermutlich hast du recht.« Selbst ich hörte, dass ich nicht hundertprozentig überzeugt klang. Aber natürlich hatte Brent recht. Es war verrückt. Ich war Mutter und angehende Nonne, ich lernte Tibetisch, unterrichtete Yoga und Meditation und überlegte, ob ich eine internationale Wohltätigkeitsorganisation gründen sollte. Letztere machte es erforderlich, dass ich auf eigene Kosten in entlegene Orte reiste, wo ich mir eine hübsche Sammlung an Flohbissen zulegte und mich nachts kratzend im Schlafsack wälzte.

Aber wie sollte es sonst funktionieren? Ich wusste, dass sich hier die einzigartige Chance bot, Bhutan zu helfen, da ich das Land ja mittlerweile wirklich gut kannte. Solange ich es mir leisten konnte, konnte ich mein Bestes geben, um die Menschen in Großbritannien zum Helfen zu inspirieren und damit den bhutanischen Familien helfen. Ich mochte noch immer eine Ausländerin sein, aber ich war eine Ausländerin in Robe. Das waren schon einmal zwei Voraussetzungen, um etwas wunderbares möglich zu machen.

Es war seltsam, sich im Nonnengewand und mit kahlgeschorenem Kopf erneut um jene Dinge zu kümmern, die im Bankensektor zu meinen Stärken gehört hatten. Aber hier hatte ich die Chance, all meine Erfahrungen und Fähigkeiten einzusetzen, um anderen tatsächlich von Nutzen zu sein.

Anfang 2016, nachdem wir noch mehr Fortschritte in Bhutan gemacht hatten, entschlossen Adrienne und ich uns, die Initiative in eine richtige, eingetragene Wohltätigkeitsorganisation umzuwandeln. Unser Ziel war es, die Organisation so zu führen, dass wir kein Geld fürs Personal ausgeben mussten und gleichzeitig alle formalen Ansprüche einer eingetragenen Organisation zu erfüllen. Glücklicherweise bot Sue, eine meiner Schülerinnen, an, sich um die Verwaltung zu kümmern. Wir hatten also genug Leute, um den Papierkram geregelt zu kriegen. Jane, eine andere Schülerin, meinte, sie könne uns die Buchhaltung führen. Und Simon bot an, sich nach wie vor kostenlos um die Webseite zu kümmern. Ohne die Hilfe dieser Menschen hätte ich es nie geschafft.

Als eingetragene Wohltätigkeitsorganisation brauchten wir eine Reihe von Mitgliedern und klare Ziele. Ich war nun offiziell »Chief Executive Officer« oder Geschäftsführerin, ein eher ungewöhnlicher Titel für jemanden mit kahl geschorenem Kopf und tibetischen Gebetsbüchern auf dem Nachttisch. Eigentlich Ironie des Schicksals – in meinem alten Job hätte ich den Titel des CEO als großen Erfolg angesehen. Jetzt aber habe ich nur das Gefühl, dass der Titel nicht zu meinem Outfit passt. Doch all meine Vorstellungen davon, was möglich oder nicht möglich ist, beginnen ohnehin gerade, sich aufzulösen. Wenn ich Menschen helfen konnte, indem ich in der Welt aktiv wurde, und gleichzeitig immer noch in tiefer Stille beten konnte – warum sollte ich nicht beides tun?

Ich fragte mich nur, wo mich das wohl als Nächstes hinführen würde.

Ugyen-la

Ein Teil der Zuversicht, dass wir unsere Projekte in Bhutan würden umsetzen können, erwuchs mir aus der Begegnung mit einem neuen Menschen in meinem Leben. Im Spätsommer 2015 bot man Rinzin, der uns zu Anfang in Meritsemo unterstützt hatte, ein Stipendium in den USA an. Für mich persönlich war das ein Schlag, doch für ihn war es natürlich eine Riesenchance. Aber ich brauchte jemanden, der vor Ort das nötige Engagement aufbrachte, wenn unsere Arbeit Erfolg haben sollte.

Rinzin meinte, einer seiner Freunde namens Ugyen würde sich wirklich für unsere Arbeit interessieren. Ich sagte ihm, ich würde seinen Freund gerne kennenlernen, wenn ich wieder in Bhutan sei, dachte aber insgeheim, Rinzin wolle nur höflich sein, weil er uns nicht im Stich lassen wollte.

Vor meinem nächsten Besuch in Bhutan im Oktober 2015 schrieb Ugyen mir in einer Mail, dass er mich gerne treffen würde. Ich antwortete: »In Ordnung, aber ich bin im Moment sehr beschäftigt. Am Dienstagmorgen hätte ich allerdings eine halbe Stunde Zeit.« Das hörte sich vielleicht nicht allzu höflich an, aber in dieser Phase hatte ich während meiner kurzen Besuche in Bhutan unendlich viel zu erledigen. Vorräte mussten besorgt werden, Menschen kontaktiert. Wie immer war ich glücklich, als ich in Paro angekommen war und zudem hatte ich jetzt das Gefühl, etwas wirklich Sinnvolles zu tun.

Am Morgen nach meiner Ankunft fuhr ich weiter nach

Thimphu, wo ich Vorräte besorgte, bevor ich mich am nächsten Tag auf die lange Fahrt nach Meritsemo machte. Ich wollte für unser nächstes Projekt recherchieren, vielleicht würden wir ja einen Spielplatz bauen oder das Land um die Schule entwässern. Außerdem wollte ich mit Sonam sprechen, dem Schulleiter.

Ich war früh aufgestanden und hatte alles gepackt. Dann wartete ich in der Halle des einfachen Hotels in Thimphu, in dem ich untergekommen war. Der Anblick der Korbstühle dort war ungewohnt, da es diese in Bhutan nur selten gibt. Es sah ein bisschen aus wie ein Siebzigerjahre-Sonnendeck im ländlichen Surrey. Da betrat ein Mann die Rezeption, ein kräftiger, ernsthaft dreinblickender Bhutaner in einem sehr gepflegten Gho, der traditionellen Männerkleidung des Landes. Ich wusste, dass er nicht älter war als sechsundzwanzig, aber er wirkte sehr viel reifer. Wir setzten uns, und er erzählte mir, dass er wirklich gerne dazu beitragen würde, seinem Land und seinem Volk zu helfen. Seine Aufrichtigkeit, seine Selbstlosigkeit waren beeindruckend. Ob er mir wohl etwas vorspielte?

»Gut«, meinte ich. »Und wo leben Sie?«

»In Thimphu, Ani-la.«

»Wie weit weg von hier?«, hakte ich nach.

»Im Taxi zehn Minuten.«

»Gut, wir fahren in fünfundzwanzig Minuten nach Meritsemo ab. Wenn Sie uns wirklich helfen wollen, dann fahren Sie doch nach Hause, packen ein paar Sachen zusammen und kommen gleich mit. Wir werden etwa vier Tage bleiben.«

Da hatte ich ihm nun den Handschuh hingeworfen! Und nach langer Zeit mal wieder jene Fähigkeiten aktiviert, die ich als Analystin gebraucht hatte, die in Unternehmen auf den Busch klopft. Wenn er uns wirklich helfen wollte, dann würde sich dies in den nächsten Minuten entscheiden.

Ugyen guckte ein bisschen verblüfft drein. Übermäßige Spontaneität ist nicht gerade seine starke Seite, doch nach einem kurzen Moment des Zögerns sagte er zu. Und ich war höchst erfreut.

Norbu fuhr uns wieder und Jigme, unser neuer Führer, plante die Reise. Am Ende schafften sie es, Schlafsäcke, Decken, Kissen, Kinderspielzeug, unsere Zelte, Kekse und zwei große Thermoskannen heißen Tee in den Geländewagen zu packen.

Ugyen kam mit Schlafsack und Reisetasche ins Hotel. Irgendwie kamen wir alle vier unter, zusätzlich zu unserer fahrenden Haushaltswarenabteilung. Dann ging's los.

Auf der Fahrt ins Dorf lernten wir Ugyen schon ein bisschen kennen. Er war ein sehr ernsthafter junger Mann. Nicht wie Norbu, der immer kicherte und alles einfach mit einem Kopfschütteln abtat, ob es sich nun um Straßensperren, Nebel oder gar Blutegel handelte. Ugyen fand Gefallen an hochkonzentrierter Arbeit, was ein Segen war, denn diese Reise sollte sich als bahnbrechend herausstellen.

Als wir uns dem Dorf näherten, spannte sich ein gewaltiger Regenbogen über den Himmel, ein Lichttor, das die eine Seite des Tals mit der anderen verband. Das musste ein gutes Omen sein. Wir sprangen aus dem Wagen und machten ein Foto vom Team der Organisation »Opening Your Heart to Bhutan« unter dem Regenbogen.

Auf dieser Reise lernte ich Nakum kennen. Noch ein Name, der neu war für mich und den auszusprechen ich erst üben musste. Der Schulleiter hatte mir schon geschrieben, er würde mir gerne ein Mädchen vorstellen, das Probleme beim Gehen hatte, obwohl keiner recht wusste, wieso. Sie bekam eine winzige Rente von der Regierung, doch ich hatte den Eindruck, dass dies noch nicht ausreichte und ihr Leben schwierig war. Das war alles, was ich wusste. Und dass ihr Haus irgendwo in »dieser« Richtung lag, also hinter dem Haus des Schulleiters.

Ugyen und ich wanderten den engen Pfad aus hartem Lehm entlang, zwischen den einstöckigen Lehmhäusern hindurch, von denen eines recht schief stand. Drei Welpen und zwei Schuljungen kamen uns entgegen. Ein paar Minuten später erklommen wir eine ausgeblichene, graue Holztreppe. Im Oberstock saß auf der offenen Veranda ein Mädchen. Das musste Nakum sein. Sie hatte die Beine untergeschlagen und neigte den Kopf zur Seite. Langes dunkles Haar umrahmte das feierlich ernste Gesicht. Wie sie da so saß, sah sie beinahe aus wie eine Meerjungfrau. Neben ihr standen zwei niedrige Holzblöcke, auf jedem hatte sich eine Katze niedergelassen. Aber die Tiere lagen nicht einfach faul herum, sondern saßen aufrecht wie zwei Wächter auf dem Posten. Den Schwanz hatten sie sorgsam um die Vorderpfoten gelegt ... Offensichtlich bewachten sie das schöne Mädchen mit dem sanften Gesicht.

Auf Händen und Knien zog Nakum sich vorwärts ins größte Zimmer des Hauses. Dort setzte ich mich mit ihr auf einen kleinen, rotgeblümten Teppich, den man in Bhutan gewöhnlich Gästen vorbehält. Nakums Mutter, ihr Vater und ein paar Nachbarn schlossen sich uns an. Man bot mir Milchtee an.

Mit Ugyens Hilfe erzählte uns Nakum ihre Geschichte. Sie war neunzehn Jahre alt und hatte noch nie gehen können. Niemand wusste so recht, warum dies so war. Vor einiger Zeit hatte man sie ins Krankenhaus gebracht, aber auch dort fand man nicht mit Sicherheit heraus, woran es lag oder was sich dagegen unternehmen ließe.

Ich aber hatte stark den Eindruck, dass wir hier etwas tun konnten. Schließlich hatte ich in England noch nie jemanden so sitzen sehen. Ich fragte Nakum, ob es in Ordnung sei, wenn ich mir ihre Füße und Waden ansähe. Sie waren warm. Nakum bestätigte, dass sie meine Berührung spürte. Ich bin kein Arzt, aber ich war mir sicher, dass wir Nakum helfen konnten. Vielleicht konnte sie sogar lernen zu gehen. Da sie nie zur Schule hatte gehen können, verbrachte sie ihre Tage im Haus oder auf der Veranda. Ihre Trauer darüber war mit Händen zu greifen. Sie umgab sie wie ein dunkler Flor.

Nakum kennenzulernen war für mich ein neuer Ansporn. Vielleicht erinnerte sie mich an die Kinder in Kathmandu oder an den Mann in Jakarta, wie er zusammengesunken vor der Wand saß. Vielleicht war es aber auch etwas ganz anderes. Möglicherweise war der Wunsch zu helfen diesmal einfach stärker als je zuvor.

Mit der Unterstützung vieler Menschen, im Besonderen aber der von Dr. Lotay in Bhutan, fanden wir heraus, dass Nakum eine leichte Form der Lähmung hatte, die vom Gehirn ausging. Aber es hieß auch, sie könne mit ein wenig Anstrengung gehen lernen. Es war einfach eine wirklich gute Chance und Nakum wollte sie unbedingt beim Schopf packen.

Dr. Lotay organisierte ihren Transport ins Krankenhaus von Thimphu. Dort wurde sie gründlich untersucht.

Ich war in der Zwischenzeit nach England zurückgekehrt und wartete auf den Befund. Ugyen schrieb mir: »Großartige Neuigkeiten, Ani-la. Der Arzt denkt, dass sie mit der Zeit wird gehen können. Ich habe sie eben im Krankenhaus besucht, und es geht ihr gut. Sie macht jeden Tag ihre Übungen, und sie ist so unglaublich glücklich.« Ugyen hatte ein Foto von Nakum mitgeschickt, wie sie in ihrem rosa-weiß gemusterten Pyjama auf dem Krankenhausbett sitzt und strahlt, als wäre sie der glücklichste Mensch der Welt – obwohl sie noch nicht gehen konnte.

Ich konnte es kaum erwarten, sie bald wiederzusehen.

Da Oscar auch 2015 seine Ferien mit Mark verbrachte, konnte ich nach Bhutan fliegen, um nach Nakum zu sehen und Vorkehrungen für den Bau eines Spielplatzes für die Schule von Meritsemo zu treffen. Als ich im Dezember nach Bhutan kam, war es eiskalt. Ich hatte ganz vergessen, dass man im Dezember in all seinen Kleidern schläft. Der graue englische Nebelwinter war ein Klacks dagegen. Bis zur Nasenspitze in Stoff verpackt trat ich die Reise von Paro nach Thimphu an. Mein erster Halt: Nakum!

Als wir ankamen, machte sie gerade im zweiten Stock des Krankenhauses ihre Gehübungen. Ich sah, wie ihre Arme sich schwer auf das Gehgestell stützten, aber sie kämpfte sich unermüdlich vorwärts. Es war so schön, sie wiederzusehen. Freudig lächelnd kehrte sie um und führte uns zu ihrem Bett. Ich sah sofort, dass die Traurigkeit, die bei unserer ersten Begegnung auf ihr lag, verschwunden war. Nun saß mir ein lachendes junges Mädchen gegenüber. Ihr wunderschönes Gesicht war lebendig geworden. Mit Ugyens Hilfe konnten wir uns ein wenig unterhalten, während wir nebeneinander auf dem Krankenhausbett saßen.

»Kannst du sie bitte fragen, wie es ihr geht, Ugyen? Ob sie glücklich ist? Oder hat sie vielleicht Heimweh nach ihrer Familie?« Dieser Punkt war mir besonders wichtig. Ich wollte mich vergewissern, dass die neue Umgebung und die fehlende Nähe zur Familie für dieses Mädchen, das den größten Teil seines Lebens im ländlichen Bhutan verbracht hatte, nicht zu viel war.

Die beiden unterhielten sich, ich wartete.

»Ani-la, sie sagt, dass sie unglaublich glücklich ist, hier sein zu dürfen. Es sei interessant, all die Menschen kennenzulernen. Ihr war ja nie bewusst, dass sie nicht die Einzige ist, die so ein Problem hat. Hier hat sie Menschen gesehen, denen es viel schlechter geht als ihr. Sie meint, das gebe ihr Mut und Entschlossenheit. Sie will wirklich gehen lernen.«

Ich wäre gar nicht auf die Idee gekommen, dass Nakum etwa glauben könnte, sie sei der einzige Mensch mit solch einem Leiden. Es war ihr anzusehen, wie glücklich es sie machte, dass sie nun endlich irgendwo dazugehörte. Ich legte den Arm um sie und sagte, dass wir alles tun würden, um ihr zu helfen.

Nun möchte ich Ihnen natürlich nicht den Eindruck vermitteln, dass ich durch Bhutan reise und jeden Stein umdrehe, um weitere Nakums zu finden. Ich glaube, dies war eine besondere Gelegenheit, und ich bin dankbar, dass ich sie gefunden habe. Es kam einfach alles zusammen, und so stellte sich bei mir jene Gewissheit ein, die mittlerweile mein bester Freund geworden ist.

Aus dieser Begegnung aber sollte sich noch mehr entwickeln, denn über Nakum kamen wir in Kontakt mit einer bhutanischen Hilfsorganisation namens Drak-tsho (Drakso), die wirklich großartige Arbeit leistet. Sie sorgen dafür, dass Menschen mit besonderen Bedürfnissen wie Nakum lernen, ihren Alltag zu bewältigen und sich sprachlich auszudrücken. In den Schulen von Drak-tsho erhalten sie eine Ausbildung, finden Freunde und können ein sinnerfülltes Leben führen, während sie gleichzeitig ihre Unabhängigkeit behalten. Dr. Lotay meinte, eine dieser Schulen sei für Nakum die nächste sinnvolle Anlaufstelle.

Nach ihrem Aufenthalt im Krankenhaus von Thimphu ging Nakum ins Internat, das Drak-tsho im Osten Bhutans unterhält. Auch diese Schule schien unendlich weit weg von ihrer Heimat, doch Ugyen versicherte mir, es sei für Nakum eine einzigartige Chance und sie selbst und die Ärzte fänden es das Beste. Es gab auch eine Schule in Thimphu, die jedoch nur tagsüber geöffnet war. Daher würde Nakum ein eigenes Zimmer brauchen, was nicht so einfach wäre, lebte ihre Familie doch nicht in der Stadt.

Im Februar 2016 begleitete Ugyen Nakum auf der langen Busreise von Thimphu nach Trashigang. Insgesamt würde die Hin- und Rückfahrt sechs Tage dauern, einen Tag Aufenthalt in Bumthang eingerechnet, den sie einlegen mussten, weil der Bus wegen eines Waldbrandes nicht weiterfahren konnte. Und natürlich mussten die »Kotz-Raketen«, wie man die Busse in Bhutan liebevoll nennt, da und dort einen heilsamen Halt einlegen. Ugyen nahm seine Frau Dechen mit auf die Reise. Sie sollte Nakum helfen, die immer noch auf ihr Gehgestell angewiesen war. Einmal mehr bewies Ugyen, wie sehr er sich der Sache verbunden fühlte.

Ich wollte Nakum so bald wie möglich in ihrem neuen Heim besuchen kommen, weil ich mich für sie verantwortlich fühlte.

Schließlich war ich es, die diese Veränderung in ihrem Leben angestoßen hatte. Und so reiste ich im März 2016 zum ersten Mal ins östliche Bhutan, um sie zu besuchen und mir das Internat von Drak-tsho selbst anzusehen, das als Schwesterschule des Instituts in Thimphu galt. Beide hatten zu jener Zeit rund 65 Schüler.

Da ich nicht so lange über Land fahren wollte, flog ich von Delhi nach Guwahati in Indien und reiste von dort aus nach Bhutan. An der Grenze trafen wir uns: Norbu, Ugyen, Jigme und ich. Ugyen war schon ein paar Tage früher angekommen, weil er die Anlieferung von Matratzen und Betten überwachen sollte, die unsere Organisation dem Drak-tsho-Internat gespendet hatte. Dann kehrte er an die Grenze zurück und holte mich ab.

In Ostbhutan konnte man leicht den Eindruck bekommen, Westbhutan sei wirklich hektisch. Jeder hatte mir erzählt, im Osten würde ich das »wahre« Bhutan kennenlernen. Nun, in diesem Fall kann man sagen, dass das wahre Bhutan sehr, sehr ruhig ist.

Auf dem Weg zum Internat überquerten wir etwa 170 Kilometer windige Straßen und hielten da und dort an. Verkehr gab es fast keinen. Auf halber Strecke nahmen wir eine schmale Straße zur Linken, um Jigmes Heimatdorf zu besuchen. Er hatte seine Eltern schon seit einigen Jahren nicht mehr besuchen können, daher war unsere Ankunft ein echtes Ereignis. Man bat uns ins Holzhaus seiner Tante und kredenzte uns starken, hausgemachten Schnaps. Jigme wurde immer röter im Gesicht, seine Augen leuchteten. Ich war nicht sicher, ob Freude oder Alkohol aus ihnen sprachen. Selbst ich wurde lebhafter, obwohl ich nichts trank – wahrscheinlich habe ich die Dämpfe eingeatmet.

Am nächsten Morgen erwachte ich auf einer Matratze im Altarraum der Familie. Hahnenschreie zerrissen die mit Kuhdung geschwängerte Luft. Wieder lernten wir Menschen kennen, die hauptsächlich von der Landwirtschaft lebten, was sich in der Erdkundestunde immer toll anhört, aber live war dies ein ausgesprochen harter Job. Von der Anlage her und von dem Gefühl, das es uns vermittelte, könnte man dieses Dorf vielleicht als »Cousin« Meritsemos betrachten. Sie waren sich nicht ganz gleich, aber doch sehr ähnlich.

Norbu wedelte mit den Händen, als wäre er ein Zauberer, der vor meinen Augen Schalen hin und her schob. »Das ist Bhutan, Ani-la.«

»Ja, ich weiß, Norbu. Hältst du mich immer noch für eine Fremde?«, entgegnete ich lachend.

Er zuckte mit den Schultern und lachte ebenfalls. »Schwer zu sagen.«

Die Kinder, die in der Drak-tsho-Schule bei Trashigang unterrichtet werden, kommen aus Dörfern wie diesem. Die Schüler kehren daher während der Ferien nach Hause zurück. Einige kommen aus Orten, die weit entfernt liegen, da es in Bhutan viel zu wenige derartige Institute gibt.

Darüber hinaus war die Schule noch im Aufbau begriffen. Sie wirkte weniger fertig, als ich mir dies zu Beginn der Reise vorgestellt hatte. Meine Reise hatte zum Ziel, die Schulkinder kennenzulernen und die praktischen Details zu klären: Wie arbeitete die Schule? Und was brauchte man? Bald wurde klar, dass dies nicht wenig war. Es war höchst inspirierend, die Kinder zu sehen, die praktischen Anforderungen ließen mir dazu jedoch leider viel zu wenig Zeit. Aber so war das nun mal. *Ist egal*, sagte ich mir. *Konzentrier dich auf die Hilfeleistung, Emma. Keine Panik. Tu einfach dein Bestes.*

Als Nonne zu leben kann eine ziemlich einsame Beschäftigung sein, da helfen mir diese kleinen Motivationssprüchlein.

Interessanterweise bin ich mittlerweile richtig glücklich, dass ich meinen analytischen Hintergrund habe, denn ich kann ihn nun wirklich gebrauchen. Er verleiht mir das Selbstvertrauen, die nötigen Fragen zu stellen, mich mit Ideen und Zahlen zu beschäftigen, bis ich ein vollständiges Bild habe. Eine Nonne, die genau Fragen stellt über Entwässerung, Bodenarten und die anzunehmende Lebensdauer von Zinkdächern, mag ein wenig wunderlich erscheinen, doch ich muss all das ja gründlich untersuchen. Dann kann ich den Menschen zu Hause erklären, was dort tatsächlich gebraucht wird, wie viel es kostet und was unsere Arbeit in Bhutan bewirken soll.

Am Ende war es all die Mühen wert. Die Buchhaltungskurse in New York, die Fragen an die Unternehmensführer in Ostasien, die grundlegende Entschlossenheit, die Aufgabe durchzuführen, die ich übernommen habe. Die Zeit und Energie, die ich damals investiert habe, erlauben mir nun, etwas zu machen, was ich als wirklich sinnvoll erachte.

Der Besuch der Schule zeigte uns auch, dass Nakum sich verändert hatte. Sie hatte an Selbstvertrauen gewonnen und trug ihren Schal auf kokette Weise. Sie hatte zwei gute Freundinnen in der Schule, die beide Pfadfinderinnen waren. Die Bhutaner nehmen das mit den Pfadfindern ziemlich ernst. Die Freundinnen jedenfalls erklärten uns, es sei ihre Pflicht als Pfadfinderinnen, anderen zu helfen. Und ganz offensichtlich übten sie diese Pflicht aus, indem sie sich um Nakum kümmerten und ihr halfen, sich in der Schule einzuleben. Ich habe mich unglaublich gefreut, als ich das miterlebte. Irgendwie hatte ich mir wohl doch Sorgen gemacht, dass sie sich als Neuling an der Schule vielleicht wieder isoliert fühlen könnte. Zu wissen, dass dies nicht der Fall ist, war für mich eine große Erleichterung.

Als Nächstes verteilte ich die Bettdecken und die neuen Schuluniformen, die Ugyen einige Tage vorher im Lastwagen gebracht hatte. Die Schüler halfen uns, die großen Pakete auszupacken, in denen sie Kissen, Leintücher und Kissenbezüge fanden. Die Matratzen wurden zunächst auf einen großen Haufen gestapelt. Ich fand die Vorstellung, jedem einzelnen seine Sachen zu geben, ein wenig peinlich, aber der Schulleiter meinte, die Schüler würden dies am meisten zu schätzen wissen. Und tatsächlich hatte das Ganze etwas von Weihnachten. Auf diese Weise lernte ich wenigstens alle Schüler kennen und konnte jeden mit einer Umarmung oder einem Händedruck begrüßen. Bei all der Mühe, die es kostete, das Geld für die Betten einzusammeln, hatte ich ganz vergessen, wie schön es war, etwas geben zu können. Es war toll, dass die Schule mich daran erinnerte.

Nachdem jede ihr neues Bettzeug hatte, meinte der Schulleiter, ein paar Schülerinnen hätten mir zu Ehren Tänze einstudiert. Wir begaben uns auf die Betonterrasse hinaus, wo neun der älteren Schülerinnen sich vor dem spektakulären Hintergrund der Himalaja-Ausläufer in drei Reihen aufstellten. Die anderen saßen am Rand und sahen zu.

Mir wies man einen Sessel direkt vor den Tänzerinnen zu. Irgendjemand brachte einen großen Lautsprecher, den man direkt hinter mir in der Tür aufstellte. Er war durch ein langes, dünnes Kabel mit einem Smartphone verbunden, das an der Wand lehnte. Bald setzte weich und rhythmisch die bhutanische Musik ein und die Tänzerinnen bewegten sich in vollkommenem Einklang. Sie hielten die Hände exakt auf Schulterhöhe und bewegten sie in ausdrucksstarker Gestik. Ich war hingerissen von der Perfektion ihrer Bewegungen, doch die Musik wurde immer wieder von lautem Knistern überlagert. Offensichtlich war die Ausrüstung nicht ganz auf der Höhe der Tänzer.

Der Schulleiter stürzte natürlich sofort zum Smartphone hinüber und fummelte daran herum, während er sich tausend Mal entschuldigte. Offensichtlich wollte er meinen Ohren weiteres Leiden ersparen, daher stellte er die Musik ab. Enttäuscht hielten die Tänzerinnen mitten in der Bewegung inne.

»Ach, das ist aber jetzt schade«, sagte ich, da die Unzufriedenheit rundherum mit Händen zu greifen war. »Können wir nicht etwas anderes verwenden?«, fragte ich und sah mich um, als ob gleich ein Sony-Mitarbeiter mit einem Verstärker um die Ecke kommen müsste.

»Nein, Ani-la«, meinte der Schulleiter. »Sie tanzen gewöhnlich nicht zur Musik.«

»Wie bitte?«, fragte ich verblüfft.

»Nun, sie sind alle taub. Sie hören die Musik gar nicht.«

Ich stutzte, wieder einmal von Bhutan erstaunt.

»Sie zählen die Takte einfach«, erklärte er mir.

Da fiel bei mir der Groschen: Die knisternde und rauschende Musik war nur mir zuliebe gespielt worden. Sie hatte die Tänzerinnen nicht im Geringsten gestört – und ihnen auch nicht im Geringsten geholfen.

»Ah ja!«, sagte ich. »Dann machen wir doch einfach weiter. Bitten fragen Sie sie doch, ob sie noch einmal von vorn anfangen würden. Ich brauche die Musik auch nicht.«

Der Schulleiter und die Tänzerinnen verständigten sich mit ein paar Gesten, und schon ging es weiter. Die Tänzerinnen standen lächelnd da und vollführten ihre Bewegungen vor dem blauen Nebel, der die Berge umhüllte.

Sie tanzten die Stille, ohne einen Laut.

Dieser Tanz schnitt uns allen tief ins Herz.

»Unglaublich, nicht wahr?«, flüsterte Ugyen mir ins rechte Ohr.

»Unglaublich«, stimmte ich zu und verkniff mir ein Schniefen.

Bis zu diesem Augenblick hatte Ugyen bei unseren Besuchen hier nicht eine Träne vergossen, während ich beim Anblick dieser Menschen, die trotz all ihrer Schwierigkeiten ihr Bestes geben, stets nah am Wasser gebaut war. Als der Tanz zu Ende war, richtete ich mich kerzengerade auf und applaudierte lange und ausgiebig.

Nach einem Milchtee und einer Plauderstunde stiegen wir ins Auto und fuhren los. Mir fiel vor lauter Winken fast der Arm ab, während Ugyen durch die Menge der Schüler hindurchsteuerte, die sich zu unserem Abschied versammelt hatten. Freunde – man weiß nie, wo man plötzlich welche findet.

Als wir die Sand- und Schotterstraße hinunterfuhren, fing es an zu regnen. Als wir am Fuß des Hügels angekommen waren, brach wieder ein Regenbogen aus dem Grau, als würde der Himmel selbst ein Lied anstimmen. Wieder sprangen wir aus dem Wagen und machten unser zweites Team-Foto unter einem Regenbogen.

Ich brauchte keinerlei Bestätigung mehr: Ich war auf dem richtigen Weg.

Die Arbeit mit Ugyen zählt regelmäßig zu den schönsten Erlebnissen, die ich aus Bhutan mitnehme. Dass er sich von unseren wohltätigen Projekten so inspirieren ließ, dass er sie mit so viel Engagement umsetzte, war für uns alle eine große Freude. Ich warte ja immer noch darauf, dass er mir eines Tages sagt, er habe einen lukrativeren Job gefunden, aber bis jetzt haben wir Glück gehabt. Unsere kleine Hilfsorganisation in England am Laufen zu halten ist schon viel Arbeit. Dass wir mit Ugyen auch in Bhutan einen kompetenten Partner haben, macht einen großen Teil unseres Erfolgs aus. Ich bin ihm wahrhaft zu Dank verpflichtet und hoffe, wir werden immer Freunde bleiben.

Mit seiner Hilfe und der anderer Menschen konnten wir vielen Kindern beistehen, und ich bin fest entschlossen, weiter mein Möglichstes zu tun für dieses Land, das ich so sehr liebe.

Nachdem ich wieder in England war, fing ich an, Wege zu suchen, wie ich noch mehr Menschen für unser Anliegen begeistern könnte. Da kam eines Tages nach der Yogastunde Michelle auf mich zu, eine meiner ältesten Schülerinnen: »Emma, ich finde, du solltest ein Buch schreiben. Erzähl einfach deine Geschichte. Ich würde dieses Buch sofort kaufen. Und vielleicht hilft das ja auch deinen Projekten in Bhutan.«

Ich dachte darüber nach, hatte aber so meine Zweifel. Ich war doch nur eine kleine Ani, immer noch mit dem Ngöndro beschäftigt und überhaupt: Ist so ein Buch nicht ein unglaublicher Ego-Trip?

Natürlich fragte ich meinen Lama um Rat. »Lama-la, jemand hat mir gesagt, ich solle ein Buch schreiben, um noch mehr Geld für Bhutan aufzutreiben, aber ich bin nicht sicher. Würde das nicht mein Ego stärken, wenn ich ein Buch über mich schriebe, als wäre ich einer dieser ungeheuer wichtigen Menschen? Was denken Sie?«

»Das ist gut. Inspiriert andere. Mach es«, lautete exakt seine Antwort.

Und so, verehrter Lama: Hier ist es.

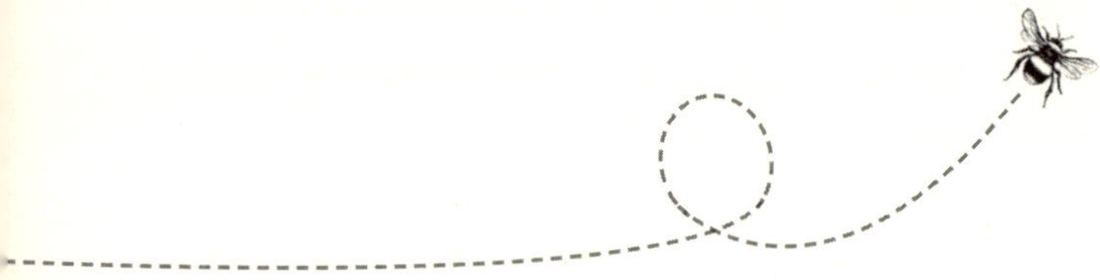

Die Biene, die aus dem Glas gefunden hat

Wenn Sie sich jetzt fragen, was der Unterschied ist zwischen einem Buddhisten und einem gütigen Menschen, dann freut mich das aufrichtig. Denn genau darum geht es. Das Nonnengewand hilft. Der geschorene Kopf hilft auch. Sich vom Begehren zu lösen hilft unheimlich. Doch der Buddhismus hat mich gelehrt, was ich unbedingt lernen wollte: ein gütiger Mensch zu sein. Im Grunde sollte man das Ganze Güt-ismus nennen. Der Rest geht nahtlos aus eben diesem Grundgedanken hervor.

Vielleicht werde ich ja in Zukunft die Chance erhalten, unter Führung meines Lamas ein längeres Retreat in Bhutan zu machen. Je mehr ich mich mit anderen Formen spiritueller Pfade beschäftige, desto häufiger stoße ich darauf, dass auch andere Traditionen die Notwendigkeit des Rückzugs betonen. Jedenfalls ist diese Idee nicht nur im Buddhismus verwurzelt.

Aber wenn ich mit anderen Menschen über solch einen Rückzug in die Einsamkeit spreche, hört sich das immer so verrückt an: sich komplett abzuschotten von Freunden und Familie, ohne Fernseher, ohne den geringsten Komfort – und das auch noch freiwillig! Ja, ich frage mich das auch. Ich frage mich auch, wieso jemand sich freiwillig für ein Retreat entscheidet. Die wichtigste Frage für mich ist aber: Wie zum Henker kann ich anderen helfen, indem ich mich ganz auf mich selbst zurückziehe? Das geht mir im Kopf um. Neben den üblichen anderen Dingen wie: »Und wo geht man da aufs Klo?«, »Wie komme ich an Essen?« oder »Was mache ich, wenn ich krank werde?« Nun, für den Moment will ich mich diesbezüglich nicht an Hypothesen wagen. Ich hoffe, ich werde all das persönlich in Erfahrung bringen. Denn immerhin hat mein Lama mir gesagt und gezeigt, dass es wirklich hilfreich ist. Aber mehr sagt er darüber nicht. (Schnellverfahren is' nich'!)

Ich würde gerne die Möglichkeit erhalten, das selbst herauszufinden. Ich habe keine Angst, dass ich im Retreat durchdrehen oder mich langweilen könnte. Allerdings hege ich die Befürchtung, dass eine so lange Abwesenheit sich für Oscar schädlich auswirken würde. Ich werde mir diesen Traum daher erst erfüllen, wenn er auf eigenen Füßen stehen kann. Kann gut sein, dass ich dann schon achtzig bin.

Bis dahin werde ich mein Menschenmögliches tun, um das mächtige Prinzip des Ahimsa, der grenzenlosen Güte, im Alltag zu leben. Ich hoffe, die Arbeit, die »Opening Your Heart to Bhutan« leistet, steht noch ganz am Anfang und wir können noch viel mehr zuwege bringen. Wenn ich dann endlich ins Retreat gehen kann, werde ich vermutlich so erschöpft sein, dass ich mich gerne in eine Höhle im Himalaja zurückziehe!

Falls ich je in ein Retreat gehe, werde ich, wenn ich es beendet habe, vielleicht erklären können, worum es dabei geht. Wie es mir und anderen geholfen hat. Vielleicht wird das ja auch Thema eines neuen Buches. Möglicherweise aber lässt sich diese Erfahrung auch nicht in Worte fassen. Oder wie mein Lama sagt: »Wie willst du einem anderen Menschen den Geschmack von Honig beschreiben?«

Lehren fürs Leben – Tag für Tag

Hier möchte ich einige der wichtigsten Dinge vorstellen, die mein Lama mich gelehrt hat und an die ich mich täglich zu erinnern versuche. Ich habe ihre möglichen Vorzüge zusammengefasst und ich hoffe, das kann auch für andere nützlich sein.

Lenke dein Augenmerk nicht auf das, was andere tun.
Sich ständig an anderen Menschen zu orientieren, sich über sie eine Meinung zu bilden und dieses Urteil ständig im eigenen Geist zu wiederholen ist nicht der richtige Weg zum Glück.

Mach dir klar, dass diese Gewohnheit dir nur Leid einbringt.

Konzentriere dich auf deinen eigenen Geist und lerne ihn kennen. Häng dich nicht an andere Menschen oder an irgendwelche Methoden. Blicke vielmehr in deinen eigenen Geist.

Mach dir immer bewusst, was in deinem Kopf vorgeht.

Frage dich, wofür du deine Praxis machst, wenn nicht dazu, anderen zu helfen.
Mein Lama möchte, dass ich das Leben immer durch diese bestimmte Brille betrachte: die Frage, ob das, was ich tue oder sage oder denke, für andere irgendwie hilfreich ist.

Mach dir klar, dass dies die Wurzel des Glücks ist.

Erfüllt es dich mit Friedlichkeit?

Dies war eine seiner ersten Belehrungen, die mir helfen sollte, sinnvolle von weniger sinnvollen Beschäftigungen zu unterscheiden. Letztlich ist diese Frage im Alltag sehr nützlich. Die etwas merkwürdige Formulierung ist exakt die, die mein Lama verwendet hat und sie zaubert mir unweigerlich ein Lächeln aufs Gesicht, daher habe ich sie beibehalten.

Lass alles weg, was nicht hilfreich ist.

Du musst die Gifte in deinem Geist unter Kontrolle halten, wie ein Mann, der einen Topf mit siedendem Öl auf dem Kopf trägt.

Diese Anweisung fand ich besonders interessant. Ich hatte bis dato immer gehört, man solle so sanft und anhaftungslos wie nur möglich die Gedanken kommen und gehen lassen. Daher erstaunte mich das Wort »Kontrolle«. Der buddhistische Ansatz ist es, den Geist von seinen negativen Gewohnheiten »abzuhalten«. Solange man nicht mit Körper, Rede und Geist positiv agieren kann, ist es gut, sich von negativen Handlungen fernzuhalten. Dieses »Fernhalten« hat durchaus mit Kontrolle zu tun. Die Grundlage dieser Belehrung ist das Prinzip des Nicht-schaden-Wollens oder Ahimsa.

Entwickle disziplinierte Aufmerksamkeit.

Wunderbar, wenn du am Dienstagmorgen kommst. Wunderbar, wenn du am Dienstagnachmittag kommst.

Eine Belehrung über die »Elastizität« des Geistes. Es ist gut, sich darin zu üben, die Dinge so laufen zu lassen, wie sie laufen, und das gut zu finden. Weniger gut, wenn man in Wallung gerät, weil die Dinge nicht dem eigenen Terminkalender gehorchen. Im Westen vergisst man das schnell mal.

Entwickle Lockerheit im Geist.

Belehrungen sind wie Wasser, und du musst sein wie ein offenes Glas. Wenn das Glas umgedreht steht, wird die beste Belehrung daran abfließen.
Belehrungen können uns von überallher zuteilwerden, vor allem, wenn unser Geist offen ist wie hier beschrieben.

Bewahre dir stets eine offene Geisteshaltung.

Betrachte jede Situation mit Umsicht. Erkenne klar die Umstände, in die sie eingebettet ist.
Mein Lama reagiert ganz anders auf Situationen, als ich es gewohnt bin, fern von jedem »Ich bin gut, die anderen sind böse«-Schema. Man verfällt ja leicht in diesen Fehler, vor allem beim Reden, aber ich tue mein Bestes, dies zu vermeiden. Ich versuche, den Geist weit werden zu lassen, damit ich mehr sehen kann, als das übliche Schwarz-Weiß-Schema mir vorgibt. Gewöhnlich hilft das. Die spirituellen Traditionen haben dafür eine ganze Reihe schöner Metaphern gefunden: Man bezeichnet das Schwarz-Weiß-Denken als »Blindheit« oder »Dunkelheit«, der Weg der Erkenntnis aber ist der Weg zum Sehen, ins Licht.

Benutze deinen gesunden Menschenverstand.

Wenn es leicht wäre, würde es jeder machen.
Mein Lama sagt das zu mir, wenn es viel zu tun gibt und ich erschöpft bin.

Entwickle Durchhaltevermögen und gib nicht auf!

Diese Dinge versuche ich mir stets zu vergegenwärtigen. Daneben hilft mir das Beten, wobei meine Definition von »Beten« eher weit gefasst ist. Die meisten Menschen würden das wohl einen achtsamen Geisteszustand nennen.

In genau diesen versetzt das Beten uns und richtet uns auf positive Ziele aus. Ein Gebet kann aber auch die Bitte um Führung sein, ob nun auf der »inneren« oder »äußeren« Ebene. Ohne

Führung verliert man sich leicht, weil einen dann nichts in die richtige Richtung lenkt. Als Buddhisten nennen wir diese Führung »Buddhanatur«.

Es gibt unglaublich viele buddhistische Gebete. Ich habe im Folgenden eines aufgeführt, das ich besonders hilfreich finde. Es ist kurz und kraftvoll und ich möchte es Ihnen gerne mit der Umschrift für die Aussprache der Tibetischen vorstellen.

In diesem Gebet bitten wir darum, dass wir in unserer Einsicht unerschütterlich bleiben, obwohl wir wissen, dass das Leiden existiert. Des Weiteren beten wir, dass wir die Möglichkeit erhalten, alle Formen des Leids zu beseitigen. Diese werden häufig mit dem Sanskritbegriff »Samsara« bezeichnet. Samsara meint, dass der menschliche Geist wie eine Biene im Glas ist, die immer wieder im Kreis fliegt, weil sie den Ursprung ihres Leids nicht erkennt und nichts dagegen zu unternehmen weiß. Und doch sagt dieses Gebet: Wenn wir Güte entwickeln, auch im Angesicht des Leids, dann haben wir die Möglichkeit, daraus zu erwachen. Dann werden wir feststellen, dass unser Geist in Wirklichkeit klar und friedlich ist.

Bis ich diesen, meinen Körper verlasse,
Sag lü di dang ma del bar du yang

möge ich von dem Unglück von Samsara nicht durcheinander gebracht werden,
Khor wä dug ngäl tshog kyi mi tshe shing

möge ich alle Bedingungen eines vollkommenen Lebens erfahren und
Thün ken ma lü phün sum tshog pa dang

die Macht haben, die Leiden von Samsara zum Verlöschen zu bringen.
Dro wä dug ngäl sel wä thü den shog.

Opening Your Heart to Bhutan

»Opening Your Heart to Bhutan« ist eine von Emma Slade gegründete Wohltätigkeitsorganisation, die in Großbritannien ansässig ist. Alle Einkünfte aus dem Verkauf dieses Buches werden der Arbeit dieser Organisation in Bhutan zugutekommen.

Die Organisation hat sich zum Ziel gesetzt, für die Kinder in Bhutan dauerhafte und messbare Verbesserungen zu erzielen. Dies gilt vor allem für die Kinder in ländlichen Gegenden und/ oder mit besonderen Bedürfnissen.

Mehr dazu finden Sie (in englischer Sprache) auf www.openingyourhearttobhutan.com und auf der Facebook-Seite der Organisation. Bisher ist es gelungen, in einem Dorf einen gut ausgerüsteten Spielplatz für die Schule bereitzustellen, im östlichen Bhutan eine Unterkunft für dreißig behinderte Mädchen zu errichten und der Schule Fahrzeuge zu beschaffen, damit die Kinder die Schule überhaupt erreichen können.

Emma tut ihr Bestes, um (in englischer Sprache) auf alle Fragen zur Organisation zu antworten. Richten Sie Ihre E-Mail bitte an: beingkindinbhutan@gmail.com. Sie freut sich, wenn sie Gelegenheit erhält, die Arbeit der Organisation zu erläutern bzw. neue Freunde für Bhutan zu gewinnen – zum Besten aller Menschen.

Wenn Sie der Organisation irgendwie helfen wollen, kontaktieren Sie Emma oder informieren Sie sich auf der Webseite der Organisation über Spenden- und Mithilfemöglichkeiten (auch in Form guter Wünsche).

Über alles, was dieses Buch angeht, können Sie sich informieren auf: www.emmaslade.com

Hat es Ihnen gefallen, so machen Sie doch ein Foto von sich beim Lesen, wo immer das auch sein mag, und posten Sie es auf Twitter oder Facebook mit dem Hashtag #SetFree.

Ein dickes Dankeschön

An die Honigbienen in England:
Julie, Jo, Donna und Karen, Marilyn, Ngawang, Cora und Richard, Michelle und Guy, Bridget, Mia, Adrienne, Sue, Pete, Ima, Lucy, Sandra, Alexandra, Mama, Toby, Becky, Graznya, Oscar

In Bhutan:
Rinzin, Ugyen, Norbu, Brent, Aum Sonam, Pendenu und die Familie Yangphel

Ich danke Joanna Swainson für den Mut, eine völlig unbekannte Autorin zu unterstützen, und dem Team von Summersdale Publishers für die harte Arbeit, mithilfe derer dieses Buch Wirklichkeit wurde.

Die Güte all jener Menschen, die mich dabei unterstützt haben, den Kindern in Bhutan zu helfen, berührt mich tief. Ihr alle habt mir gezeigt, dass die Güte tatsächlich ist wie die Lotusblüte, die sich aus den dunklen Wassern eines tiefen Sees erhebt und dann – mit eurer Hilfe – ihre wunderschönen Blüten entwickelt.

Ich danke euch allen.